SÓ PARA GIGANTES

Gabi Martínez

SÓ PARA GIGANTES

Tradução de
ANDRÉ PEREIRA DA COSTA

Título original
SÓLO PARA GIGANTES

Copyright © 2011, Gabi Martínez
Direitos reservados.

Nenhuma parte desta obra pode ser reproduzida no todo ou em parte sob qualquer forma sem autorização, por escrito, do editor.

Direitos para a língua portuguesa reservados
com exclusividade para o Brasil à
EDITORA ROCCO LTDA.
Av. Presidente Wilson, 231 – 8º andar
20030-021 – Rio de Janeiro, RJ
Tel.: (21) 3525-2000 – Fax: (21) 3525-2001
rocco@rocco.com.br
www.rocco.com.br

Printed in Brazil / Impresso no Brasil

preparação de originais
CARLOS NOUGUÉ

Copyright © imagens de capa e miolo
arquivo da família Magraner e Gabi Martínez

CIP-Brasil. Catalogação na fonte.
Sindicato Nacional dos Editores de Livros, RJ.

M337s	Martínez, Gabi, 1971-
	   Só para gigantes / Gabi Martínez; tradução de André Pereira da Costa. – Rio de Janeiro: Rocco, 2013.
	
	   Tradução de: Sólo para gigantes
	   ISBN 978-85-325-2815-5
	
	   1. Ficção espanhola. I. Costa, André Pereira da. II. Título.

12-7468	CDD-863 CDU-821.134.2-3

Para Gael, ainda tão pequeno, e já tão grande.

Vejo em ti algo que ofende o vulgar.
STENDHAL, *O vermelho e o negro*

Quem sabe toda a história não tenha consistido numa procura de falsos monstros? Numa nostalgia da Besta que perdemos?
BRUCE CHATWIN, *O rastro dos cantos*

Cochila, filhinho, na copa da árvore.
Quando o vento soprar, o berço vai balançar,
quando o galho partir, o berço vai cair
e você, filhinho, pro chão virá, com berço e tudo.
CANTIGA DE NINAR

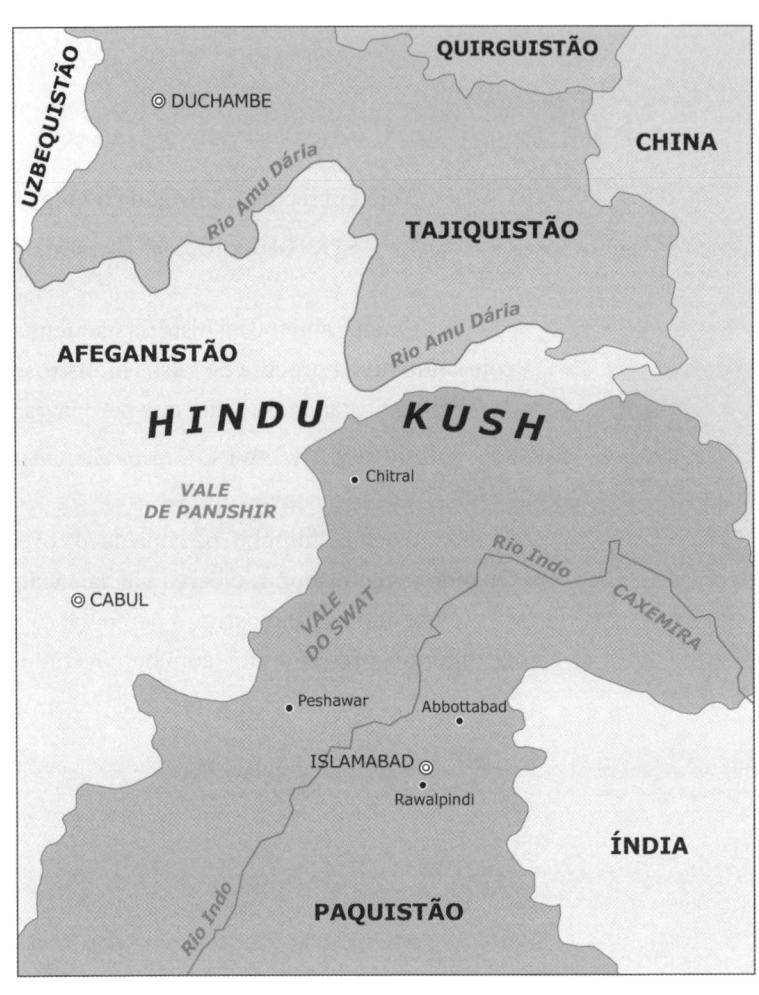

I

A sombra do Fokker estende-se por sobre encostas de montanhas gigantes, a maioria sem nome. O aviãozinho de hélices avança entre os imensos cumes anônimos que se eriçam ao redor.

Dizem que na cordilheira do Hindu Kush há mais de quarenta picos com mais de seis mil metros, majestosos topos que abrigam lagos edênicos, geleiras, gargantas de fábula e bosques virgens onde outra vida é possível. Mais de quarenta picos transbordantes de tesouros... eclipsados para o mundo, que só tem olhos para a popularidade dos "tetos". Noshaq, Istor-o-nal, Saraghrar e o campeão, o único que na realidade é mencionado e exaltado, o Tirich Mir.

Os tetos.

A altura tornou-os merecedores de um nome e, dessa forma, de um lugar na memória.

É verão, nem uma nuvem. O sol já queima, mas as neves continuam perpétuas nos topos dos blocos que se encadeiam encaixotando a vida ali no fundo, sugerindo que, nos vales, tudo está à sua mercê.

Ali no fundo.

Fala-se de talibãs emboscados após a última ofensiva do exército paquistanês. Divisam-se altiplanos imprevistos e belos. Adivinham-se lendas das quais nada se sabe do outro lado dessa paliçada geológica que preserva povoados pouco mais que medievais. Lendas que falam de descendentes de Alexandre Magno, de animais em extinção e de seres furtivos que se escondem para fugir dos homens. Dizem que, ali embaixo, às vezes é difícil discernir o que significa exatamente "selvagem".

Ah, faz sol.

Sete anos antes, Shamsur saíra de casa perto das oito da manhã. Eram 3 de agosto. O sol também campeava solitário, mas o último hálito fresco da noite ainda não se havia evaporado e Shamsur podia se mover sem suar. Enquanto descia a trilha do vale, tocou várias vezes os cabelos louros bem cortados. Como Jordi gostava de vê-lo apresentável, adotara o costume do retoque, embora ultimamente não aceitasse muitas ordens do zoólogo – "Já não mais criança, viu?" – e os dois discutissem amiúde.

Quando Shamsur entrou no jardim, surpreendeu-se ao ver que tudo estava tal qual ele deixara duas noites antes. Os cães não latiram nem vieram saudá-lo, se bem que só tenha reparado nisso bem mais tarde. Subiu ao terraço, onde ficava o cômodo que incluía o quarto e o escritório. As duas portas permaneciam fechadas. Viu a janela do quarto entreaberta, e se debruçou. Nem Jordi nem Wazir, o menino a serviço de Jordi, se encontravam em suas camas. Shamsur deu quatro passos até a porta do escritório e chamou:

– Jordi!

Três vezes.

– Jordi!

Aos gritos:

– Jordi!

Viu duas fotografias jogadas no umbral. Eram os retratos de dois homens com barba e *pakhol*, o gorro comum das montanhas. Passavam apenas alguns minutos das oito, o calor não havia aumentado especialmente, mas a temperatura corporal de Shamsur disparou. Com a respiração entrecortada, desceu a escada em três saltos, correu uns vinte metros pelo terreno até o cômodo em que dormia Asif, um dos ajudantes de Jordi. Achou a porta aberta, mas Asif não estava.

Ao lado, no estábulo, os cavalos começaram a patear e relinchar com um nervosismo anômalo. As axilas de Shamsur já estavam quase empapando sua *shalwar-kamize*, *não é normal, não é normal*, então pulou do parapeito para a trilha e continuou a descida, desta vez na maior pressa, deixando para trás as primeiras casas kalash.

– Aonde você vai tão apressado? – perguntou Abdul, que empunhava uma sacola.

– Eu estou chamando o Jordi, e ele não responde. Não há ninguém em casa. Foi sequestrado!

– Como ele ia ser sequestrado?

– Vou chamar a polícia. Venha, venha.

– Tenho de levar estes remédios pra minha mulher. Ela pariu esta noite, e não está nada bem. Assim que puder, vou pra lá.

Abdul levou meia hora para irromper pela Sharakat House, sua própria casa, que alugava a Jordi fazia cinco anos. À porta do cômodo já se encontrava Shamsur, ao lado de um médico do Hospital Civil e de um agente da delegacia de Bumburet. Abdul pensou que eles haviam chegado muito rápido. Pelo visto, tinham aproveitado a janela entreaberta do quarto para entrar no aposento.

Os raios do esplêndido dia projetaram feixes na penumbra, tornando visível a poeira. Jordi estava sentado na cadeira forrada com pele de vaca diante de sua mesa de escrever. Tinha a cabeça inclinada para a direita de modo tão tranquilo que Shamsur quis pensar que estava só dormindo. Ao se colocar junto a ele, viu seus olhos abertos. Shamsur pingava de suor, as gotas escorrendo pelas têmporas, formigando no pescoço, deslizando por dentro da túnica, o organismo em combustão, muito embora já então tivesse perdido o próprio corpo de vista, atento apenas à forma como o médico punha a cabeça de Jordi de lado até descobrir o pescoço, onde apareciam um furo e um corte dos quais nada mais minava.

– Morreu faz muitas horas – disse o doutor, procurando não pisar no enorme charco de sangue seco que rodeava a cadeira.

Shamsur balançou a cabeça, incrédulo, e saiu para a manhã radiante aos trambolhões, cego, não só por causa do sol. Sete anos depois, continuaria sem se lembrar do que ocorreu até um bom tempo depois.

Os que ficaram lá dentro observaram que a execução havia salpicado um papel isolado na mesa e uma fotografia emoldurada onde se viam Jordi com Shamsur e dois amigos diante de uma roda-gigante em Paris. Em cima da outra mesa do quarto, uma pequena escrivaninha de canto, esparramava-se uma série de papeizinhos, cada qual representando uma letra do abecedário, e vários deles estavam manchados de sangue. Pouco antes de sua morte, Jordi estivera ensinando a escrever seu jovem discípulo Wazir Ali Sha.

– E o garoto? – perguntou Abdul.

Ao articular a pergunta, sentiu uma chibatada de ansiedade.

O desaparecimento de Wazir deixava-o especialmente preocupado: era o primeiro kalash que convivia com Jordi em quinze anos. Até então, o zoólogo reservara esse nível de intimidade aos muçulmanos.

– Será preciso procurá-lo – disse o policial.

Mas ali todos sabiam que Wazir não era a prioridade. Seu nome não chegaria muito longe. Que repercussão tem um menino kalash para além das montanhas?

Por outro lado, por ora só existia a certeza de um cadáver. A morte de Jordi Magraner era anunciada, de acordo. Meses antes as autoridades de Chitral lhe haviam avisado que abandonasse os vales porque sua vida perigava, a pressão dos integristas era muito mais que asfixiante e custava a entender por que não fora embora depois dos atentados às Torres Gêmeas. E não só isso: ele sequer se escondia. Passava o tempo discutindo, encrencando, perturbado por sua maldita noção de honra, de grandeza.

Orgulhoso. Enigmático. Múltiplo. Pagão. Apaixonado. Uma besta. São palavras com que ainda o identificam.

– Eu bem que disse a ele que sumisse por uns meses – resmungou Abdul para o doutor enquanto examinava as lombadas dos livros dispostos na estante, títulos que seria quase capaz de recitar de cor, tantas vezes estivera ali. Havia alguns sobre o Império Romano, sobre as tribos regionais, estudos concernentes aos kalash e vários que falavam de homens selvagens. Parecia piada. Homens selvagens. Todas as manchetes dos jornais repetiriam no dia seguinte a mesma cantilena:

O HOMEM QUE PROCURAVA
O *YETI* APARECE ASSASSINADO

II

Jordi Magraner crescera nos bairros modestos de Valence. Quando decidiu voar para o Paquistão, morava em Fontbarlettes, um *banlieu* daquela cidade média localizada no Sudeste da França. Fontbarlettes é o último bairro da periferia antes do campo. Um lugar onde os imigrantes já se concentravam nos anos 1980 e que, poucos lustros depois, contribuiria para engrossar no futuro a lenda de carros queimados por uma juventude em armas cansada dele, da vida anônima, da sensação, quase certeza, de não existir.

Seja como for, Jordi ia enfrentar de outro modo a opressão.

Desde pequeno ele preferiu escapar para as montanhas, suas inquietações o afastavam do asfalto. Penetrava nos bosques em busca de animais para observar, aprendeu a capturá-los, tornou-se escoteiro. Logo passou a pesquisar a fauna de maneira mais metódica, suas descobertas ganharam relevo entre os especialistas em invertebrados...

– ... e então largou tudo: os estudos de zoologia, o Museu de História Natural, e foi para o Paquistão... atrás do *yeti*.

A história não destoou do estranho ambiente criado. Era uma noite de inverno tão amena como de costume em Barcelona, eu havia saído para vagabundear até a hora do meu joguinho de pôquer mensal, e entrei naquela cafeteria ao reconhecer uma amiga de que não tinha notícias havia meses. Ela estava acompanhada de uma editora com quem eu tinha trocado umas palavras fugazes em alguns coquetéis. Quando as cumprimentei, foi surpreendente perceber em ambas um espanto autêntico.

– Estávamos falando de você.

Existem histórias difíceis de acreditar, e esta é uma delas. A aura que a cerca tem desde o princípio um não sei quê de fabuloso ou maravilhoso. Não importa que depois o relato se turve: está tocado pelo anormal.

– É, vai ver que foi por isso que eu vim.

– Não, sério – disse minha amiga. – A Marina tem uma história e está à procura de um escritor que a conte. É uma história... atípica.

– Você tem dez minutos? – perguntou Marina.

E explicou tudo sobre o jovem naturalista de *banlieu*, disse que Jordi Magraner também tinha participado de caravanas humanitárias no Afeganistão, e que acabou se transformando em alguém importante para os kalash, um antiquíssimo povo do Hindu Kush com particularidades por sua vez muito pitorescas.

– Imagine: três mil pagãos vivendo em vales rodeados de muçulmanos integristas.

De qualquer modo, não eram necessários mais incentivos. Desde o momento em que ela o mencionou, eu já tinha mordido a isca.

– O *yeti* – repeti, esboçando um sorriso à altura daquela fantasia.

Pedi umas semanas para sondar mais alguma coisa a respeito de Jordi e seu assassinato sem solução.

Havia alusões à sua colaboração com a Aliança Francesa de Peshawar. Afirmava-se que ele chegara a tratar com o lendário Massoud, líder da resistência antitalibã na região. A propósito de sua morte, os jornais não chegavam a um acordo, oscilando entre o crime político e o passional.

Essa breve indagação confirmou uma vida insolitamente ligada à natureza e à aventura. Cada nova página sobre Jordi abria cosmos que escapavam às convenções, e parecia impossível que tantas e amiúde estrambóticas iniciativas correspondessem a um mesmo indivíduo. Mas assim era. As portas entreabrindo-se, uma após outra, de todas despontando luzes, nomes, odores suficientemente inexoráveis para me impelir a fazer algo inédito em meu currículo.

Até então eu sempre havia escrito livros nascidos de uma inspiração originalmente minha, e não conseguia entender o que estimulava essa gente que dedica vários anos da vida a seguir os passos de outra pessoa. Que satisfação sentiam ao vampirizar vidas alheias, porque era nesses termos que eu julgava seus projetos? Jordi trouxe um vestígio de resposta quando descobri que o rastreamento superficial dos passos do caça-*yetis*, longe de me satisfazer, disparava interrogações e exigia que continuasse a avançar, soubesse mais, selasse compromissos, alguns tão sérios que me obrigariam a arriscar a vida.

Escrever a história de Jordi era uma aposta radical. Sua aventura, sua obsessão não poderiam ser transmitidas com um mínimo de credibilidade sem eu viajar para o Paquistão, mais concretamente para a zona que os analistas políticos e militares ainda apontavam em 2009 como a base de operações da Al-Qaeda. E, ao descobrir que estava me propondo a visitar aquela versão ocidental do inferno, renunciando pela primeira vez a meus princípios de evitar as situações de risco evidente, ao comprovar essa mudança decisiva e, sobretudo, a necessidade de realizar aquela viagem, eu me senti intimamente unido ao homem que investigava.

Em 1987, Jordi saiu de seu *banlieu* disposto a conseguir algo grande, a se deixar ver.

Nascido em Casablanca, Marrocos, obteve dos pais a nacionalidade espanhola. Aos quatro anos, mudou-se com a família para Valência, mas os Magraner optaram pelas vantagens econômicas que lhes oferecia a francesa Valence, aonde Jordi chegou com seis anos de idade. Ali ele cresceu. Falava espanhol, francês, inglês razoável, e depois aprenderia khowar, kalasha, urdu. Mas, afinal, de onde ele era? Independentemente do que se pudesse concluir do seu passaporte, no Paquistão sua nacionalidade sempre se mostrou inexplicavelmente imprecisa, e isso talvez tivesse algo a ver com as complicações surgidas na hora de repatriar o cadáver.

A origem periférica, a escassez de dinheiro e a falta de apoios institucionais me faziam singularmente íntimo de Jordi, se bem que tenha sido sua ideia de partir em perseguição a um mito o que me entusiasmou. A segurança com que entregou a vida a uma causa sem sentido aparente que, contra todos os prognósticos, abriria impensáveis brechas no *establishment* científico francês.

Por outro lado, Jordi resgatava a figura romântica do homem e da natureza, conferindo-lhe uma nova perspectiva. Superava o olhar de Walt Whitman, de Henry David Thoreau ou de Chris McCandless – que Jon Krakauer biografou em seu estupendo *Na natureza selvagem* – trazendo a novidade de um vínculo mais dinâmico: não se fundiria com o mito (a natureza), mas tentaria futucá-lo, na intenção de lhe extrair um segredo. O ideal de Jordi tinha pernas, era um ser "fugitivo", e o rastreamento de suas pegadas lhe permitira nada menos que levar a vida que outros apenas sonham. "Basta ter sonhado", escreveu certa vez o ganhador do prêmio Nobel Patrick White. Eu não concordo. E não creio que me arrisque ao afirmar que Jordi também não.

III

Em tibetano, *yeh* significa "animal selvagem", e *teh*, "lugar rochoso". O *yeti* é a soma dos dois significados, além de uma lenda. Existem centenas, talvez milhares de depoimentos que asseguram ter visto a criatura, alguns, inclusive, tiveram encontros com ela, e as descrições mais ou menos coincidem. O *yeti* habitaria zonas de montanha elevadas e recônditas e, segundo as testemunhas, seria um bípede corpulento e totalmente coberto de pelos, embora seu aspecto varie em função da área onde foi visto.

O nome da fera também muda dependendo da zona. Russos e mongóis chamam de *alma* ("homem selvagem") esse ser. Na América do Norte é conhecido por *bigfoot* ("pé grande"), enquanto no Hindu Kush se faz menção a outro traço físico e o chamam de *barmanu*, que se pode interpretar como "o robusto", "o gordo" ou "o musculoso".

Claro que o barmanu é igualmente peludo e parece que exala um fedor insuportável.

Existem gravações pouco nítidas e fotos distantes de *yetis*, mas nenhuma se mostra suficientemente confiável para avalizar sua existência, e assim a maior parte do mundo está convencida de que essa criatura pertence ao limbo da fantasia.

"Se não dormir, o *yeti* vem comer você", dizem a seus filhos os pais das montanhas. Porque para eles a fera é real. E a alçam à categoria de monstro.

IV

Para entrar na casa da família Magraner é preciso descer umas escadas na antessala do imóvel. O salão principal está saturado de fotografias, quadros e figuras que evocam membros da família, lugares e comemorações, embora o olhar se volte para a moldura que ocupa o centro do grande consolo. Essa moldura está enfeitada com rosas do jardim e contém uma fotografia de Jordi montando um cavalo branco e usando um *pakhol*, o gorro típico de Chitral que teve grande aceitação entre os pachtuns. É uma espécie de altar reservado no qual grudaram um cartazinho onde se lê: "A eternidade o acolhe e o guarda em seu universo de PAZ."

Diante dessa imagem, Esperanza e Dolores conversaram durante dois dias e meio bebendo kir, comendo queijos Saint-Félicien, Saint-Marcellin, assando frango no forno. Na primeira tarde, Esperanza insistiu na desconfiança com que tanto ela como o restante da família me observavam.

– Quando recebemos sua carta, meu irmão Andrés disse: "Joga no lixo." Veio muita gente aqui nos pedindo dados, documentos. Nós nos dedicamos a reunir informações, damos, e eles logo desaparecem. Sempre a mesma coisa. Estamos cansados.

Eu precisara de quase três meses para convencer os Magraner a pelo menos me permitir visitá-los, e, agora que finalmente me encontrava do outro lado da porta, persisti na intenção de ir até o final.

– Estou pondo em ordem os diários de Jordi, de 1987 a 2002 – disse então Esperanza. – Até o ano passado (2008), não encontrei forças para mexer em seus papéis... Classifico-os ano a ano. O bom é que ele escrevia bastante. Alguns documentos se perderam, mas ainda assim há muito material. Isso é bom, não é?

Uma bola bateu na janela que dá para o jardim.

– Ô praga! – exclamou Esperanza. – Esses muçulmanos estão por todos os lados, sempre enchendo a nossa paciência...

– Não – disse sua mãe. Uma silhueta se esgueirou do outro lado da cortina, resgatando a bola. – Esses vizinhos são gente boa, nunca tive queixa deles. Eles me cumprimentam, sempre amáveis, e me tratam muito bem. Uma coisa é uma coisa e outra é outra.

Depois, Dolores tirou todas as cartas de Jordi amontoadas numa caixa de bombons e foi lendo frases ao acaso. Às vezes ria. Às vezes mantinha um silêncio prolongado. À noite, deixou que eu dormisse na cama que pertencera a seu filho. No quarto há espaço para um pequeno armário, três estantes baratas, uma mesinha, duas cadeiras e a cama, encostada à janela gradeada que dá para a rua. O colchão revelou-se um local perfeito para se apreciar o mundo de Jordi. Só a limpeza alterava levemente a impressão de estar num lugar intocado durante anos. Entre os livros e pastas surgiam, sem ordem alguma, uma aljava cheia de flechas, um arco, troféus, vasilhas, um recipiente kalash de madeira para derreter banha e queijo, uma pele de lontra, um estilingue artesanal, uma crina de cavalo, adagas, espadas... Na segunda noite, antes de me deitar, Esperanza disse:

— Já que você continua com isso... temos os diários e um montão de fotos guardados em duas malas de ferro. Compramos para o caso de incêndio ou qualquer coisa assim.

Na última tarde, apareceu seu irmão Andrés. Não é muito alto, tem a cabeça raspada quase a zero e uns braços musculosos que são fortes, sem dúvida, ainda que nada disso intimide. Seu rosto ameniza o conjunto a ponto de lhe imprimir um ar de quase fragilidade. Numa das fotos do salão, ele aparece com Jordi, quando crianças. Em outra, Andrés faz pose trepado na asa de um Yak-11 russo. Conversamos um pouco sobre aviões, Esperanza disse que o deixavam entusiasmado.

— O que é sério tem de ser levado a sério. Aprendi isso na aviação — disse Andrés em algum momento. Eu o interpretei como um convite para abordar o assunto.

— Bem, você já sabe para que eu estou aqui — disse eu. — Sei que não deve ser agradável voltar ao assunto, mas logo vou passar umas semanas em Valence...

Ele ergueu a mão em sinal de *stop*.

— Olhe aqui, vou ser bem claro: não conheço você, e não vou falar com você porque não confio. Estou farto dessa gente que vem apenas para nos fazer perder tempo. E a única coisa que sinto é raiva. — Ele tensionou os braços, e as veias do pescoço saltaram. — Só sinto vontade de pegar uma espingarda e começar a atirar. Desde 4 de agosto que estou em guerra com as nossas autoridades... tão modernas.

Esperanza interveio. Falou bem do trabalho que havíamos realizado naqueles dias. Acalmou-o e inoculou nele confiança em dose justa, não tanta, afinal acabávamos de nos conhecer, mas a necessária para que o próprio Andrés se permitisse tentar mais uma vez com um novo intruso. O desejo de reparar a memória do irmão e de esclarecer o crime ainda o arrebatava. Na manhã seguinte, pouco antes da minha partida, Andrés se apresentou na casa de sua mãe com uma pastinha.

— Tome, para você se entreter no trem.

De volta a Barcelona, li vinte páginas demolidoras que incluíam as seis hipóteses embaralhadas para explicar o assassinato de Jordi.

Espionagem.

Dívidas.

Uma rixa com o delegado do governo regional, que teria acabado fazendo justiça com as próprias mãos.

Comentava-se também que Jordi podia ter participado de um complô político com Massoud, o chefete antitalibã de Panjshir, e que por isso fora eliminado.

Ou que tinha sido morto por Shamsur, ciumento de ver que Wazir estava ocupando seu antigo posto de aluno protegido.

Havia uma sexta opção, a mais polêmica, a mais daninha, e que Andrés expunha em nove linhas de uma gelidez que jamais levaria nenhum leitor neutro a pensar que era irmão do morto, e que o amava como amava.

V

O que é um monstro?

Em seu *Systema naturae*, o botânico e médico Carl von Linné identificou seis divisões de *Homo sapiens*: *ferus*, *americanus*, *europeus*, *asiaticus*, *asser* e *monstruosus*. O *Homo monstruosus* caracterizava-se, segundo Linné, por ser basicamente extraordinário, por ostentar uma anormalidade radical. Um ser fora do padrão. O único capaz de fazer pensar em formas híbridas improváveis, em naturezas realmente estranhas. Em seres remotos, selvagens, que, se existem, talvez ninguém tenha visto ainda.

Os especialistas asseguram que na Terra há milhares, quem sabe milhões de seres ainda desconhecidos do homem.

As espécies invisíveis.

Contrariando as aparências, existem no planeta enormes territórios dos quais muito pouco se sabe, da Papua Nova Guiné ao Amazonas, a Grande Barreira de Coral, a parte alta de muitas grandes cordilheiras e tantas fossas oceânicas em que vivem seres que nos surpreenderiam, alguns até que nos poderiam aterrorizar, embora possivelmente alguém já os tenha imaginado.

Em que acreditamos?
Em que não?

O que é um monstro?

VI

"Sobrevoamos a Arábia. O avião voa baixo o bastante para que se possam avistar as chamas dos poços de petróleo, uma série de pequenos pontos luminosos sobre um fundo negro", escreveu Jordi. E voltou a olhar a tela do Boeing 747 onde prosseguia o filme sobre Sherlock Holmes que havia abandonado por não saber bem inglês. *Certamente me saio melhor no inglês paquistanês.* Deu uma olhada na direção de Yannik, que limpava a lente de uma de suas câmeras. Com aquela estupenda cabeleira, ele com certeza saíra bem nas fotos que o repórter do *Dauphiné Libéré* havia tirado deles dias atrás. *Amanhã vão publicar o artigo*, pensou Jordi. E em seguida: *Amanhã é meu aniversário.*

No dia 6 de dezembro de 1987, Jorge Federico Magraner completaria 29 anos, e o faria em Islamabad. Enquanto voava para lá, as rotativas do principal jornal de Valence talvez já estivessem imprimindo o artigo sobre o zoólogo e o fotógrafo que viajavam para os vales do Norte paquistanês à procura de novas espécies animais, sobretudo pássaros, répteis e batráquios, além de pretender estudar as cabras da região, os tigres, ursos, lobos e o leopardo-das-neves.

— Iremos armados apenas de facas, arcos e flechas que nós mesmos fabricaremos empregando os materiais da selva — dissera Jordi ao jornalista. — Queremos viver com absoluta autonomia, sem guia nem intérprete, na companhia somente dos cavalos asiáticos e dos cães. Nós nos alimentaremos do que encontrarmos no terreno, caçando e colhendo frutas e plantas silvestres.

Não fez alusão ao principal objetivo da missão: a possibilidade de encontrar rastros de pés relativamente humanos. Jordi não quis dar destaque a essa parte porque na realidade não estava nem um pouco convencido da existência de homens selvagens. Aspirava tão somente a verificar se havia o mínimo de verdade e coerência biológica a propósito desses seres ou se as histórias sobre eles não passavam de fantasias bem contadas.

Ao transpor a porta do avião, recebeu uma golfada de ar denso que, sem ser quente, o fez pensar no verão, estremecendo de prazer e inquietação porque o calor o deixava transtornado, o consumia, quantas vezes chegara a se desidratar e adoecer por causa dele. Mas nada mais importava, estava longe, em outro lugar.

Seu táxi somou-se à caravana de veículos e avançou lentamente pela grande avenida que cruza Rawalpindi. Baixou o vidro da janela até o meio. Nas ruelas notava-se um constante vaivém de homens que por vezes quase não conseguiam prosseguir. Outros se agachavam nos umbrais das lojas ou à beira do desnível cheio de gretas e buracos que fazia o papel de calçada. Seu *banlieu* de Fontbarlettes tinha sem dúvida um aspecto melhor do que aquela densa concentração de horrendos prédios baixos, não dava para comparar a França com o Paquistão, mas o caso é que o número de sorrisos pela rua tampouco tinha comparação. Os gestos, a maneira de se mover, os olhares dos asiáticos... nem a quantidade de militares mobilizados diminuía a sensação de relax. Era óbvio que ali se vivia de outra forma.

No táxi, viu-se ainda mais consciente de quanto precisava se libertar da eterna opressão do seu bairro. Bastava de se sentir um pobretão da periferia. Um escoteiro que se contentava em explorar o Vercors. Em seu bairro francês era como se tudo acontecesse em pequena escala, e ainda devia ser grato por ocupar o espaço que lhe haviam designado.

— Escoteiro — resmungou, baixando o vidro completamente. Pôs meia cabeça para fora e assim foi apreciando os dromedários, o voo em V dos pelicanos e o balé de taxistas ao redor, além da rudeza da gente e até das ruas tão sujas.

Os dois passaram os primeiros dias entre Rawalpindi e Peshawar, mais agradável e civilizada, até que em 11 de dezembro embarcaram no Fokker 27 que faz diariamente a rota para Chitral. Voaram em meio a majestosas montanhas cobertas de neve. Ele estudara tantas vezes a cordilheira que era quase capaz de enumerar os nomes dos principais cumes. Do ar, o aeroporto pareceu-lhe simples e pequeno. O avião desligou os motores no meio do vale, junto ao rio Chitral, que bramava com a força do inverno. As casas se espalhavam por cima do grande altiplano nevado aos pés das encostas sulcadas por formidáveis estrias, anunciando os caminhos que as águas seguiriam quando chegasse o degelo.

Um jipe levou-os ao Grão-Bazar, a avenida que atravessa Chitral, e Jordi se sentiu decepcionado. Os casebres de madeira intercalavam-se com muros de pedras mal assentadas, tudo estava asquerosamente sujo, e a maldita umidade fazia com que a neve se cobrisse de impurezas, oferecendo em conjunto uma impressão de sebo lamacento e imundo.

Um dos inúmeros chitralenses que portavam fuzis e carabinas indicou-lhes onde encontrar um motorista que os conduzisse ao vale kalash, de Bumburet.

– Vou até Ayun, lá vocês vão ter de trocar de jipe – avisou o motorista.

Eles dividiram o veículo com outro passageiro.

– Olá, sou o príncipe Hilal Ahmad Khan – apresentou-se o homem.

Jordi apertou-lhe a mão com firmeza. Veja só, um príncipe. Nada menos. Não se vestia diferentemente dos demais, uma simples túnica comprida e um bom casaco, e era príncipe... E viajava num jipe compartilhado. Precisavam estar preparados para o imprevisível, para aprender novos códigos. Ao ver que Hilal observava Yannik, Jordi se perguntou que impressão eles causariam naquela gente.

Apesar da discrição e boas maneiras, Hilal não conseguira deixar de deter-se mais tempo do que seria o correto a perscrutar o rosto de Yannik, que inicialmente pensou que fosse uma garota. Nunca tinha visto homens de cabelo tão comprido. Quando notou indícios de barba no rosto de Yannik e ouviu sua voz viril, sorriu internamente daquelas esquisitices ocidentais. Seja como for, sentia-se atraído pelo atrevimento e pelo aspecto daqueles aventureiros, que vinham a fim de bater papo.

Durante o trajeto, Hilal se divertiu a valer. Gostou tanto das brincadeiras e do entusiasmo de Jordi, do seu jeito de arranhar idiomas para se fazer entender, que, quando não encontraram nenhum veículo em Ayun que os levasse até o alto do vale de Bumburet, o príncipe os convidou a pernoitar em sua casa.

Hilal parecia um bom sujeito, e, afinal, não era essa a forma local de agir? A hospitalidade é sagrada na região, ao menos era isso o que tinham lido.

– Ora, será uma honra. Muito obrigado.

O pai de Hilal acolheu-os encantado. Falava um inglês passável, e a chegada de estrangeiros supunha uma ocasião para conversar e aprender coisas.

O príncipe Hilal era um muçulmano do clã Katour, membro da antiga família real chitralense. É certo que, quando o reino de Chitral se tornou mais um distrito da província fronteiriça do noroeste, o governo aboliu os velhos títulos nobiliárquicos. Mas a história tem peso, e ali ainda existem príncipes e reis, homens livres e camponeses tiranicamente atados à terra. Hilal pertencia à estirpe de herdeiros... arruinados.

Magro, de nariz adunco e barba pouco espessa, movia-se graciosamente. Franzia exageradamente o cenho quando demonstrava interesse, embora não costumasse olhar nos olhos. Disse que um dia gostaria de erguer uma casa com o filho, Ahmed.

— Talvez a construa ali embaixo — e apontou para o fundo do talude, por onde se estendia um leito pedregoso, uma espécie de antessala do grande rio Chitral, onde quem procurasse ainda conseguiria achar umas pepitas de ouro. O rio se perdia por trás dos resquícios de um pico solitário que emergia limpidamente definido, sublimando a ideia que qualquer criança faz da palavra "montanha", e fechava o vale como uma comporta natural.

A propriedade de Hilal compreendia campos de trigo, milho e arroz, hortas, jardins cobertos de arvoredos. Trabalhava como chefe de guardas florestais e era apaixonado por zoologia, de modo que hóspedes e anfitriões falaram da vida nas selvas.

À luz das candeias, jantaram arroz com frango com molho, rodelas de cebola com limão. De sobremesa, serviram-se de frutas secas, romãs e maçãs. A boa acolhida, porém, não deixou Jordi e Yannik totalmente tranquilos. Os nativos eram conhecidos pela arte do fingimento, e por todo lado se ouvia falar de combatentes que fugiam da guerra no Afeganistão com a URSS refugiando-se nos vales, gente armada, furiosa e faminta que sem dúvida zanzava por ali. Além do mais, os pachtuns e os punjabis não se haviam mostrado lá muito amistosos para com eles. A insultuosa arrogância dos pathanes enervava Yannik; será que queriam provocá-los?... E a realidade é que tinham conhecido o suposto príncipe Hilal horas antes... Por mais que tentassem disfarçar, seu pé atrás saltava à vista. Mas não iam desprezar a hospitalidade, seria um gesto feio e malagradecido, sem contar que, assim tão tarde, para onde eles iriam?

— Ele vai dormir com vocês — o pai apontou para um menino. — Se quiserem qualquer coisa, é só pedir.

O garoto os levou à construção reservada aos convidados. Da janela divisava-se o Tirich Mir.

— Dizem que em seu cume vive a rainha das fadas que habitam as montanhas — disse Jordi.

Em seguida foi se deitar, empunhando sua faca Muela de Ciudad Real, que deixou bem à vista do garoto.

— Yannik — murmurou.

— O que é?

— Deixa sua faca à mão.

Yannik se limitou a ouvi-lo. Conseguiram dormir.

Assim que a tênue luz da aurora começou a delinear os objetos do interior da cabana, Jordi despertou. Era o primeiro. Pé ante pé, saiu da casa. As montanhas amanheciam desvelando densas folhagens frondosas. A última umidade noturna formava esporádicos blocos de névoa sobre algumas encostas. Ouviu o grito de aves de rapina. O espetáculo deixou-o impressionado. Inspirou fundo e saudou o sol conforme o rito pagão. Quantas vezes havia saudado o sol... mas aquilo era diferente, sem dúvida. Como se fosse mais... mais... de verdade.

Recordou outras primaveras, quando comemorava a chegada do tempo bom na montanha ou na casa de um amigo que dispunha de um terreno extenso. Viu-se praticando jogos ancestrais, esticando uma corda na direção oposta à equipe rival, jogando rúgbi no estilo original. Chegara a fazer oferendas de comida e flores, até já cantara e dançara, e ao anoitecer tinha acendido fogueiras para pular sobre elas. Não por acaso havia confeccionado uma bandeira pagã que consistia num grande círculo amarelo sobre fundo vermelho.

O sol.

O astro que permite a vida na Terra igualando todos os seres com sua luz, com seu calor. O símbolo capital do paganismo, que vê em cada forma de vida vegetal, animal, humana, e em cada forma inanimada, fogo, céu, terra, água, um conjunto de veneração e respeito. Se aquilo era paganismo, Jordi acreditava nele. Um credo que lhe permitia se sentir parte disso que agora se abria imponentemente diante dos olhos. Dos bosques e das montanhas, dos outros seres vivos, da matéria ao redor.

Descobrir que em três vales de Chitral vivia uma tribo pagã de origem indo-europeia capaz de produzir vinho e cujas mulheres não só mantinham o rosto destapado, como ainda o pintavam, foi o que acabou por convencê-lo de que aquele ia ser seu destino. Por isso devia sentir essa energia. Tinha de reconhecê-lo, estava empolgado. Que vontade de ver os kalash.

Ao retornar ao interior da cabana, procurou fazer um pouco de barulho, não muito, o suficiente para acordar Yannik e os outros.

Como havia previsto, as mulheres kalash de Bumburet logo atraíram sua atenção devido aos soberbos vestidos pretos justos e bordados de cores vivas, e aos colares que ornamentavam suas extremidades e pescoços. Ostentavam extraordinários penteados decorados com conchas brancas, coral vermelho, botões e diversas peças de metal. Já os homens só se distinguiam dos muçulmanos por sua falta de barba.

Percorreram um trecho do caminho que atravessa o estreito vale de Bumburet ao longo de vários quilômetros saltando riachos, bem devagar, por causa da neve. As casas se escalonavam umas sobre as outras pelas encostas, ocupando cada metro daquele receptáculo natural.

Os kalash tinham a pele mais branca que os muçulmanos de Chitral, mas nem de longe correspondiam à raça de esplêndidos louros que Loude descrevera em seu livro sobre os últimos infiéis do Hindu Kush. Ao menos era verdade que se enfeitavam e que adornavam os gorros com plumas de cores e espigas de milho. Quando Jordi viu dois jovens kalash conversar animadamente com um grupo de muçulmanos, aborreceu-se. Então eram esses os pagãos resistentes à pressão do islã de que falava Loude? Ou os kalash tinham mudado muito num par de décadas, ou Loude havia criado uma ficção. *Mas por quê? Para quê? Cientista é cientista, não tem necessidade de fantasiar. Provas, provas, provas. Nosso trabalho consiste nisso, não?* Será que Loude achava que ninguém nunca iria averiguar suas afirmações?

De muitas casas saíam nuvens de fumaça. As mulheres cozinhavam sujando o rosto de fuligem. O cemitério, a pedra para o sacrifício ritual de cordeiros, o santuário dedicado a Mahandeo – o grande deus dos cavalos – e os altares em honra às diferentes divindades estavam descuidados. Nada correspondia à expectativa. Fazia frio.

– Meros pagãos – exclamou Jordi. – Pura enganação.

Antes de viajar para os vales, havia imaginado tantas vezes a vida e a estética dos kalash que agora se sentia enganado. Os locais de culto eram simples, sem pretensões de nenhum tipo, como se houvessem permanecido ancorados num estágio primitivo. A representação de símbolos divinos lhe pareceu tosca e *naif*.

Ao entrar no salão do pequeno hotel kalash onde tinham escolhido se hospedar, eles depararam com um grupo de jovens de frente para uma televisão que passava no volume máximo um filme de guerra norte-americano. Ninguém se deu conta de sua chegada, estavam todos ébrios de droga e álcool. O ar cheirava a maconha, estava tão espesso que dava para cortar. Vários mascavam *nassouar*. De vez em quando, alguém cuspia no chão.

– Não acredito que eles queiram que a gente durma aqui – disse Yannik.

Após protestar com o proprietário, conseguiram diminuir o volume da TV.

– Não se preocupem, os meninos já estão indo.

– Podemos dormir no andar de cima?

– Sinto muito, os dois quartos estão ocupados por jornalistas franceses.

Jordi quis subir para cumprimentá-los. Bateu a uma das portas e, ao se abrir, viu dois homens e uma mulher seminus. O da porta sorria em êxtase convidando-o a entrar, enquanto os que estavam lá dentro fumavam maconha. Pareciam perturbados.

– Chegou um novo carregamento de ópio ao povoado – disse o da porta depois que Jordi recusou o convite para entrar. – Sabe de alguma coisa? Onde se pode conseguir material?

– Não, não. Ainda estamos nos situando.

Jordi se esgueirou tentando manter a compostura, triste e escandalizado.

Apressou-se a abandonar os vales. Em seu diário, escreveu que só queria "esquecer o pesadelo". Como um povo podia chegar a tamanha degeneração? Que pena, que desastre, que horror.

– Os kalash estão acabados, não passam de folclore para turistas, atingiram um ponto de não retorno – comentaria depois um casal de italianos que circulava pela região.

– Estou de acordo – respondeu Jordi.

VII

E foram explorar montanhas. O príncipe Hilal apresentou-os aos bosques de salgueiros, abetos e carvalhos verdes, cruzaram imponentes formações de zimbro, campos de trigo... Foi o melhor guia.

— Olhe para a clareira.

Hilal passou o binóculo para Jordi, que não demorou a focalizar uma cabra de chifres impressionantes.

— Um markhor?

— Restam poucos. A entrada de grandes remessas de AK-74 quase acaba com eles. Em pouco tempo mataram muitíssimos.

— Efeitos colaterais da guerra, não é? A fome...

— Matavam uns vinte por dia, até que conseguimos regulamentar a caça.

A miséria também havia feito disparar o corte de árvores. Os devastadores se multiplicavam, de modo que Hilal tinha de patrulhar sem descanso aquele labirinto de catedrais de rocha. Como era difícil encontrar qualquer coisa ali! Além do mais, eles sabiam se esconder... Os bosques superavam qualquer ideia que se fizesse deles. Sentia-se tão minúsculo, tão de outra escala... Aquela imensidão bárbara lhe estava permitindo visualizar seu tamanho irrisório. Singela lição. A paisagem explicava melhor que todo o anterior quão pouco ele era, quão pouco ele significava. Durante os dias que se seguiram, foi tendo cada vez mais certeza de que ser tão consciente da própria insignificância só o engrandecia.

Acabou sendo uma estupenda escola. Ao avistar pela primeira vez as asas alvinegras dos abutres-barbudos do Himalaia alinhados como grandes bombardeiros decolando da pista, um após outro, emocionou-se.

Yannik corria riscos apoiado em seus portentosos músculos e se instalava em algum lugar bem escolhido durante o tempo necessário, até a foto surgir. Jordi ficava impressionado com seu sangue-frio e com sua facilidade para se relacionar especialmente com as crianças, que sempre o procuravam para brincar.

Ao fim da jornada, comiam uma tigela de arroz com alguma coisa, carne, se o dia fosse de sorte, talvez cordeiro. Ou milho frito em banha de cabra. Ou legumes. Ou vegetais não identificados, embebidos em molhos duvidosos nos quais com frequência boiavam coleópteros mortos. Nos altiplanos, pastores tajiques os convidaram a tomar o iogurte que produziam com o leite de seus iaques.

Compraram cavalos, cães, aprenderam a atirar com o *tchounjor*, o arco local de corda dupla, e, quando saíam para caçar, o pai de Hilal lhes falava sobre os bons tempos com os colonos ingleses. Yannik combinava tão bem musculatura e sobriedade que se revelou um atirador formidável.

O que mais podia querer? Era a vida que fantasiara tantas vezes ao penetrar no Vercors. Registrava na memória cada fundo de vale, o estado de cada ponte, os enclaves onde se formariam lagos na primavera. Aprendeu a distinguir as rotas que permitiam a passagem de cavalos das que admitiam apenas burros ou que deveriam ser vencidas a pé, resgatando a prodigiosa memória que desde pequeno havia impressionado sua família e seus professores. Por mais denso ou inexplorado que fosse o matagal ou o bosque em que se aventurasse, jamais se perdera. O instinto e a luz lhe bastavam para se orientar, e neles confiava como se tivesse um GPS na cabeça. Como se a natureza o guiasse.

Durante uma parada para descansar, ele se afastou alguns metros de Yannik, queria ficar sozinho. Ao se sentar numa rocha, viu que um lagarto o observava. Assim se passaram quase dois minutos. Jordi esticou o braço, e o lagarto subiu nele. *Por que tenho esse poder?* Desde moleque andava sempre atrás dos gatos para estudá-los e não era raro aparecer em casa com um lagarto no ombro.

Era como se os hipnotizasse, como se soubesse conversar com eles. Possuía a intuição do caçador, aquele senso do ambiente. Era ir a um lugar e encontrar algo.

— Que coisa! — Yannik vira a cena. — Parece que você tem os bichos no sangue...

Aos nove anos, entrou para o Club des Mal Aimés, um grupo de meninos do bairro de Calvaire cujo feito mais memorável foi salvar todos os lagartos de uma propriedade que ia ser demolida. O contato com a natureza é singularmente fácil em Valence. A cordilheira do Vercors ergue-se diante da varanda mais destacada da cidade, ocupando o horizonte de uma maneira que parece um chamamento. Jordi o ouviu melhor que ninguém. Era habitual ver o pequeno Magraner enveredando pela rua Franklin para subir as encostas que o faziam se perder no bosque. Nos dias muito chuvosos, ele mudava a rota, passava pelo corredor de glicínias que precede o porto fluvial do Épervière e ficava horas observando peixes, capturando rãs. Agora, apesar de abrigar um boliche, o Épervière continua um lugar pouco movimentado, mas nos anos 1970 essa parte do rio possuía um silvestrismo ainda mais fascinante.

— Não, no sangue não — respondeu Jordi a Yannik. E pensou no pai, ainda que na realidade nenhum dos Magraner tivesse desenvolvido esse instinto.

Seu pai jamais se dera muito bem com os lagartos, nem com quase nenhum dos animais que o entusiasmavam. O velho preferia o mar, talvez o problema entre eles não fosse muito mais que uma questão de superfície, o fato é que lhe custava adaptar-se ao que então julgava puro autoritarismo. Quem diria que um dos grandes momentos de sua infância ele deveria ao pai? A comunicação entre os dois não fluía muito bem, Jordi era o quinto de seis irmãos, anos demasiados os separavam, e o patriarca não parecia entender aquela fraqueza dele por escapar para o mato, mas justamente por isso o moleque ficou especialmente impressionado quando, ao abrir aquele presente de Natal, deu de cara com uma maleta de biólogo.

— É exatamente o que eu estava querendo — disse baixinho.

Jordi continuou pensando o dia todo naquele episódio, e ao escurecer, sentado em frente à fogueira na noite gelada, tentou se lembrar de quantos anos tinha naquele Natal. Uns catorze, calculou. Isso, catorze, porque um ano antes havia entrado para os Escoteiros. Foi quando conheceu Erik, o irmão de Yannik. Tinham ido ao Vercors para observar camurças. Erik prestou atenção em Jordi porque era muito divertido, e então procurou fazer amizade caminhando perto dele. Em dado momento, passou um cão, e Jordi começou a falar daquela raça de cães. Sabia tudo, o que eles comiam, seu hábitat, a história genealógica e como haviam chegado ao Vercors. *É incrível*, pensou Erik. *Ele sabe tudo*. Mas logo se deu conta de que as exibições de Jordi eram constantes, com qualquer animal. Erik ficou impressionado com seu conhecimento da natureza e sua curiosidade, com a capacidade de se interessar por tudo, pela história, música, filosofia... e se aproximou dele agora sem rebuços. Queria saber mais daquele portento enciclopédico. Desejava aprender.

Jordi consolidou sua amizade com os irmãos L'Homme tentando observar lobos no verão, conversando sobre os grandes espaços que visitariam anos depois. Viajaram a diversos parques naturais da França, da Espanha e da Córsega, e, nas montanhas do Cantábrico, Erik, Jordi e um punhado de amigos passaram um mês sobrevivendo por seus próprios meios. Compartilhavam a ideia da *perfeição das origens*, estavam dispostos a procurar juntos o mítico paraíso perdido e a ser fiéis à busca com devoção religiosa. Procurar, procurar, procurar acima de todas as coisas, para serem melhores, mais naturais, sua forma de se sentirem completamente humanos.

Jordi era atraído pelos répteis e pelos anfíbios mais que por qualquer outra coisa; desenhava-os sem parar. Aproveitava para analisá-los e perguntar sobre eles nas saídas com a FRAPNA (Federação Ródano-Alpes de Proteção à Natureza), e assim, interrogando, simpatizou com Suzanne Marius, a professora de alemão especialista em ornitologia que capitaneava algumas das excursões.

Se *monsieur* Aussiette havia sido o professor-chave para despertar sua ânsia de conhecimento no início da adolescência, Marius, motivada pelo lúcido entusiasmo do aluno, lhe propôs, em 1977, uma leitura definitiva: *L'homme de Néanderthal est toujours vivant* ("O homem de Neandertal continua vivo"). O livro o perturbou, absorveu-o quase fisicamente. Durante o tempo que demorou a leitura, ele deixou de sair com os amigos, não assistiu à televisão, reduziu as expedições ao campo. Enquanto lia, vislumbrava possibilidades científicas e aventureiras assombrosas. Mas o que tudo aquilo tinha de verdade? O homem das cavernas? Estava suficientemente convencido para abrir uma linha própria de investigação? O mais importante era que o livro concluía pela sobrevivência da linha neandertaliana.

A brecha estava aberta. Há quem ache que Jordi teria desembocado igualmente no estudo de hominídeos porque seu interesse pelos anfíbios se devia a que o homem provém originalmente da água. É uma teoria. A verdade é que ele ficava profundamente incomodado com o fato de os anfíbios nunca terem sido bem considerados na Europa, ainda que venerados, por exemplo, pelos aborígines da Austrália. Leu que, após o advento do cristianismo, os beatos rejeitaram os répteis como reação ao paganismo, identificando-os com a bruxaria. E, seguindo a pista do cristianismo, observou que essa fé se decidira pela existência de animais bons e maus. Não, concluiu Jordi, não. Os mitos não passam de mitos, as lendas não passam de lendas. Mitos e lendas são utilizados como instrumentos de discriminação, de luta, e para tomar partido contra tal ou qual categoria de pessoas ou seres vivos. Alguém tem de mudar isso. Alguém tinha de mudar isso.

Na intimidade dos charcos e do mato, estudando como se arranjam para sobreviver as criaturas que muitos desprezam e maravilhando-se com habilidades de que poucos sabem ou falam, Jordi havia forjado seu próprio sistema de valores, muito distante do que se impunha por aí afora, no denominado "mundo real". Não se deixaria enganar. Não só o urso, a baleia, o elefante ou o leão são magníficos. Ele também acreditava nos espinhos, nas rãs e na lama, todos iluminados pelo grande sol onipotente. Defenderia a vida, sem exceções. Sentia-se forte, seguro, autônomo, jovem. Capaz de gritar, de rugir a favor de uma nova ordem.

Em 20 de março de 1988, ele comemorou no Paquistão, junto com Yannik, a chegada da primavera. Içaram bandeiras pagãs e de Valence. Sacrificaram um galo. Que excelente companheiro lhe parecia Yannik, quase tão audaz quanto ele, e ainda mais forte! Enquanto destroçava o galo, observando Yannik a arrumar as panelas, Jordi se pegou sorrindo de um jeito que lhe pareceu meio imbecilizado. Com o facão cravado no espinhaço sanguinolento, decidiu que precisava controlar seus arrebatamentos, não podia permitir que a camaradagem o amolecesse. Os excessos de cordialidade acabam pondo a perder as missões mais grandiosas. Na tácita hierarquia estabelecida, ele era o chefe e devia demonstrá-lo.

– Como vai indo aí? – perguntou Yannik.

Jordi assestou outro golpe de facão no galo, sem responder. Yannik arqueou as sobrancelhas e continuou a ocupar-se calmamente da louça. Concentrado em esquartejar o bicho, Jordi se convenceu de que fazia bem mantendo aquela distância. Não podia se deixar contagiar pela serenidade e doçura de Yannik, tão inocente na hora de enfrentar os nativos. Afinal de contas, as decisões finais sempre ficavam em suas mãos, sentia-se responsável por fazer com que tudo corresse bem, totalmente responsável, e o entorno exigia que mantivesse a contundência com que até então havia se comportado. Ou mais.

Jordi virou os pedaços do galo numa caçarola. Não, a amizade com Yannik não o suavizaria. Ao contrário, devia ajudá-lo a enaltecer sua própria figura, a se transformar sem nenhuns melindres no executor da equipe levando adiante as iniciativas, desconfiando como aquela gente desconfiava, impondo sua vontade às rudes maneiras locais. Sabia como agir, tratá-los de igual para igual. Por isso, ao despejar o galo na caçarola, deixou escapar um novo sorriso, mas desta vez ao sabor de um pensamento sobre a ingenuidade de Yannik. *Se é que acredita em tudo o que lhe dizem...*

Na época, já haviam espalhado por toda Chitral sua intenção de procurar homens selvagens.

Em 23 de março, ouviu algo parecido com gritos na noite. No dia 26, aparece pela primeira vez em seu diário a menção ao *yeti* enquanto conversa com um caçador durante uma tempestade de neve. Não se estende muito a respeito, mas dá a entender que a investigação começara. Em 9 de abril, voltou a ouvir aquela espécie de gritos. "Não sei o que pensar", escreveu ele, transtornado pela possibilidade de uma pista tão clara, e por havê-la encontrado tão rapidamente.

– Não, não posso ter tanta sorte assim – disse em voz alta.

Um calafrio o percorreu, quase temendo deparar realmente com um espécime de cuja existência ainda duvidava. Já haviam transcorrido quatro meses desde sua aterrissagem, começava a dominar a geografia, e os testemunhos dos autóctones o animavam a se aprofundar... muito embora mantendo o ceticismo.

> Armo-me de paciência. Noto que, ao lhes perguntar sobre os animais da região e os habitantes das montanhas, os interrogados falam por si mesmos dos hominídeos-relíquia. Nunca os questiono a respeito [...]. Diante do interesse que demonstramos, eles nos convidam a ir em busca de testemunhos visuais. O mais surpreendente é que a existência desses seres é percebida pelos habitantes como a de qualquer outro ser vivo. Eles os inscrevem no registro natural e real, e não no da tradição mítica. (Diário)

As coincidências no relato das testemunhas foram despertando nele uma curiosidade cada vez maior, apesar de terem sido aqueles gritos da segunda noite, sobretudo os da segunda noite, que o animaram a obter novas declarações sem medir esforços. Havia começado a acreditar para valer.

Yannik esteve para morrer ao despencar de um barranco de cinquenta metros quando tentava bater uma foto, e as contusões o obrigaram a ficar de repouso por vários dias. Quando acabavam os alimentos, eles comiam os frutos das árvores, as plantas do caminho. Jordi caçava lagartos com a mesma besta com que pusera para correr um grupo de homens que haviam tentado assaltá-lo.

Depois os assavam em tiras e os comiam. Conseguiu fazer mais entrevistas e graças à sua habilidade com o desenho esboçou os primeiros perfis de homens selvagens seguindo as indicações dos habitantes do lugar.

Após regressar de uma das incursões, Jordi caiu doente com febre e sua dor de dentes periódica reapareceu.

— Nada grave, só uma gripe — diagnosticou o médico de Chitral.

Em Chitral não se vendiam aspirinas, e, como também precisava resolver uns problemas administrativos em Peshawar, ele conseguiu uma passagem de avião para o dia seguinte. Era maio, o céu homogeneamente azul. A febre no corpo. Sobrevoando Dir, o gigantesco espetáculo das montanhas deixou-o desalentado. Pegou uma esferográfica, abriu o diário e escreveu: "Percebo que nosso plano se resume a procurar uma agulha num palheiro." Os cumes não acabavam. Ante aquela concentração de montanhas, grutas, despenhadeiros, bosques, gargantas, ele se perguntou: "Qual explorar primeiro? Qual deles nos permitirá alcançar nosso fim?"

VIII

Num dia de 1948, o doutor em zoologia Bernard Heuvelmans abre o *Saturday Evening Post* e lê um artigo intitulado "Pode haver dinossauros". Estranha que esteja assinado por um autor em que confia. Em seguida, entre as declarações pinçadas no texto, lê nomes de pesquisadores que tem também como sérios e termina se vendo diante da necessidade de contestar a informação.

Sete anos depois, ele publica *Na trilha dos animais desconhecidos*, apresentando ao mundo uma série de animais descobertos apenas no decorrer do século XX. Na maioria, são bastante grandes. Entre eles estão o ocapi, o celacanto, o pecari (ou caititu) paraguaio, o hipopótamo-pigmeu, o boi-selvagem-do-camboja e o dragão-de-komodo.

Heuvelmans é cientista, tem-se por cientista, os animais de que fala existem "de verdade", mas foi comprovado que muitos deles só foram localizados após ele conversar com indígenas que deram notícia de sua existência contando histórias, descrevendo-os. Antes da descoberta, esses animais não eram para o Ocidente mais do que lendas ou vítimas de extinção. Então, por que não dar crédito a outras narrativas sobre seres fugitivos?

Heuvelmans decide que os seres que se ancoraram poderosamente num imaginário merecem ser procurados, considera-os uma possibilidade real porque de algum modo já existem, e em seu novo clube aceita desde o lobo-da-tasmânia até as lulas-gigantes, o mokele-mbembe — uma espécie de brontossauro de Camarões — ou o monstro do lago Ness. Assim, ele funda a criptozoologia, uma disciplina que recorre a métodos científicos para procurar e estudar seres por definição invisíveis.

O *yeti* é a estrela das criaturas criptozoológicas.

Além de Edmund Hillary – o herói do Everest – ou do também ilustre alpinista Reinhold Messner, entre os grandes caçadores de *yetis* destaca-se o russo Boris Porshnev, o filósofo e historiador que, a partir dos anos 1950, mergulhou no estudo dos homens pré-históricos.

Foi ele que apontou Chitral como "uma das zonas de hábitat permanente mais favoráveis aos homens selvagens" e que simpatizou com Heuvelmans a ponto de assinarem juntos um livro que estimulou os sonhos de milhares de pessoas: *L'homme de Néanderthal est toujours vivant*.

Muito antes de partir para o Paquistão, Jordi Magraner iniciou uma correspondência com Heuvelmans, o misantropo que afirmava preferir os símios aos humanos. Estranhamente, Heuvelmans manteve contato com seu jovem admirador. E não só isso.

Anos depois, escreveu a ele: "Se você o encontrar, será a maior alegria da minha vida."

IX

> Para Julien, fazer fortuna era, para começar, sair de Verrières; ia embora da pátria. Tudo o que via gelava sua imaginação.
>
> (Fragmento sublinhado no exemplar de *O vermelho e o negro* de propriedade de Jordi Magraner.)

Ao aterrissar em Paris, sentiu vontade de urinar. O primeiro banheiro que encontrou estava danificado. No segundo, precisou esperar a vez numa fila. O imundo odor das privadas e a dificuldade de satisfazer de imediato uma necessidade tão básica o fizeram lembrar-se da facilidade do mato. Havia passado o voo com saudade dos vales que acabava de abandonar, calculando como poderia voltar para acrescentar testemunhos aos 27 que já acumulava, elucubrando maneiras de arranjar dinheiro.

– Tenho de voltar – disse a seu amigo Jean-Paul Thomas, que tinha tomado conta de seus onze lagartos enquanto ele estivera viajando.

– Mas você mal acabou de chegar; relaxe – respondeu Thomas pegando um dos dois filhotes nascidos na ausência de Jordi. – Agora você tem mais duas bocas para alimentar.

Treze lagartos. Número e espécimes com muito poucos admiradores. Jean-Paul se perguntou novamente por que seu amigo e ele amavam os répteis, por que os anfíbios, esses bichos a que quase ninguém dava a mínima profissionalmente em Ardèche. Lá quase todos os pesquisadores se bandeavam para a ornitologia ou para os mamíferos. O próprio Jean-Paul era um naturalista *amateur*, ganhava a vida mesmo como professor primário.

Olhou fixamente para Jordi. Talvez precisasse ser de determinada maneira para se sentir atraído por aquela fauna. Vá se saber... A questão é que o vírus pró-reptílico havia atacado os dois muito cedo, na infância. Aos dez anos, Jean-Paul tinha fabricado seu próprio *terrarium*, onde enfiou tarântulas, serpentes, um lagarto gecko... Seguiu assim por muitos anos, de maneira anárquica, até que encontrou Jordi, que o introduziu no rigor científico. Com ele aprendeu a capturar répteis amarrando um pequeno laço na ponta de uma antena desdobrável. Considerava-se seu aluno.

Naquela noite, Jordi se expressava com singular veemência. Falaram do Paquistão, do barmanu, de fauna, de política. Jean-Paul defendeu suas ideias de sindicalista filiado ao Partido Comunista Francês, e, como de hábito, discutiram.

— Ah, Jordi, como você pode vir com esse papo tão de direita vindo de onde vem? No contexto da luta de classes, a esquerda é a que melhor representa a nossa classe, será que você não percebe?

— A esquerda? Qual é, cara? — respondeu Jordi agarrando-se à borda da mesa com ambas as mãos. — A esquerda imagina, não enfrenta os problemas reais. Não dá para viver numa fantasia. Ou você acha que a esquerda é que vai abrir postos de trabalho no *banlieu*? Acha mesmo que a esquerda vai controlar o fluxo de imigrantes? Você devia ir a uma dessas reuniões que o Michel organiza, lá ao menos se fala tudo às claras.

— Nããão. Você está deixando esse pessoal fazer a sua cabeça? Jordi, Jordi... Eu não quero nada com ultradireitistas. Quero mais é que eles vão à merda. Essa gente fala em limpar a França, em recuperar valores de não sei quantos séculos. De verdade, você vê alternativa nisso? Anda, diga-me.

As réplicas de Jean-Paul deixaram-no agradavelmente excitado. Seu amigo partia para cima sem complexos, obrigando-o a buscar argumentos sólidos. Os colegas de Michel, que depois fundariam Terre et Peuple, defendiam boas causas, embora as de Jean-Paul tampouco fossem ruins. Quando Jordi deu uma olhada no relógio, já eram três da madrugada. Ficaram vários minutos em silêncio derrengados nos sofás.

— E aí? — perguntou Jean-Paul.

— Tenho de procurar trabalho.

Fez a barba com cuidado, vestiu seu melhor terno e compareceu à reunião com os funcionários do Ministério de Desenvolvimento e Habitação convencido de que seria aceito. Para alguma coisa tinham servido as dezenas de solicitações de trabalho que enviara nas últimas semanas.

O responsável pelos recursos humanos do ministério estava com seu currículo em cima da mesa.

— Técnico de nível superior em agricultura pelo Liceu Agrícola Le Valentin de Bourg-lès-Valence — leu o funcionário. Largando a folha de papel, acrescentou: — Muito bem... não é isso o que mais importa. Sabemos que é tido como um dos maiores especialistas em invertebrados da região Ródano-Alpes. E esta última expedição ao... Paquistão?

— A Chitral, que fica no Paquistão...

— Parece que essa expedição elevou às nuvens o seu prestígio profissional.

Jordi não se alterou.

— Temos uma proposta para você. Queremos que estude o projeto de traçado da rodovia A44, que ligará Balbigny a Lyon. É preciso definir onde deverão se situar as pontes para que a fauna local transite de um lado para outro sem prejudicar o ecossistema. Dando certo, você cuidará também do traçado da A72. Que tal?

Na primeira noite de trabalho, inspirou fundo, deu uma palmada, encasquetou a lanterna frontal e saiu para cartografar as imediações da rodovia. Sozinho, iluminando campos e animais com a luz ultrapotente do seu foco, sentia-se excepcionalmente bem. Investigar o interior de buracos e grutas, aspirar o cheiro úmido da terra e da vegetação, caminhar em estado de permanente expectativa, era disso que ele gostava. Voltou ao amanhecer, tão cansado quanto feliz, e por isso, dali em diante, todas as noites repetiu os passos daquela saída inaugural antes de empreender a marcha: inspirava fundo, dava uma palmada e colocava a lanterna frontal. Era capaz de percorrer entre dez e quinze quilômetros fuçando covas, testando a firmeza de terrenos aterrados, anotando as espécies de animais que via.

– Às vezes apago a luz e fico torcendo para aparecer algo – disse a seu amigo Erik l'Homme uma tarde na cafeteria Le Continental de Valence.

– Algo?

– Qualquer coisa. Outro dia topei com uma serpente.

– Um dia vão mordê-lo.

– Já morderam. Para isso é que existem as agulhas hipodérmicas; servem para sugar o veneno. É só pôr um anticoagulante, um bom anti-inflamatório e pronto.

O sorriso tomou metade de seu rosto.

– Quero voltar para Chitral – acrescentou. – Mas seu irmão me disse que não pode ir, que tem de prestar o serviço militar.

Arrastaram cadeiras ao se levantar. Um garçom fez tilintar vários copos ao tirá-los da pia da cozinha.

– Venha comigo – propôs Jordi. – Você vai gostar.

Não era habitual a testa de Erik ficar retesada e pálida. Deu uma olhada no relógio da estação, que dava para ver da mesa. Em alguns minutos, teria de pegar o trem para o sul de Drôme. Ainda estudava história em Lyon e, como morava então no sul de Drôme, perto de Montélimar, aproveitava as duas horas de escala em Valence para conversar com seu velho amigo sobre qualquer coisa, sobre a sua época de escoteiros, sobre o mundo, sobre religiões.

– Lá estava Jordi, esperando uma resposta... Lembrei-me então daquela tarde de 1987, antes da primeira expedição com meu irmão, quando ele me contou sua teoria sobre os homens selvagens. O historiador que eu era ficou impressionado, ele me fascinou. Era extremamente convincente, tinha carisma. Era demais – disse Erik quase vinte anos depois dessa conversa. Conserva a pele tão lisa como naqueles tempos, e passa um ar adolescente, embora já esteja nos quarenta. Mora numa velha mansão familiar de mais de quatro séculos no sul de Drôme. Evita ao máximo o barulho, aprecia o isolamento. – O que é que eu ia dizer? Sou um homem selvagem! – exclama, rindo.

Erik é um bestseller da literatura juvenil. Em seus *Contos de um reino perdido*, resgatou antiquíssimos relatos chitralenses e acaba de concluir outro livro baseado nas expedições vividas com Jordi, *Pegadas na neve*. Daqueles dias, trouxe também uma lesão nas costas que o impede de carregar grandes pesos e o obriga a escrever em assentos ergonômicos.

– Não consegui me sentar para escrever até alguns meses atrás, era muita emoção, coisas demais se passaram. Mas no ano passado me desbloqueei. Nesse livro falo das minhas melhores recordações. É uma forma de dizer que o mundo ainda está cheio de sonhos e surpresas. Incluirá umas setenta fotos do Yannik.

— Quanto tempo levou para escrevê-lo? — pergunto-lhe sentado numa elegante cadeira de madeira do Le Continental.
— Darei a resposta de Picasso: quinze anos... e três meses.

Erik, tal como Esperanza, precisou guardar luto durante mais de dez anos para tentar recompor a memória de Jordi. São curiosas essas sincronias, como são compartilhados os períodos de dor.

— Era incrível — repete Erik.

Como incrível? Aos 11 ou 12 anos, Jordi quebrou o braço direito. Não se queixou uma só vez. Depois que o engessaram, teimou em ir para o colégio e aprendeu a utilizar a mão esquerda, não queria que ninguém o vestisse. Com vinte e poucos anos sofreu um acidente de automóvel quando dirigia pela montanha. Partiu o volante com o rosto. Quebrou a mandíbula em três lugares, o nariz, e quase perde um olho. Também lhe caíram vários dentes, os músculos do rosto perderam elasticidade, e ele ficou com certa paralisia na face. Desde então seu semblante de vez em quando se retesava, dando-lhe um aspecto falso ao rir.

Ele próprio tirou os pontos no final da recuperação. Dali em diante recorreria às aspirinas para aliviar seus já perenes problemas dentários. Os acidentes não alteraram em nada seu temperamento. Desde pequeno, assimilou as adversidades, por maiores que fossem, preocupado tão somente em atingir seus objetivos, dedicando muito tempo a engendrar planos que lhe permitissem consumá-los.

Jordi logo se deu conta de que até para desenvolver seus projetos infantis ia precisar de dinheiro, e inventou uma espécie de imposto simpático que seus irmãos mais velhos — só Andrés era mais novo que ele — pagavam divertidamente. Agora, se pretendia mesmo voltar a Chitral, necessitava de uma solução desse tipo.

O primeiro pensamento levou-o como sempre a Andrés. Seu irmão era uma garantia. Fora ele que lhe dera dez mil francos para financiar sua primeira viagem. Mas não, não podia, não devia abusar da confiança e do afeto do caçula, além do fato de que Andrés não estava nadando em dinheiro.

Instalado provisoriamente na casa da irmã Esperanza, em Lyon, enviou cartas a diversas entidades e pessoas pedindo ajuda material ou econômica para seu projeto enquanto lia os escritos de Pierre Grimal sobre a civilização romana, que tanto admirava. Em folhas soltas foi copiando frases inteiras. Ao escrevê-las, sentia que as palavras lhe calavam ainda mais fundo: "Austeridade, disciplina, fidelidade, honestidade. A palavra dada por um romano é sua lei." "Quem se entrega ao luxo, demonstra falta de disciplina. O homem deve superar esse instinto da facilidade que desestrutura as sociedades."

O barmanu o esperava. Era sem dúvida alguma sua prioridade, mas nem sequer podia enunciá-la porque, se o fizesse, quem haveria de levá-lo a sério? Em algumas cartas, mascarou seu verdadeiro propósito aludindo exclusivamente à pesquisa dos quirópteros e anfíbios que pensava levar a efeito no Hindu Kush. Ao príncipe Sadruddin Aga Khan explicou claramente seu objetivo.

O principal responsável pela Fundação Aga Khan era ismaelita, confissão que se caracteriza por seguir mais o espírito do que as frases textuais do Corão. Sua interpretação do Corão era menos estrita, e, provavelmente para contrabalançar o viés totalitarista da maioria sunita, a Fundação Aga Khan contava com o respaldo financeiro de vários Estados ocidentais. Dado que no Chitral existia uma ampla comunidade ismaelita, receber seu apoio seria importante, e não apenas por motivos econômicos.

À espera de respostas, Jordi fundou a Associação Trogloditas, com o objetivo de atrair subscrições de gente interessada na pesquisa que ele ia realizar. Em contrapartida, distribuiria anualmente um informe sobre o progresso de seus estudos. Montou a sede na residência familiar de Valence.

E a coisa funcionou.

Quando, três meses após criar a Trogloditas, ele apertou o sinal de "igual" da calculadora, os números fecharam. Não arrecadara grandes importâncias, mas os depósitos e contribuições solidárias dos sócios iam permitir que ele fugisse não só de Valence, mas da irrespirável França. Por que será que se sentia tão distante do país que o havia acolhido, no qual crescera? A questão é que o instinto não costumava atraiçoá-lo, e o obrigava a pular fora. O mais rápido possível.

Enquanto aguardava diante do guichê do banco que lhe devolvessem a caderneta de poupança na qual havia depositado o pagamento dos últimos subscritores, consultou o relógio de parede da agência. Faltavam várias horas para retornar às suas tarefas de prospecção na A44. Argh! O trabalho não era ruim, ele até que se divertia, mas o simples gesto de consultar o relógio para cumprir um horário o desagradou. Atraiu lembranças, detonou associações. Como podia fazer que a A44 rivalizasse com os vales do Hindu Kush? A cidade, claro, também não resistia a nenhuma comparação com Chitral. As cores, a opressão espacial, o artifício e, sobretudo, a monotonia, esse acúmulo de situações programadas e previsíveis, o deixavam agoniado a um grau cada vez mais intolerável. Que vida devia levar a pobre garota que manipulava sua caderneta de poupança por trás do vidro blindado? A funcionária lhe devolveu a cadernetinha, onde constava uma soma pequena, mas bem mais que suficiente. Ele se conformava com muito pouco. Era um felizardo.

Poucas semanas depois, concluiu seu estudo para o ministério. Continuou enviando cartas de Valence a possíveis mecenas e colaboradores, lendo *A peste*, de Camus, uma versão reduzida de *O vermelho e o negro*, de Stendhal, consultando dicionários de inglês, livros de história e ampliando seu peregrino conhecimento de kalasha e do khowar, as línguas mais comuns nos vales. Ia à montanha e à noite estudava até quase de madrugada resistindo a poder de muitos cafés. Não necessitava dormir mais de três horas. Numa das tantas manhãs em que voltava a ter os olhos injetados de sangue por causa do sono, encontrou a mãe na cozinha.

— O que você vai fazer hoje? — quis saber Dolores.

— Vou ao Vercors.

Enquanto cortava as fatias de pão que ia torrar, Dolores sugeriu:

— Por que não sai por aí à noite, meu filho? Você trabalha demais...

— Mamãe, você preferia que eu fosse a uma discoteca, fumasse, bebesse, depois voltasse para casa acabado e então passasse a manhã toda dormindo? Eu prefiro ir ao campo.

A mãe nunca mais voltaria ao assunto.

X

Um dos primeiros membros da Associação Trogloditas foi Jean Roche, que logo se encarregou da secretaria. Roche havia lido *L'homme de Néanderthal est toujours vivant* aos 22 anos, ficou entusiasmado, e ele mesmo já escreveu um livro sobre homens selvagens. Também viajou para os Estados Unidos para seguir os passos do *bigfoot*.

Quando entrou para os Trogloditas, Roche trabalhava na France Telecom. É um homem alto e desengonçado que usa óculos de lentes grandes sobre as quais frequentemente se projetam os longuíssimos pelos de suas sobrancelhas. Fala sincopadamente, como aos goles. Continua trabalhando na France Telecom, uma empresa que nos últimos anos ganhou uma fama toda especial, quando 25 de seus funcionários se suicidaram devido, dizem, à cruel pressão que sofreram.

Roche não sabe dizer muita coisa a respeito de Jordi, nunca falaram demais, mas participou de todas as assembleias anuais da associação. Exerceu seu secretariado de maneira exemplar e ainda visita a família Magraner de vez em quando, para recordar.

XI

Enquanto ajustava a correia de uma das mochilas, Erik viu à sua frente as pernas do amigo, e a folha de papel que carregava.

– Eu gostaria que você assinasse isto – disse Jordi estendendo-lhe o papel.

Era uma declaração pela qual o assinante concordava em ceder a Jordi Magraner todo o material obtido durante a expedição que estava para começar. Jordi não apreciava esse tipo de providência, mas o considerava imprescindível. Investia muito tempo em preparar cada viagem, estava convencido de que suas averiguações podiam fazer história, ouvira falar de traições exemplares no competitivo mundo da pesquisa científica, e não ia arriscar, por excesso de confiança, que outra pessoa pudesse acabar atribuindo-se feitos que cabiam a ele.

Erik conhecia o procedimento. Ao partir para a primeira expedição, seu irmão, Yannik, havia rubricado um documento parecido pelo qual cedia a Jordi as fotos que fizera. Assinou.

Durante os primeiros dias em Chitral, Erik foi apresentado a vários colegas muçulmanos de Jordi. Os dois foram convidados para serões musicais, sentados no chão entre fumantes de ópio e haxixe enquanto o sitar soava ao fundo e o tubo, a tabla, o tronco e outras percussões improvisadas aceleravam a batida até alcançar um ritmo frenético que multiplicava a agitação do único e drogado dançarino. Seus braços, seu corpo projetavam-se então num movimento espasmodicamente anárquico e circular que bem podia lembrar um dervixe caricato ou indisciplinado, suspenso de qualquer forma entre o limbo e a realidade.

— Os tempos mudam. Dança-se cada vez mais depressa, as tradições vão se perdendo — disse Khalil Rahman olhando o dançarino que girava junto a Erik e Jordi. Khalil se tornara um dos homens de confiança de Jordi em Chitral. Jordi passou um braço pelos ombros daquele homem magro de barba negra e bem cuidada.

— Khalil é um grande, grande amigo — disse a Erik.

— Até formamos uma dupla nas partidas de baralho — brincou Khalil com ar sério.

— Saímos bastante para explorar, ele nos ajudou muito na primeira viagem.

Khalil era um nuristâni, descendente, portanto, de guerreiros. Possuía um temperamento ímpar que facilmente deixava inquietos seus interlocutores. Parecia muito seguro de seus atos, um observador calado e arguto. Tão quieto que era quase instintivo alguém se perguntar o que estaria passando pela sua cabeça, quantas ideias e de que natureza circulavam nela.

Sua família fugiu dos massacres e da indigência nos territórios que historicamente havia ocupado no Afeganistão para se instalar em Shekhanandeh, o último povoado do vale de Bumburet. Eram, são muçulmanos.

Como o príncipe Hilal, Khalil trabalhava para o departamento florestal e conhecia a fundo boa parte do território. Mantinha a descoberto o cabelo liso cor de azeviche, sem apertá-lo sob o *pakhol* ou outros tipos de gorros, e por isso sua franja ficou suspensa sobre o mapa de Chitral quando assinalou algumas das rotas que considerava mais pertinentes para a incursão de Jordi e Erik.

— Se tiverem qualquer problema, mandem alguém me avisar — disse Khalil. Segurou as pontas do casaco que vestia por cima da *shalwar-kamize*, reforçando ainda mais a distinção de sua figura delgada e esbelta, e, olhando para Jordi, acrescentou: — Apesar de que muito em breve você vai conhecer isto aqui melhor do que eu.

Hoje, na sala de jantar da casa de Dolores Magraner, há uma foto em que se vê Khalil com um de seus coletes sorrindo ao lado de um Jordi que está com o braço sobre seus ombros. Só Jordi está de *pakhol* e, cruzado sobre o peito, com um cinto kalash multicolorido do tipo que, segundo dizem, atrai boa sorte.

Se a primeira missão havia determinado a melhor zona possível para o estudo do barmanu, essa agora pretendia colher provas de sua existência. Para tanto, Jordi incluiu de novo em seu equipamento o questionário de 63 perguntas que havia empregado sistematicamente nos primeiros interrogatórios.

Junto com Erik, ele pesquisou o preço de cavalos badakshis e punjabis, mas terminaram comprando um par de raça mista, mais em conta, além de alguns burros, e partiram.

Em janeiro de 1990, as matas das partes baixas continuavam sofrendo a derrubada sem controle de árvores. A escassez de recursos estimulava o negócio clandestino da madeira, obrigando muitas espécies animais a trasladar seu hábitat para as regiões altas. Supunha-se que entre elas se achava o esquivo e solitário barmanu.

Essas zonas são quase ignotas para o homem. Durante a subida, cumprimentaram alguns Chitral Scouts, o corpo do exército paquistanês composto por dois mil homens que vela pela segurança ao longo da fronteira noroeste. Mais acima, deixaram para trás guaritas de vigilância abandonadas. A partir de certos picos desapareceu qualquer indício de soldados, porque nem sequer os Chitral Scouts frequentam as alturas dos gudjares, pastores nômades de físico e dialeto indianos que vivem do que encontram, reclusos em pastos muitas vezes só acessíveis aos cascos das cabras, dos íbex, dos markhors. Para os chitralenses, os gudjares pertencem a uma classe inferior de homens, não importa que sejam os melhores para interpretar os sons da montanha, nem que tenham desenvolvido os sentidos em grau impensável para a maioria dos humanos. Muitos se regem por uma moral antiga em que a honra e a verdade se mostram capitais.

A honra.

A verdade.

Jordi conferiu aos gudjares a importância de testemunhos-chave. Num alforje de couro guardava os nomes dos que diziam ter visto ou tido encontros com barmanus. No mapa, ele assinalara os locais onde podiam encontrá-los.

Num dos primeiros amanheceres, Jordi abriu o zíper do seu saco de dormir, levantou-se e foi para fora da barraca colocando-se num ângulo do qual Erik podia vê-lo pela fresta da portinhola. Ergueu a mão com a palma aberta e recitou a frase em latim com que costumava saudar o sol. Erik já fizera excursões com Jordi a uma infinidade de lugares, e a muitas festas pagãs, mas, quando o viu realizar a saudação em meio àquela natureza selvagem, a visão o fez estremecer. Possuía uma força primitiva. Era um gesto que transmitia algo definitivamente autêntico, verdadeiro.

Não tardaram a topar com o primeiro gudjar, e Jordi foi logo submetendo-o ao interrogatório de praxe. Com o questionário no antebraço, escutou concentradíssimo; perguntou articulando muito bem cada sílaba; escrutava o rosto do pastor em busca de emoções que fornecessem algum sinal conclusivo para acreditar ou não.

Em seguida, tirou a série de desenhos de possíveis barmanus feitos por ele mesmo segundo os relatos de outras testemunhas.

O gudjar apontou um deles.

– Tem certeza? – insistiu Jordi.

O gudjar bateu três vezes no mesmo desenho com vários dedos. Jordi sentiu sua musculatura se contrair toda num acesso de euforia: o pastor tinha apontado exatamente o desenho que lhe mostrara anos antes. A alegria aumentou ao longo dos dias seguintes, quando outros testemunhos insistiram em descrições do barmanu quase idênticas às que ele havia colhido em 1988, e a maioria apontava o mesmo desenho.

– Mas como podem ser tão precisos ao responder? – perguntou Erik uma noite. – Como podem ter se fixado na cor das mãos ou no tamanho dos caninos?

– É lógico que eles deem tantos detalhes – respondeu Jordi. – As sociedades de tradição oral costumam depender muito do meio natural e por isso conservaram uma curiosidade e um dom de observação muito agudos. É deles que depende sua sobrevivência.

Fazia sentido. Erik percebeu como sua incredulidade inicial vacilava. Havia lógica em cada um de seus movimentos, e nas respostas. Diante dele abriam-se portas que até bem pouco sequer havia vislumbrado, e agora as entrevistas o afetavam de modo inesperado. A cada novo testemunho incluído no Carnet Rouge de Jordi, Erik tomava mais consciência do barmanu. O que meses atrás lhe parecia um pretexto para a aventura, um objeto de sonhos e romantismo, estava se transformando em realidade.

O clima piorou. O inverno paleártico do Hindu Kush descarregava constantes tempestades de neve. A temperatura chegou aos vinte graus abaixo de zero. Jordi e Erik avançavam lentamente entre morros e abismos, abrigados com gorros de pele, sobretudos e forros polares comprados na França, tecidos que tentavam se aproximar dos 33% de algodão e 67% de poliestireno, combinação que Jordi julgava a ideal contra o frio. Alguns interrogatórios eram feitos à noite, ao calor das fogueiras no interior das casas dos gudjares. Depois, os exploradores costumavam abrigar-se em sua própria barraca de campanha.

Em 27 de janeiro, a neve afundou o teto da barraca. Teria sido impossível salvar boa parte dos utensílios e víveres não fosse a ajuda de três camponeses que, no meio da tormenta, os ajudaram a evacuar os materiais até a vizinha Kutik. A solidariedade na montanha era um princípio respeitado, necessário, reduto de uma nobreza ancestral, que naquela noite deixou os viajantes ainda mais impressionados.

A verdade é que os pastores, os autênticos senhores das montanhas, se regiam por códigos muito diferentes dos chitralenses dos vales baixos. No dia 28, eles deram com o guarda florestal da zona, a quem pediram as chaves do abrigo mais próximo.

— Vocês têm autorização do DCO?

— Temos — disse Jordi.

— Quero ver o papel.

— Não o temos aqui, mas o DCO disse que podíamos utilizar os abrigos que encontrássemos na zona.

— Sem autorização, nada de abrigo.

Continuava nevando. Sem as chaves, eles teriam de descer vários quilômetros para dormir abrigados. Jordi conhecia o guarda. Nunca se mostraram lá muito amáveis um com o outro, mas aquela situação representava um dilema que ia bem além da simpatia. Jordi teve vontade de partir a cara daquele imbecil, que só queria encher o saco. *Desgraçado.* Mas se conteve. Afinal, não era ele mesmo que aconselhava Erik a manter a calma? "Sorria o tempo todo e faça-se de idiota, é a melhor defesa", recomendara mais de uma vez. Ele era, sim, a favor de manter a calma. Mas só em situações que pudessem verdadeiramente trazer perigo, perigo de morte, e eles não iam morrer se caminhassem ao relento alguns quilômetros em plena tempestade, ao menos ele não, dominava aquelas montanhas, e então começou a gritar com o guarda furiosamente.

Erik esfregou as luvas, bateu palmas, desviou os olhos para o chão, para o teto, para as paredes de madeira da cabana enquanto seu amigo vociferava. Jordi havia desenvolvido um método próprio para se relacionar em Chitral e tratava certas pessoas com uma aspereza que deixava Erik transtornado. Aquela discussão estava acabando por perturbá-lo, desejava parar logo com aquilo, *por favor, Jordi, deixe pra lá*, mas não era capaz de intervir, impressionado com aquele jeito de intimidar, com a maneira como Jordi agitava os braços e fechava os punhos até congestionar as juntas dos dedos, com as partículas de saliva disparadas, com o tom soturno de sua voz.

– Nós vamos até o refúgio e você vai arrombar a fechadura, Erik – ordenou Jordi, finalmente.

– Como é?

– Vamos!

Quando saíram em direção à cabana vizinha, o guarda balbuciava insultos, enraivecido, mas não os impediu de ir adiante. Erik se sentia profundamente violento.

— Não fique assim — disse ao companheiro. — Esse sujeito é só um empregado, tem responsabilidade, e você sabe perfeitamente que para essa gente um papel é um papel.

Jordi avançava bem devagar, pisando firmemente para assegurar cada passo. Chutou a neve. Soltou um palavrão. Mordeu os lábios.

— Só quem quer sacanear os outros faz uma coisa dessas — respondeu ao parar em frente à porta da cabana. — Aqui as coisas funcionam de outra maneira. Vá, arrombe essa fechadura.

— Mas, Jordi...

— Hoje nós vamos dormir aqui. Agora arrombe logo essa fechadura!

Em 2 de fevereiro, depois de Erik se recuperar de uma crise estomacal no abrigo, Jordi desceu até o escritório do DCO e voltou com a autorização assinada. Ao apresentar a carta ao guarda, o homem balbuciou alguma coisa ininteligível, virou os olhos em várias direções de modo incoerente. Saltava aos olhos que não sabia ler. O guarda transformou a hostilidade original em repentina e patética solicitude. Até os convidou para o chá. Para surpresa de Erik, Jordi respondeu dando de ombros. Ah, esses irmãos L'Homme!... Acreditavam em tudo, Yannik e Erik, Erik e Yannik, eram iguais.

À noite, após estudar khowar por uma hora, Erik fez uma anotação em seu diário: "É verdade que minhas reações são sempre ocidentais e não têm razão de ser aqui; tendo a levar as pessoas muito a sério, a dar-lhes crédito imediato, ao passo que Jordi parte de um *a priori* de falsidade, disposto a rever em seguida o que lhe disseram. Ele é que tem razão."

Erik começava a entender aquela curiosa capacidade de Jordi de se relacionar com os nativos que anos depois lhe permitiria sair incólume de escaramuças com talibãs ou abrir rotas humanitárias por territórios que ninguém mais havia ousado atravessar.

Nas semanas seguintes, Erik observou Jordi mais cuidadosamente. O amigo arranjava comida quando era preciso, conseguiu que lhes dessem passagem por zonas presumidamente proibidas e chegou até a apartar brigas entre moradores do lugar. E, contudo, não notava que ninguém demonstrasse verdadeiro afeto por ele. À sua volta havia risadas, cordialidade, mas todos mantinham uma distância desconfiada, faltava algo decisivo naquele tratamento.

Uma tarde, enquanto repassava suas anotações de khowar sentado num penhasco, surpreendeu-se pensando que ele próprio sentia falta de outra espécie de apoio por parte do seu amigo. Na realidade, Jordi não o ajudava, ao menos ele não sentia isso. *Não compreende as pessoas*, pensou. *E no entanto entende tão bem as situações...* Erik achou que era por causa disso que depositava nele toda a sua confiança para resolver os conflitos. Porém, longe do mundo conhecido, da família e dos amigos, não bastava contar com um solucionador de problemas. Necessitava de um amigo, um amigo!, e Jordi passava o tempo cuidando apenas de si mesmo e de seus interesses. Com essa atitude era lógico que Jordi desconfiasse de qualquer ajuda que pudesse receber. Pela sua ótica, todo mundo tinha algum interesse, e desse modo não dava ouvidos a nada que escapasse de seus objetivos principais. Por exemplo: por que Jordi não havia se esforçado para aprender kalasha e khowar? *Eu já sei falar melhor que ele!* Erik apertou as folhas de papel onde anotava palavras naquelas línguas. *Porque as pessoas me interessam. Não procuro somente o barmanu, também quero dialogar com as pessoas. Sem depender dele.* Ficou triste ao ver que se crispava. Olhando para o vale, imaginou Jordi lá no meio, sozinho, rodeado por árvores imensas. Naquela tarde não conseguiu mais estudar.

A desenvoltura de Erik com o kalasha e o khowar tranquilizou Jordi. A sensibilidade toda especial de seu amigo permitia que eles se aproximassem mais das pessoas, conhecessem outras histórias. Ensinou a Erik novas técnicas e truques de sobrevivência naquele ambiente.

— Cuidado quando for fazer suas necessidades à noite. Enquanto você está de pé, os lobos têm medo, é um homem. Quando se acocora, você passa a ter a altura deles, e o veem como a outro animal. Como a uma presa.

Eles mesmos faziam o pão. Na época mais dura do inverno, fartaram-se de comer arroz com ovos e frutas secas. Puseram os testículos de um touro num tronco e, com uma pedra, castraram o animal. Chegou a primavera. Erik aprendeu a capturar lagartos, matá-los e cortá-los em pedaços, descobriu que a carne tinha um gosto parecido com a de peixe e soube como limpar as urtigas colhidas perto de um riacho. Teve acesso, enfim, a outro tipo de paisagem, de deleites e dificuldades. "Sinto uma grande impotência em relação à grandiosidade do que há ao nosso redor", escreveu no diário.

Nos grandes espaços, a acidentada geologia dos altiplanos bloqueava até o avanço dos burros, e os olhos chegavam a doer ante o resplendor das paredes áureas que tingiam tudo de um manto esbranquiçadamente fantasmagórico e ao mesmo tempo esplendoroso.

De qualquer modo, as noites já não eram inexpugnáveis, e ao cair do sol os homens rastreavam a imensidão com os binóculos noturnos Thomson TRT Défense, uma das poucas doações angariadas por Jordi. Vestindo calças de camuflagem e com o rifle a tiracolo, podia passar por um soldado. A munição consistia em dardos narcóticos para fazer dormir o barmanu, caso ele aparecesse.

Em 1990, o Paquistão vivia um raríssimo parêntese. A guerra da Rússia com o Afeganistão acabava de terminar, e pela primeira vez em muitos anos não havia um conflito bélico na região, pelo menos oficialmente. Se alguém descobrisse Jordi, poderia até acreditar que se tratava realmente de um caçador. Havia, enfim, paz.

Ao se deitar na barraca de campanha, Jordi apurou os ouvidos, como fazia toda noite. "Escute", repetia sua mãe sempre que os dois iam caminhar pelos campos. "Os pássaros cantam muito bem e são estupendos professores." Dolores Magraner era fã incondicional de Maria Callas, em casa se ouviam com frequência suas óperas, e também Vivaldi. Dolores costumava se empolgar com *O barbeiro de Sevilha* ou com qualquer tema mais ou menos popular. "Escute."

Mas Jordi não tinha ouvido para música, era impressionante como cantava mal. Às vezes tentava cantarolar algo, e, quando dizia o nome da canção, sua família ficava perplexa, achavam que ele estava de gozação.

Porém, naquela noite, Jordi escutou. *Ele está aí.* De novo. O grito de um ser não identificado, mas que ele reconhecia. *Ele está aí.* Saiu da barraca calçando as botas, só de lanterna na mão. Não viu nada.

– Você está aí – disse em voz alta.

Erik também ouviu. Desde o princípio da viagem, vira-se invadido por uma forte impressão de harmonia e plenitude devido ao caráter universal da expedição. Não sabia se esse mistério encarnado, peludo e esquivo que Jordi apresentava como relíquia de um neandertal existia de fato, mas queria acreditar, lhe convinha acreditar nele, essa busca consumia todas as suas energias, guiava cada uma de suas ações. Além do mais, compreendia que, caso existisse, a captura desse hominídeo seria um dos acontecimentos científicos do século. E a ideia de aspirar ao mais alto era um aguilhão perfeito.

Tinha de reconhecer que o barmanu era o motor ideal para ele se entregar às montanhas, para se expor às forças da natureza. O prêmio era esse, estar ali, não precisava de mais nada. A questão é que Erik também ouviu aquele grito.

XII

O homem é uma corda estendida entre a besta
e o super-homem, uma corda sobre o abismo.

FRIEDRICH NIETZSCHE

– Tem um momento, Cat?

A paleoantropóloga francesa Catherine Valicourt-Malassé estava no laboratório do Museu de História Natural de Paris tentando entender por que nenhum de seus colegas tinha levado a sério a tese que ela vinha propondo desde dezembro de 1987 (precisamente o mês e o ano em que Jordi Magraner partira pela primeira vez para o Paquistão, ainda que isso, claro, a pesquisadora não soubesse). Desde que a Société d'Anthropologie rechaçara sua teoria, foi como se a ideia tivesse se volatilizado.

– Cat?

O problema de Valicourt começou quando ela insistiu em afirmar que Darwin não bastava para explicar como a consciência havia se desenvolvido no ser humano, perguntando-se por que não se concentravam esforços para determinar a origem dessa sofisticada capacidade.

A cientista lembrou que as últimas populações de *Homo erectus* viveram no Leste da Europa até 30.000 antes de Cristo, e que a extinção dessas populações não fora uniforme, existindo a possibilidade de alguns indivíduos terem se dispersado. Caso um único grupo houvesse sobrevivido, os homens-relíquia poderiam ser uma realidade.

— Caaaat!

E talvez na evolução daqueles sobreviventes se abrigasse a resposta do porquê da consciência.

— Cat, por favor!

— Hum... Olá, Édouard — finalmente respondeu Cat, quando seu velho amigo e colaborador Édouard Gasquet já estava quase a seu lado.

— É sempre assim quando você se mete em alguma coisa... Só um minuto. Acho que pode lhe interessar. No laboratório de répteis e anfíbios começou a trabalhar um rapaz que acaba de explorar algumas regiões da Ásia Central. Disse que tem depoimentos sobre a existência de homens selvagens e quer ver crânios fósseis. Parece que leu o livro de Heuvelmans.

— Ele leu o Heuvelmans? Você está falando sério?

Valicourt concordou em receber Jordi no Instituto de Paleontologia Humana de Paris.

Jordi já conhecia o instituto, mas, como aquele instante assumia uma gravidade toda especial para ele, parou para contemplar as figuras cinzeladas sobre a pedra do frontispício. Mulheres primitivas fazem cócegas com um galho no grande símio que os homens capturaram. Uma família das cavernas assa um peixe. Um caçador abre o ventre do enorme alce recém-morto. A História o aguardava.

Entrou no sinistro edifício, atravessou uma série de corredores na penumbra, e após subir vários lances de escadas rangentes, chegou à sala de Valicourt.

A cientista não reparou na elegância com que Jordi se vestira para a ocasião, nem na cor de seus olhos, nem nos cabelos cacheados, nem sequer em sua baixa estatura. Para ela, o principal era comprovar que não se tratava de um mitômano, afinal de contas aquele garoto não tinha formação universitária e ela queria estar segura de estar diante de uma pessoa honesta, e não de mais um trapaceiro metido a espertinho.

Quando Jordi se pôs a falar, ela só estava atenta aos dados sobre a exploração, o protocolo, suas pesquisas e resultados, porque era a primeira vez que se encontrava com alguém que fora em busca de testemunhos e de eventuais populações... tendo lido Heuvelmans.

Valicourt o interrompia de vez em quando com perguntas diretas formuladas de modo quase agressivo. Ninguém a faria de boba. Era uma mulher ainda mais prática do que caracterizava sua profissão, não por nada tinha sido secretária-geral da Fundação Teilhard de Chardin, o paleontólogo e filósofo que decidiu se entregar "de corpo e alma ao dever sagrado da pesquisa". Odiava perder tempo.

Jordi falou rápido. Respondia às perguntas de maneira instantânea e eficaz, não deixava lacunas no discurso... embora talvez devesse dar uma desacelerada, pronunciar as palavras mais devagar... bah, dava no mesmo. Estava nervoso, e havia muito que contar, *esse pessoal está sempre com a agenda lotada*, então tratou de despejar informes detalhados, descreveu experiências, planícies, vales, matas, esboçou suas teorias e as possibilidades de futuras prospecções do terreno.

– E tenho tudo resumido num dossiê.

As conclusões do informe convenceram Valicourt.

A partir dali, sucederam-se os encontros na hora do almoço. Numa tarde, depois de sair do self-service da cantina do Museu de História Natural, resolveram dar uma de suas já quase tradicionais caminhadas pelo Jardin des Plantes conversando sobre os hipotéticos hominídeos do Hindu Kush. Jordi cruzou as mãos nas costas, marcando muito bem os passos. Se estivesse de fraque, pareceria um cavalheiro de algum século passado. Tinha consciência da comparação, comportava-se na verdade de modo bem afetado, discretamente satisfeito de se ver assim, pois aquele era o local adequado, o lugar historicamente idôneo para conversar sobre um tema de tamanha transcendência.

O museu fica na entrada do jardim e a não mais de cinco minutos do Instituto de Paleontologia Humana, é só atravessar a rua e andar em linha reta, de modo que, entre sóforas-do-japão e cedros, rodeados de plantas exóticas, ouvindo os sons dos habitantes do pequeno zoo incorporado ao jardim – lá também se encontram os tentilhões que deram a Darwin a chave de sua teoria –, um Jordi de barriga cheia e à temperatura ideal para permabular sem calores deixou-se levar pela euforia:

— Quando eu gravar os sons que se ouvem nos vales, os especialistas vão ter de aceitá-los como prova irrefutável da existência de um ser, no mínimo, diferente.

Olhou para Valicourt, que continuava calada, atenta ao caminho de terra.

— E as entrevistas com gudjares – acrescentou Jordi – vão marcar um antes e um depois nos estudos sobre homens-relíquia.

— Vão precisar de algo mais, meu caro. Essas não deixam de ser provas superficiais.

— Superficiais? Você sabe quanto custa chegar até aquela gente? Não, não. Superficiais nada. E quando falarmos do osso, vão todos cair duros, você vai ver.

O sorriso de Valicourt não expressava alegria, sequer cumplicidade. Voltou a se perguntar se uma aliança com aquele espanhol era uma boa ideia. Se não seria melhor desistir agora, enquanto era tempo. Cada conversa lhe demonstrava que Jordi tinha ideias excessivamente conflitantes com os conhecimentos científicos e históricos tradicionais, por mais que acreditasse firmemente nelas. Como iria demonstrar tudo isso? Não podia continuar ajudando-o, acabaria tendo problemas. Mas a porta que lhe abria... Os tentilhões de Darwin voejavam a poucos metros dos dois. Valicourt devotara a vida a saber o que se escondia por trás daquela porta. A busca dessas populações era demasiadamente importante.

— Sim, o osso vai lhes dar o que pensar — disse Valicourt.

O osso.

Jordi não o tirava da cabeça. Achava graça dessa expressão que soava a jogo de palavras redundante sobre o osso da cabeça do qual não conseguia se livrar. O osso que havia permitido ampliar a cavidade craniana humana.

Quantas horas dedicara a fazer cálculos, testes, a especular com ele. E continuava ali, estudando como o bendito osso havia contribuído para projetar o som nas gargantas ancestrais. Como dera origem à voz.

Ao volante do furgão, Jordi esperava o sinal abrir.

Se Valicourt hesitasse, ele se encarregaria de animá-la. Percebia que ela duvidava de suas teorias, mas qualquer pessoa sabe que as ideias originais não costumam ser aceitas logo de primeira. A chave era defendê-las, afinal eram ideias que não tinham surgido assim por acaso, mas após anos de pesquisa. *Já posso contar essa história por anos.*

O sinal mudou para verde.

Achou uma vaga bem em frente à petshop; que sorte, isso não costumava ocorrer. Saiu do furgão, abriu a porta lateral e pegou nos braços o último aquário do dia. Enquanto a vendedora carimbava a fatura com o timbre de La Ferme Exotique, calculou que levaria mais ou menos hora e meia para voltar a Valence.

Anoiteceu enquanto dirigia. Os campos do Ardèche diluíam-se perfeitamente distribuídos pelas margens da rodovia sem buracos. Tivera sorte de encontrar trabalho tão rápido ao retornar da segunda expedição, mas sempre juntara o mínimo de dinheiro... Olhou para a folha de papel que havia jogado à tarde sobre o banco do carona. Depois de comer alguma coisa num restaurante de beira de estrada, tinha desenhado dois crânios humanos: um, antes da dilatação do osso; o outro, depois. Estava tão claro... Isso era uma resposta! Eram duas cabeças distintas! Caixas de ressonância diferentes! Como poderia tornar pública sua teoria? E os mecenas? Todo mundo sempre fala dessa gente, mas como se chega até eles?

Ao entrar em casa, deu um beijo na mãe, fez um café, trancou-se no quarto e começou a escrever cartas explicando o trabalho que levava a efeito e o interesse que suas pesquisas tinham para a ciência. Depois pegou um monte de revistas científicas, procurou o endereço das editoras na página do *staff* e pôs cada carta em seu envelope.

Louis Faton, diretor da *SFBD Archéologie*, mostrou-se interessado ao saber que ele preparava um dossiê sobre hominídeos-relíquia. Se uma publicação daquele prestígio o patrocinasse, tudo o mais fluiria naturalmente. Por isso, quando recebeu a resposta de Faton, Jordi ficou agitado, manuseou desastradamente o envelope e, ao fazê-lo, rasgou um pedaço da carta. De pé, leu que a *SFBD* se via forçada a recusar seu dossiê. Faton alegava que Jordi tinha se negado a escrever antes um artigo que teria ajudado a equipe de pré-historiadores da revista a julgar a oportunidade de publicar o informe. "Eu jamais respondi negativamente à sua sugestão de artigo", replicou Jordi por escrito. Faton não cedeu.

— Maldito hipócrita filho da mãe – disse Jordi em casa. Repetiu-o várias vezes, vários dias. Sempre em casa. Depois, engoliu a indignação e esperou a resposta de outras publicações.

> Não pensamos publicar seu compêndio de depoimentos. Há cinquenta anos ter-se-ia obtido a mesma descrição de fadas e duendes nos descampados bretões.
>
> (Philippe Boulanger, revista *Pour la Science*.)

Lamento informar-lhe que nosso magazine não publicará...
(Marie-Jeanne Husset, revista *Sciences et Avenir*.)

As negativas se encadeavam de forma inexplicável, ainda mais quando ele via publicados novos artigos de Marie-Jeanne Koffmann, a decana dos procuradores de almas (homens selvagens do Cáucaso), que contava com o apoio de vários cientistas de renome ainda que as contribuições dela lhe parecessem incomparavelmente inferiores às suas.

– Ligou uma moça perguntando por você – disse sua mãe uma tarde ao voltar do trabalho.

Jordi pôs a cafeteira para esquentar enquanto dava uma olhada no furgão pela janela da cozinha.

– Pediu que ligasse para este telefone.

Dolores lhe entregou um papel onde havia anotado um número de telefone com prefixo internacional e o nome de uma mulher.

– Disse que é para um programa de televisão.

Televisão? Olhou o relógio da cozinha. Qual o horário nas televisões? Será que a moça ainda estaria na redação? Bem, não queria se mostrar ansioso. *Se você responder rápido, eles fazem com você o que bem entenderem. O que é que estão pensando, que todo mundo tem de sair correndo assim que ligam? Não, não, que aprendam a respeitar as pessoas.* Era preciso reconhecer a perspicácia desses jornalistas ao detectar a qualidade do seu trabalho, mas só isso. Esperaria algumas horas.

De manhã, pediu licença ao empregado do estabelecimento onde acabava de entregar o primeiro aquário do dia para fazer uma ligação do seu aparelho.

– Claro, disponha.

Menos mal que o sujeito não havia perguntado se o telefonema era nacional ou internacional, ele não teria sabido muito bem o que dizer. Jordi apertou os números enquanto o empregado punha o aquário no lugar que tinha reservado para ele. Atendeu uma telefonista.

— Desculpe, para onde eu estou ligando?
— Aqui é da Rádio e Televisão Belga.

Belga? Agradeceu, e deu seu nome e o da mulher que estava procurando. Torceu o fio telefônico.

— Olá? Senhor Magraner?
— Sim.
— Prazer falar com o senhor, obrigada por retornar nossa ligação. Eu sou a produtora da série *Écran Témoin* e estou entrando em contato porque gostaríamos muito que viesse a um dos nossos programas para falar da sua história nas montanhas...

Enquanto Jordi escutava, o empregado da loja admirava o novo aquário, que tinha colocado em cima de outros dois praticamente idênticos ao lado das gaiolas dos furões. Havia também filhotes de cães dormindo ou se atracando, papagaios bebendo e brincando nos balanços, cobras muito quietas e um cheiro meio azedo, mistura de forragens, excremento e produtos para a higiene animal. Era incrível. Queriam que ele aparecesse na televisão. Um ato de justiça! Mas por que tinham de ser belgas?

Semanas depois, Jordi compareceu todo animado ao estúdio sem deixar de se perguntar por que os únicos que se interessavam por ele pertenciam a um país diferente do que ele habitava. Por quê?

Ouvira falar das lutas pelo poder nos círculos científicos, teve até uma breve experiência a respeito, mas começava a se dar conta de que ainda desconhecia a real dimensão dessas contendas e, sobretudo, não entendia como nem por que elas poderiam afetá-lo.

Quando contou a Valicourt que iria ao programa, aproveitou para retomar o tema que tanto excitava sua colega.

— Você me avisou uma porção de vezes, mas só agora estou começando a perceber até que ponto eles são capazes de alijar quem não se enquadra. — Jordi falava de pé na sala da cientista, entre livros e fósseis. — É incrível como podem ser tão limitados.

— E isso não é nada — respondeu Valicourt.

E lhe deu um curso intensivo sobre formas de ser rejeitado. Como exemplo, mencionou a si mesma, os anos em que vinha insistindo na necessidade de continuar avançando nos estudos sobre a hominização, que, a seu ver, pareciam oficialmente encerrados.

Valicourt interrompeu o discurso. Enterrou os dedos nos cabelos improvisando uma espécie de massagem. Com a cabeça ainda curvada, acrescentou:

— Hoje se aprende a teoria da hominização como se aprende a tabuada de multiplicar.

E falou sobre como as correntes de pensamento em voga repetiam mecanicamente uma série de conceitos como uma cantilena maçante com o objetivo de impor suas teorias, sua ideologia, sem nenhuma objetividade.

— Essa convicção me incomodou durante anos — disse Valicourt. Ao levantar a cabeça, estava completamente despenteada. Ergueu ligeiramente a voz, multiplicou a tensão dos gestos. — Eu precisava dividir minhas teorias, difundi-las. Não era nenhuma louca, ora essa, e então me sentei para escrever.

Sacudiu a cabeleira desalinhada em direção a um dos livros que mantinha a um canto da mesa: era de sua própria autoria, o livro onde havia denunciado que tanto pesquisadores privados como universitários acatavam tão obcecadamente o darwinismo, que eram incapazes de rever uma teoria da evolução que não explicava algo fundamental para o ser humano como a criação da consciência.

— Você só está pedindo que a deixem investigar outra linha — disse Jordi. — Por que põem tantos problemas?

— Na realidade, os problemas são basicamente dois. Um: questionar Darwin. Dois: Cat Valicourt.

Jordi ficou impressionado com a imagem de sua colega entrincheirada atrás da mesa, altiva e séria, reconhecendo orgulhosa o problema que ela própria imaginava. Evidentemente sua amiga rompia os esquemas da comunidade científica, já famosa por suas excentricidades.

Surpreendentemente, Valicourt fora aceita em 1990 como membro do CNRS francês, a cuja direção comunicou o desejo de prosseguir com as pesquisas sobre o processo de contração craniofacial. Seus estudos sobre fetos e embriões de primatas lhe haviam valido um prêmio da Fundação Fyssen. Os especialistas do CNRS concordaram em que a investigação prosseguisse, mas pelas mãos de um especialista em questões de evolução.

Querem me tirar do meio. Valicourt vislumbrou: *Os neodarwinistas que encabeçam as instituições científicas francesas não vão permitir que uma seguidora da escola de Piveteau, ou seja, a do jesuíta Teilhard de Chardin, ou seja, uma católica, assuma as rédeas dessa pesquisa no mínimo arriscada. Uma católica! O CNRS joga seu prestígio. Sua imagem.*

Valicourt vira como se mexiam os pauzinhos. A filiação dos membros das comissões (do CNRS) aos sindicatos marxistas era um fato histórico comprovado e bem conhecido. Entre cientistas e marxistas, Deus era um tabu lógico nos laboratórios do CNRS. Se a Deus se somava o *yeti*, as gozações não paravam mais. E, à frente dos incrédulos, nada menos que Yves Coppens, o catedrático de paleontologia e pré-história que participou da descoberta do fóssil mais famoso da história, o *Australopithecus afarensis*, também conhecido por Lucy.

Coppens capitalizava a iniciativa francesa nos estudos sobre a evolução do homem. Desde 1982, ele havia começado a assumir o comando da paleontologia humana na França, ocupando postos relevantes nos principais colégios e academias de ciência e assegurando-se a codireção do laboratório do Musée de l'Homme.

Valicourt não ia permitir que Coppens se intrometesse em seu projeto e acabasse mais uma vez recebendo todas as glórias. Tampouco ia renunciar a ser a secretária da Fundação Teilhard de Chardin. Acreditava em Deus. Sim. E era cientista. Afinal, as ideias originais de Chardin também tinham sofrido ataques religiosos e o desprezo de seus colegas cientistas. Valicourt seguia a trilha de seu ídolo. Mais adiante, iriam acusá-la de antidarwinista, de criacionista, e teria de suportar difamações de meios de comunicação excelentemente dispostos a ironizar aquela profissional de perfil inverossímil. Poder-se-ia se dizer que sofreu um apedrejamento ao contrário: se Darwin foi caricaturizado junto a símios ao expor sua teoria, a ilustração de Valicourt a mostraria empunhando um crucifixo.

– Estou preparando uma nova expedição a Chitral. Você iria? – perguntou-lhe Jordi algumas tardes depois.

Para Valicourt, ir significava descumprir a sugestão de seus superiores. Não esperava ajuda do CNRS, mas afrontar Coppens era um assunto sério.

Ela aceitou.

Uma vez que Valicourt declinou agregar pesquisadores afins a Coppens ao comitê de apoio ao projeto e continuou a falar publicamente da existência de populações pré-históricas nas regiões montanhosas da Ásia Central, passou a receber avisos da direção do CNRS. Coppens fez diversas declarações que desacreditavam Jordi. Assim, foi como se a dupla dissidente evaporasse. Passaram a não existir. Ninguém fez eco às ideias de Valicourt, nem, evidentemente, às de Jordi, o já notório colaborador da fantasiosa beata.

– Como se os neodarwinistas pendurassem automaticamente em seus críticos a etiqueta religiosa – disse ela a Jordi. – Quando a fé é exatamente o oposto de se querer provar um plano. Deus não tem nada a ver com tudo o que é acessível à minha razão. Acessível à minha razão. Porque é a razão que me interpela.

Algumas ameaças foram ouvidas: "Vamos acabar com o pequeno imigrado."

— Foi o que disseram: "o pequeno imigrado" — contou-lhe um amigo do museu.

A frase nocauteou Jordi por alguns segundos. Nem sequer seus escudos, que ele supunha tão resistentes e intransponíveis, suportaram a investida. O pequeno imigrado. Essa é uma das etiquetas escrotas que o acompanham pelo restante dos seus dias.

— Quem foi que disse isso? — chegou a perguntar.

— Não sei, eram vários, no grupo havia muitos vindos de fora, acadêmicos de passagem. Provavelmente foi um deles.

As revistas da área devolveram todas as suas propostas de artigos relativos aos homens selvagens. Jordi assistia atônito à reação em bloco de uma comunidade que supostamente também era a dele, mas que havia decidido fechar-lhe as portas. Vivia entre a angústia e a fúria, impotente e incapaz de entender como interesses pessoais podiam se impor a uma pesquisa genuína. Era espantoso como conseguiam afastá-los. Fazê-los desaparecer.

Jordi e Valicourt tentaram se animar mutuamente, achavam desculpas para justificar aquela rejeição, aquele desprezo. Não iriam se desesperar, "somos duros, acreditamos nisso". Estavam nisso, buscando forças, oxigênio, estímulos, quando Jordi recebeu uma carta. Era remetida por uns ingleses especialistas em laringe. Curioso, ele não tinha nenhum contato com esse ramo da ciência. Abriu o envelope. Os ingleses diziam que as afirmações de Jordi sobre o desenvolvimento daquele osso craniano os tinham deixado verdadeiramente surpresos, e a Language Origins Society o estava convidando para dar uma conferência em Cambridge.

XIII

— Mamãe? – disse Jordi ao telefone. – Oi. Estou ligando porque um amigo meu do Museu de História Natural vai sair de férias e diz que me empresta a casa neste verão em troca de eu cuidar dos seus gatos. Se você quiser vir passar uns dias em Paris...

Semanas depois, Dolores abria a mala na capital junto com as de sua filha, Esperanza, e das netas Marie e Isabelle. Esperanza e as meninas, que visitavam Paris pela primeira vez, aproveitavam os dias caminhando o maior tempo possível, entusiasmadas e agradecidas pela possibilidade que Jordi lhes oferecia.

Ele gostaria de dedicar-lhes mais tempo, afinal de contas as Magraner planejavam passar só uma semana, mas o trabalho o absorvia de tal modo que pela terceira noite consecutiva se viu saindo às pressas do laboratório de répteis e anfíbios do museu.

— Sinto muito, não há jeito de eu chegar cedo... – disse ele ao entrar no apartamento. O cheiro era de alho frito; o que sua mãe tinha inventado? Dolores também preparara um gaspacho. Ótimo. Jordi estava suando.

— Você sabe muito bem que aqui ninguém começa sem você – disse Esperanza. – Como está indo esse mestre em zoologia?

Jordi lascou um sonoro beijo na irmã.

— De tarde tenho aulas práticas no museu. O mestrado é antes. Mas você quer mesmo falar de coisas chatas? Venha, vamos jantar logo, que estou morrendo de fome. Que belo anfitrião estou me saindo. No Paquistão por muito menos já teriam me enforcado...

Durante o jantar, falaram de como era bonito e macio o *patti*, o algodão com que se confeccionam as roupas em Chitral. Esperanza quis saber se ele continuava fumando o cachimbo cor de carvalho que trouxera dos vales.

— Mas é claro, agora só fumo assim — mentiu Jordi de novo, e para confirmar foi atrás do cachimbo, acendeu o fornilho e puxou. Por trás da fumaça contemplou o olhar de suas mulheres, suas autênticas mulheres, como as considerava. O fascínio daquelas três gerações femininas de Magraner, vê-las felizes, voltou a comovê-lo. Sempre o deixava alegre. Talvez a expectativa das mulheres fosse uma das razões importantes pelas quais chegara até ali. Nunca se detivera muito a refletir a esse respeito, mas o que sem dúvida desejava era responder às expectativas da família. Passava tempo demais longe para não lhes proporcionar o melhor quando estavam juntos. Queria oferecer-lhes o sonho tal como elas o sonhavam, de modo que, se esperavam que um homem das montanhas fumasse cachimbo, assim seria.

— E Cambridge, como vai a coisa? — perguntou Esperanza.

— Estou trabalhando pra valer com a Cat. Vou ler a conferência.

— Nããão! Com essa sua lábia e sua espontaneidade...

— É que essas coisas formais, e ainda por cima em inglês... apesar de que sei tudo de cabeça — disse ele. E então se pôs de pé no meio da sala de jantar e impostou a voz de forma meio grotesca, improvisando uma paródia de sua apresentação que divertiu a plateia entregue.

— Muito bem, muito bem — disse Esperanza, entre risadas —, mas é bom lembrar: não vá de camuflagem. Às universidades todo mundo vai elegante.

Em setembro, consideravelmente mais protegido do frio e bem mais compenetrado do que naquela histriônica noitada estival, de terno e gravata e na companhia de Cat Valicourt, Jordi abriu sua papelada diante de um auditório de laringologistas e, em inglês, falou de uma arquitetura mandibular diferente na face dos neandertais. Falou de um osso, o esfenoide, cujo crescimento teria permitido aumentar a cavidade oral, alterando o funcionamento do aparelho fonador nos homens primitivos. A capacidade de articular sons complexos teria favorecido um rápido desenvolvimento do cérebro, dando lugar a um pensamento superior, do qual derivaria a consciência. Os sons emitidos por esse aparelho seriam similares aos registrados entre os meninos-lobos do século XVIII: vozes agudas compostas de sons guturais e gritos. Como os que Jordi assegurava ter ouvido algumas noites no Paquistão.

The Daily Telegraph comentou sua palestra, e nos meses seguintes recebeu inúmeras demonstrações de apoio à próxima expedição. Várias delas provinham de pesquisadores de renome, entre os quais o formidável naturalista Théodore Monod. Finalmente, pensou Jordi. Chegara a hora de dar o salto.

Faxes e cartas avalizando o trabalho de Jordi circulavam pelos corredores de empresas e universidades, mas logo ele se deu conta de que nada daquilo alteraria significativamente sua situação: *Continuo com dificuldades econômicas e recebendo negativas das revistas*. De qualquer modo, o amparo desse seleto grupo para alguma coisa devia servir, uns levariam a outros e assim apareceriam apoios-chave, como o do tal Winckler, que trabalhava na Interpol reconstruindo rostos de cadáveres e que podia ser de grande utilidade para um caçador de homens-relíquia. Claro, é claro que apareceriam, ainda mais quando se ficasse sabendo a envergadura da ambiciosa terceira expedição que ele estava projetando. A bola de neve já se achava à beira da encosta e era só uma questão de dar-lhe um empurrãozinho para que se pusesse em movimento e começasse a crescer. Bolou um plano espetacular.

O projeto original contava com treze membros, entre os quais Kassil Ivanov e Raïtcho Gautchev, dois dos melhores rastreadores de grandes mamíferos da Europa. A empresa onde ainda trabalha Andrés Magraner, a Dist-Inject, garantiu o fornecimento do material hipodérmico para anestesiar barmanus. A lista do equipamento previsto se completava com máquinas fotográficas, material profissional para captação de áudio, uma câmera térmica capaz de registrar movimentos noturnos, sistemas de vigilância, cães rastreadores da raça laika-siberiana, cinco motos, nove cães de carga malamute-do-alasca e um 4x4. A ideia era permanecer três anos. A verba: cinco milhões e meio de francos.

Jordi comprou cinco malamutes. Como a matilha não cabia na casa parisiense, pediu permissão para deixar os cães no jardim do Museu de História Natural até partir para a expedição. Como não foi dada, ele ligou para Esperanza. A irmã seguramente apreciaria um pouco de entretenimento depois do divórcio. Pois não é que a casa que ela acabara de alugar naquele vilarejo ao norte de Lyon dispunha de um terraço e um quintal perfeitos? Por isso pediu que ela guardasse os cães para ele.

— Não vá ficar o tempo todo dando de comer a eles. Ponha pouco, quero que vão se acostumando desde já ao que vão encontrar em Chitral.

Esperanza bem que tentou seguir as instruções. Teve problemas com Wolf, que passava o dia latindo e arreganhando os dentes, mas descobriu Fjord. Era um cão diferente dos que ela conhecera até então. Talvez o mais robusto e potente do grupo, se bem que não ficasse alardeando sua primazia, a não ser que o obrigassem. O próprio Wolf decidira parar de perturbá-lo depois de vislumbrar-lhe as fauces a poucos centímetros.

Além disso, Esperanza sentia que o cão escutava quando ela falava, que até procurava agradar a ela. Era fácil detectar sua singularidade. Fjord comia num ritmo diferente dos demais, às vezes a seguia pelo jardim em silêncio.

– Você parece gente, rapaz, só falta falar.

Uma noite, antes de fechar a porta da casa, viu Fjord deitado tranquilo no jardim enquanto os outros cães latiam entre si.

– Fjord! – chamou-o Esperanza.

O cão ergueu o pescoço e as orelhas. Os demais fizeram três segundos de silêncio antes de retornar à disputa.

– Venha! Vamos! – ordenou, abrindo um pouco mais a porta.

O malamute passou devagar no meio dos congêneres e entrou na casa. Os outros passaram a noite uivando do lado de fora. Assim foi o restante dos dias, até que os vizinhos começaram a deixar bilhetes na caixa de correio protestando contra as serenatas noturnas. Ela então procurou o veterinário.

– Misture esses comprimidos na comida deles e deixe que durmam.

Esperanza ministrou a receita e o problema acabou.

Domingo, quando Jordi apareceu, como de costume, Esperanza hesitou em lhe contar sobre os cães. Depois de brincar um pouco com os animais, o irmão entrou na cozinha disposto a preparar um almoço de lamber os beiços.

– Vejamos. Caçarolas! – gritou, feliz, abrindo o armário das panelas.

Esperanza o observava preocupada, sentindo-se no mínimo incomodada por ter tomado medidas tão drásticas, conto, não conto... mas não ia se conter.

— Você precisa saber: eu estou drogando os seus cães.

Jordi continuou a procurar panelas, quase impassível. Afinal de contas, a irmã estava cuidando de sua matilha. E ele reconhecia que algumas daquelas feras não eram fáceis de controlar.

— Não tinha outra maneira? — perguntou ele de cócoras, escolhendo uma caçarola.

— Não.

Reclamou um pouco, mais para liberar a zanga inicial do que por vontade de discutir, e em seguida concordaram em transferir os animais para um canil da Drôme. Pouco depois, Jordi se instalou na casa da irmã, era bom para não perder contato com os cães e para procurar patrocinadores em Lyon, tinha de seguir juntando dinheiro. Como Esperanza e suas filhas ocupavam o primeiro andar, Jordi desfrutava de uma ampla área independente no térreo, e da garagem. Ia com frequência ao bosque ou fugia com assiduidade para Lyon e Paris. Aos domingos continuava cozinhando pratos paquistaneses. Sentava-se com toda a família no chão e a fazia comer com as mãos.

— Para sentir o sabor de lá é preciso comer como lá — disse Jordi em mais um domingo, era uma espécie de frase ritual. Moldou uma minitigela de pão, que enfiou até o meio do ensopado, para, empurrando com o polegar, capturar um bom naco de carne, que devorou de uma vez só.

— Você precisa realmente de tantos cães assim nessa expedição? — perguntou Esperanza recorrendo às duas mãos para que sua bolinha de pão não se decompusesse.

— Eles são muito úteis nas montanhas, e como pretendo passar uma boa temporada viajando pelos vales...

— Não sei não. Fique de olho no Wolf, que anda cada vez mais doido...

Jordi havia respondido apressadamente, o primeiro impulso era reafirmar suas decisões, mas fazia dias vinha pensando na possibilidade de rever o tamanho da expedição. O argumento do cão perturbado podia ser útil para camuflar os verdadeiros motivos. Em poucas semanas reconheceu o desequilíbrio do malamute.

– Se o Wolf está mesmo assim tão doido, fora. O que vamos fazer com ele?

– Podemos deixá-lo num canil. E os gêmeos, vai levá-los? São mais lerdos... não vão servir para nada.

Sua irmã mais uma vez tinha razão. Esses também iam ficar na França.

– A companhia de Gorki e Fjord bastará – disse Esperanza poucos dias depois. – Mais valem dois bons cães que uma matilha inútil.

A verdade é que o dinheiro não dava para transportar mais animais. Mas tampouco iria ficar apregoando suas carências, certo? E, de qualquer forma, dois cães eram mais que suficientes para o que pretendia. Pensando bem, um equipamento demasiadamente grande retardaria a expedição, alertaria os pastores e o próprio barmanu sobre presenças ameaçadoras e seria muito mais complicado para fazer contatos.

À medida que o tempo passava, Jordi ia reduzindo a quantidade de material previsto para a viagem. Cada descarte o deixava arrasado, mas concentrou-se em aplacar o mau humor dando todo tipo de desculpas, o importante era seguir em frente, fazer a viagem, embora a Fundação Aga Khan já se houvesse recusado a financiar parte da expedição e ninguém tivesse respondido a seus pedidos de patrocínio. Não era a primeira vez, não é?, ele já enfrentara o vazio antes.

Escreveria a Erik. Pelas últimas cartas, ele estava indo bastante bem como professor de história em Manilha. Claro que sim, essa era a espécie de amigos de que necessitava, valentes, capazes de se aventurar em terra desconhecida. Caía-lhe bem manter correspondência com ele, ainda mais num momento como esse, alguém que escutasse e dividisse.

Começou a carta em tom confessional. Normalmente evitava dar mostras de fraqueza, mas ao se sentar sentiu necessidade de descarregar, de assumir fragilidades. A distância que o separava de Erik o fez relaxar. Por que não se mostrar sincero? Se não totalmente, um pouco, por que não? Custou-lhe menos que o esperado admitir perante o amigo que, apesar dos aplausos de alguns, os obstáculos para levar adiante a terceira incursão a Chitral continuavam excessivos. Era preciso ser muito forte e estar muito seguro de suas ideias para não desistir. Será que ninguém se dava conta da envergadura da proposta? Os mandachuvas só faziam investir dinheiro em bobajadas, ao passo que o que importava verdadeiramente, o que podia trazer relevantes esclarecimentos sobre nossa existência, dar um sentido ao homem...

Passados poucos dias, Jordi recebeu uma carta das Filipinas. O envelope era mais avultado que o normal. Ao abri-lo, apareceu um pequeno maço de folhas de papel. Erik lhe enviava, fotocopiado, o relato de Prosper Mérimée em que uma donzela garante ter sido violada por um urso ou algo assim. Na carta, Erik afirmava que Mérimée, que sempre criou a partir de histórias locais narradas com grande precisão, sugeria a possibilidade de que o violador fosse um *yeti*. Mérimée jamais estivera na Lituânia, onde transcorria o relato, e, como não queria ser tachado de crédulo nem de idiota, pediu ao amigo e também escritor Ivan Turgueniev que confirmasse a história. Turgueniev, um russo que era grande conhecedor da paisagem e da mitologia regionais, lhe conferiu absoluta credibilidade. Jordi interpretou perfeitamente a real mensagem do seu amigo: "Viu? Não estamos loucos."

Nessa primavera, a produtora Les Films de La Liane entrou em contato com a Association Troglodytes. Queriam fazer um documentário sobre Jordi em Chitral para a rede televisiva Arte. Os produtores orçaram o projeto em 1.400 mil francos e propuseram a Jordi que a Troglodytes ajudasse a custeá-lo. A associação não dispunha de uma importância minimamente digna para oferecer, mas a plataforma era insuperável: Arte, o grande canal de cultura europeu. Que tela melhor para dar prestígio a alguém?

Jordi pegou a calculadora e começou a somar contribuições de sócios. As cifras da telinha o fizeram estalar a língua, com isso não iria a parte alguma. Mas, diante de uma oportunidade como aquela, não podia desistir. Na realidade, quando é que ele havia desistido de algo? Teclou números de telefone que estavam em desuso havia anos, visitou amigos distantes, propôs a alguns subscritores que adiantassem alguns meses de contribuição... e conseguiu reunir 126.500 francos à base de poupanças, cotas e auxílios como o do seu irmão Andrés, muito embora esse investimento significasse reduzir ao mínimo indispensável os equipamentos e o número de integrantes da terceira expedição. Eliminou a maioria da lista, aí incluídos os emblemáticos rastreadores, e cogitou de prescindir dos irmãos L'Homme.

O investimento o deixou zerado. Que sirva para alguma coisa, por favor.

— É claro que servirá, Jordi. O Arte é visto por milhões de pessoas — disse Cat.

— Sei, sei. O que acontece é que foi um esforço econômico enorme e me deixou sem nada... preciso me recuperar. Você se incomodaria de me hospedar por uns dias na sua casa? É por pouco tempo, não se preocupe, mas eu acho que ficar juntos até nos fará bem para preparar a missão.

— Na minha casa?

— Só uns dias...

— Não sei... preciso falar com ele, você sabe.

— Claro, claro. Diga-lhe que não faço barulho.

O marido de Cat concordou. Como Jordi vaticinara, eles aproveitaram o convívio para preparar a missão estipulando que Valicourt se juntaria ao grupo após alguns meses, no início do verão.

No quarto emprestado por Valicourt, Jordi continuou a se perguntar se aquilo valia mesmo a pena. A perspectiva de ser divulgado em grande escala não compensava as inúmeras renúncias a que se via obrigado. Aspirava a ser reconhecido, sim, sabia que certa popularidade era necessária para que sua pesquisa evoluísse, mas a verdade é que investir no documentário voltava a deixá-lo quebrado e, seis anos depois da primeira incursão, retornaria às montanhas em condições demasiadamente precárias. *Será que nunca vou prosperar?* Tomara que o documentário servisse realmente para alguma coisa.

Em 7 de julho de 1993, Jordi pegou logo cedo um ônibus para mostrar vários esboços de prováveis barmanus a um amigo paleontólogo. A seu lado, um homem lia o *Libération*, ao qual Jordi ia lançando olhares dissimulados à espera de encontrar alguma referência ao início das Festas de São Firmino. Até que o homem virou a página e apareceu a manchete. Ele recebeu um choque físico, uma sacudidela que acelerou sua respiração. Ficou grudado nas palavras em negrito, relendo-as sem parar, aproximando-se de um modo não exatamente educado da folha do jornal. Precisava saber mais, tentava ler a notícia, mas o cotovelo daquele sujeito... Quantas paradas faltavam? Duas. Não esperou a sua, desceu na próxima e correu em busca da primeira banca para comprar o jornal e ir direto à página que evidentemente havia memorizado:

ENCONTRADO O CAVALO DO *YETI*

Uma expedição chefiada pelo etnólogo Michel Peissel havia localizado uma nova raça de cavalos a cinco mil metros de altura, no antigo reino tibetano de Nangchieng, na província chinesa de

Qinghai. Eram animais pequenos com uma capacidade pulmonar hiperdesenvolvida, capazes de percorrer noventa quilômetros por dia naquelas estepes de oxigênio rarefeito.

"Não se parecem com nenhuma outra raça de cavalos da região, nem mongóis nem cossacos. Constituem realmente uma família específica", declarou Peissel, que era patrocinado pela Fundação Loel Guiness. Peissel havia percorrido cerca de quatro mil quilômetros numa primeira expedição, e outros seiscentos quilômetros em 22 dias de viagem na segunda quando se deu o achado. Acabava de vencer cinco cadeias montanhosas com vários picos de cinco mil metros e de alcançar uma região isolada a que o governo chinês proibira o acesso no início dos anos 1950. Há menções a esses cavalos em arquivos chineses do século VI.

A adrenalina de Jordi disparou. Finalmente, motivos para otimismo. Peissel, um de sua estirpe, havia conseguido. Era possível.

XIV

Gorilas de montanha, grandes babuínos, elefantes-pigmeus, cavalos remotos... a cada momento se descobrem espécies animais que se acreditavam extintas ou que simplesmente eram ignoradas. E é comum que para dar com elas os descobridores arrisquem suas vidas. Foi o caso de William Beebe, o primeiro homem que desceu a quinhentos metros de profundidade dentro de uma cápsula, conseguindo ver alguns animais e plantas que se julgavam perdidos no tempo. O relato dessa visão alucinante inspirou Thomas Mann a escrever o *Doutor Fausto*. Esse romance narra como um homem vende a alma ao diabo para desfrutar de alguns anos magnificamente inspiradores. Alguém disse que no seu protagonista se pode observar a catastrófica regressão de um espírito sofisticado a um arcaísmo primitivo. A pergunta que surge inexoravelmente no final é: valeu a pena?

XV

– Você não pode ir sozinho. Se formos juntos, tudo será mais fácil.
– Não há dinheiro. Você vai ter de pagar tudo.
– Não será a primeira vez... – respondeu Erik, procurando Yannik com o olhar.

Os irmãos L'Homme estavam falando sério e, apesar das dificuldades econômicas e do temperamento intempestivo de Jordi, eles partilhavam a sensação de que o amigo ia precisar de companhia. Valicourt só viajaria vários meses depois, não podiam deixá-lo só.

De qualquer maneira, a terceira expedição estava começando pior que o esperado. Nas reuniões antes de partir, Jordi insistiu na ideia de montar uma equipe bem grande, com empregados, uma caravana à moda antiga, enquanto Erik e Yannik ainda imaginavam viver uma aventura entre amigos.

Quando, como de hábito, Jordi lhes entregou o documento para que assinassem a cessão de direitos sobre as fotografias que fossem tiradas durante a viagem, Yannik tinha algo a dizer:

– Muito bem, eu assino, desde que você acrescente um anexo liberando as fotos particulares.

– Como, particulares? Nós vamos pesquisar.

– Olhe, Jordi – insistiu Yannik. – Sempre existem fotos que a pessoa guarda de recordação, aquelas em que aparece fazendo pose, bancando o bobo... Ponha aí uma cláusula que diga qualquer coisa, como "exceto as fotos de suvenir", e fica tudo resolvido. Ninguém nunca vai vê-las, são para uso doméstico. Na verdade, já que eu vou e sou eu que tiro as fotografias, quero dispor de algumas para mim.

Bem, os irmãos L'Homme iam ajudá-lo e fazer-lhe companhia, podia-se permitir uma deferência para com eles. Mas... por que essa reivindicação agora? Yannik lhe teria contado o trato de não contar com o respaldo de Erik? Só faltava aqueles dois palermas perderem a linha no meio da viagem, nunca se sabe, eles intuíam que o barmanu estava perto, e a glória...

Em novembro, penetraram no vale de Swat. Nevava. Os pachtuns entre Bahrain e Kalam mostraram-se pouco amistosos e hostis, as crianças às vezes até lhes jogavam pedras. No posto policial de Kalam, demonstraram surpresa ao vê-los.

— Aqui não é seguro para vocês. Deviam ter mais cuidado.

O turismo era praticamente nulo, os bosques estavam praticamente despovoados. Ouviram o eco de suas vozes nas quebradas do vale de Kaghan e atravessaram o planalto gelado até chegar ao antigo Iaguistão, o País dos Ingovernáveis, uma das regiões mais selvagens e menos hospitaleiras do Paquistão.

Fjord exibia faculdades assombrosas carregando fardos de pelo menos vinte quilos amarrados à barriga. O frio, os caminhos repletos de penhascos e fossas, as pontes em mau estado e a indecifrável língua dos kohistanis e gudjares autóctones complicaram ainda mais a já estafante marcha que, de qualquer forma, serviu para delimitar uma futura área de exploração. Jordi concluiu que a região do sudeste de Chitral e norte de Dir iria constituir, pela frondosidade e pelo considerável barbarismo de seus habitantes, a zona número um para a procura do barmanu.

Em dezembro, os expedicionários regressaram a Chitral em jornada inusitadamente tensa. Alguns nativos se negaram a cumprimentá-los e numa ocasião chegaram a ofendê-los, exortando-os a voltar para sua terra. Aqueles extremistas eram minoria, é verdade, mas em expedições anteriores Jordi jamais os havia considerado uma autêntica ameaça, ao passo que agora a pressão se mostrava tão evidente que foi impossível falar de outra coisa com os muçulmanos que continuavam comportando-se com a hospitalidade costumeira, oferecendo-lhes biscoitos, pão, leite ou chá e criticando os radicais islamitas que se espalhavam pela zona. Novamente lhes recomendaram prudência.

Após descarregar o equipamento em Chitral, Jordi foi direto ao hotel Mountain Inn. Na parte superior de uma folha, caligrafou "Andrés Magraner" e alguns centímetros mais abaixo empreendeu a redação de um texto em que rogava ao irmão que escrevesse em francês as mensagens que normalmente redigia em espanhol, para que Erik e Yannik pudessem entendê-las caso ele se ausentasse. Mandou o fax. Em seguida, enviou outro a Valicourt, no qual foi um pouco mais explícito: "Não enviaremos nenhum dado ou informação precisa."

Saiu do Mountain Inn com dúvida sobre o que o preocupava mais, se o islamismo radical ou a suspeita de que houvesse pesquisadores locais dispostos a se intrometer no seu trabalho. Coppens não sabia ficar calado, com certeza enviara algum dos seus contatos paquistaneses para se antecipar à descoberta do barmanu. Podia parecer paranoia, mas ele próprio já não tivera uma mostra do que os putos dos cientistas eram capazes? Além do mais, paranoia ou não, o islamismo crescente aconselhava extremar as precauções, e era isso o que ele estava fazendo.

Descendo a avenida principal de Chitral, sentiu que os olhares dos homens eram mais incisivos. Ou seria ele que os estava olhando diferentemente? *Não dá para continuar assim. Logo todo mundo vai me parecer suspeito. Foco, Jordi, foco. Trabalha.*

Os três amigos começaram a realizar incursões esporádicas atrás de depoimentos e negociaram com o departamento florestal o aluguel de um abrigo a 2.600 metros de altura, na montanha Gatarsin, em Shishiku. A enorme extensão do vale e a frondosidade dos bosques de cedros transformavam-no numa anomalia geológica ideal para a vigília. Ali, Jordi colhera anos antes o testemunho detalhado de um gudjar que assegurava ter visto o barmanu.

Num descanso durante a escalada até a nova morada, os homens beberam água. Quilômetros de folhagens os emparedavam.

— E, se o virmos, o que vamos fazer? — disse Yannik. — Precisamos de um plano.

— E você acha que Jordi não tem um? — respondeu Erik. Os irmãos se voltaram para ele, que, imediatamente, descreveu onde e como o enjaulariam, a quem avisaria, a que testes o submeteriam.

— E, se por acaso os narcóticos falharem e for necessário um corpo a corpo — sorriu com ar maroto —, confio em Yannik.

— Já tenho preparado o golpe perfeito para ele — disse o fotógrafo, abraçando o ar como se fizesse uma defesa de rúgbi. — Antes, porém, tirarei umas fotos dele. Algumas delas de suvenir...

Ao dizer isso, Yannik procurou em vão os olhos de Jordi, que esquadrinhava o vale. Claro que tinha escutado. "De suvenir." Mas não iria lhe dar o gostinho de demonstrar irritação. Por que Yannik o estaria provocando? Bah, ouvidos moucos.

— E você, Erik? — perguntou Jordi enquanto continuava perscrutando os bosques.

— Sei lá. Acho que simplesmente desfrutaria o fato de tê-lo afinal encontrado. Agora, quando o entregássemos, procuraria não revelar jamais o local onde o capturamos. Vocês leram *Os últimos gigantes*? Nesse livro, um explorador descobre uma população de pacíficos titãs, mas, ao revelar sua localização, vem um bando de homens armados e os massacram.

O trio emudeceu diante daquela imensidão vegetal.

Continuaram a subida. Quatro horas depois, instalaram-se numa cabana situada num planalto no meio de um bosque. Seria mais confortável que as barracas, e mais discreta. Seria o observatório de inverno.

Siraj Ulmulk dirige atualmente o hotel mais luxuoso de Chitral. O Hindu Kush Heights ergue-se no contraforte de uma colina para oferecer a seus hóspedes uma vista espetacular do vale, que parece desenhado. O rio flui caudaloso aos pés da estrada para Mastuj. A proliferação de telhados de alumínio nas casas tirou um pouquinho do folclore da paisagem, mas a ordem das plantações, as montanhas imensas e a profundidade que o olhar alcança causam uma impressão acachapante de liberdade e beleza.

Siraj Ulmulk descende de uma família de mehtares, príncipes que dominaram a região por séculos sem muitas contemplações. É muçulmano e um poder fático. "Meu pai governou Chitral durante 42 anos, não como agora, que nenhum político dura mais de três ou quatro anos", costuma afirmar em público.

Jordi sabia tudo isso sobre Ulmulk, e que ele ocupava um cargo de relevo na Fundação Aga Khan local, desde quando topou com ele num coquetel oferecido pelo próprio Ulmulk em sua casa de Islamabad. De fato, por isso mesmo é que Jordi fizera de tudo para ir ao coquetel. Quando viu Ulmulk no salão principal, Jordi caminhou até o anfitrião, que naquele momento falava para um pequeno círculo de convidados:

— ... porque vocês estão vendo como eu me visto.

Ulmulk estava de calça e camisa, sua pele era branca, os traços fisionômicos bem poderiam passar por ocidentais.

— E, no entanto, costumo ser revistado minuciosamente nas alfândegas tanto da Europa como dos Estados Unidos. E por quê? — tocou no gorro. — Simplesmente porque estou sempre de *pakhol*.

— Então por que não o tira? Pouparia tempo — observou alguém do grupo.

Era o instante mais aguardado por Ulmulk, que se inflou como um pavão, erguendo ostensivamente o queixo, e respondeu:

— É minha identidade. Estudei dez anos num colégio de freiras, mas não me converteram. Sou muçulmano.

Quando o grupo se dispersou, Jordi pediu a um diplomata francês que o apresentasse ao hoteleiro. Cara a cara, finalmente, Jordi se sentiu maravilhado por não ficar absolutamente intimidado pelo carisma e pelo poder de Ulmulk. Ao contrário, sua auréola funcionou como uma espoleta, sentiu-se solto, ágil, convincente. E logo passou a explicar-lhe sua pesquisa sobre o barmanu.

— E como pensa encontrá-lo? — perguntou o anfitrião.

— Tenho dois cães e vou conseguir mais. Animais fortes, capazes de sobreviver na neve.

Ulmulk achou que era uma boa história, ainda que meio estranha. Era um paquistanês civilizado, e o barmanu correspondia a um âmbito demasiadamente mítico para sua depurada educação. Que europeu em sã consciência viajaria até ali em busca de um ser invisível? Apesar disso, Jordi não parecia exatamente um ensandecido, usava bem as palavras, defendia ideias com perfeita clareza. Para quem estaria trabalhando, na realidade? Ulmulk sabia que muitos estrangeiros no Paquistão nunca eram exatamente o que diziam ser.

Sua desconfiança desapareceu dias depois, quando encontrou Jordi numa rua de Islamabad rodeado de cães. Ulmulk compreendeu que ele falava sério, tanto que teve a curiosidade despertada, interessando-se pelo projeto a ponto de convidá-lo para conversarem a respeito com mais tempo num outro dia.

Falaram muito daquela história incrível. Mas o mais incrível para Ulmulk era que Jordi a tornava crível. Só via um problema: Jordi não poderia conversar com todo mundo, desse modo não tinha como convencer a todos, e muita gente não iria engolir sua história. De fato, já não eram poucos os que não acreditavam que ele estivesse no Paquistão realmente para procurar o barmanu e que suspeitavam de outros motivos.

— Também gostaria de me aprofundar na cultura dos kalash.

— Hum... É um povo singular. — Jordi percebeu que o tema não agradava a Ulmulk. — Mas o barmanu vai exigir de você muita dedicação. Em todo caso, desejo-lhe sorte.

Jordi confirmou que acertara em cheio ao se aproximar de Siraj Ulmulk quando o diretor da Fundação Aga Khan cedeu aos expedicionários uma casa com um imenso jardim, perfeito para alojar os cães. Também lhes conseguiu um Land Rover e pôs a seu serviço um cozinheiro e um *shokidar* (um homem do tipo faz-tudo).

Como todo ano, o Lowari Pass fechou em novembro, tornando impossível viajar para Dir ou Peshawar pela via terrestre mais curta. As pedras que se desprendiam e rolavam do Lowari Pass durante o inverno já haviam matado inúmeros viajantes, que permaneciam sepultados sob a neve até que maio revelasse seus cadáveres. Chitral enfrentava uma nova temporada de recolhimento e frio, ainda mais dependente do avião que diariamente ligava o vale à metrópole.

Entre janeiro e fevereiro de 1994, grandes nuvens sulcaram aquela zona do Hindu Kush impedindo o tráfego aéreo por vários dias, embora, diferentemente de outras temporadas, a sensação de isolamento tenha se congelado de modo distinto em Jordi. O vale lhe parecia remoto, mas também familiar. Sentia raiva pelo que não conseguira e tranquilidade por estar novamente ali, o ânimo oscilando entre a adrenalina da expectativa e a impotência pelas rejeições acumuladas. Sua entrevista à TV belga não tivera nenhuma repercussão prática na França. Ainda não se conformara com o fato de as editoras Albin Michel e Robert Laffont terem recusado sua proposta de escrever um livro que misturasse seus diários paquistaneses com as contribuições científicas, mas guardava as respostas dos editores numa gaveta da mesa de madeira que fazia de escritório.

Naquela lúgubre tarde invernal ele abriu de novo a gaveta ansiando por uma centelha de algo – de fúria?, de ódio?, de orgulho?, de quê? De quê? Pôs as folhas de papel com as negativas das editoras uma ao lado da outra. Os céus opacos o convidavam mais que nunca a se perguntar pelo sentido daquela procura, pelas probabilidades de êxito. Pôs um papel em cima do outro. Por que esperar a resposta de ninguém? Ele sabia o que estava procurando, a importância de sua pesquisa. A ignorância alheia não era da sua conta nem deveria afetá-lo. Fez uma bola com ambas as folhas e a lançou ao monte de lenha.

No fim do inverno, Jordi concentrou-se em refazer contato com velhos amigos, como os príncipes Hilal e seu primo Abdul Rani Khan, o nobre de Kesu que já havia demonstrado grande afeto por eles em viagens anteriores, e que ficou louco de alegria ao ver de novo seus queridos *inglesi*. Abdul Rani Khan era uma força da natureza, com sua voz rouca, sua barba grisalha e seus gestos tão bruscos quanto bem-intencionados. Um curioso insaciável, viu nos *inglesi* uma fonte ideal de contrastes e inspiração, trocando com eles uma infinidade de histórias, enredando-os em provas viris.

Seja como for, foi o magro e sempre elegante Hilal que um dia pegou o kalashnikov que o primo Abdul levava a tiracolo, mandou colocar uma pedra branca a cem metros de distância, disparou e acertou em cheio. Passou a arma para Erik, desafiando-o a acertar no alvo. O jovem historiador pegou o fuzil. Sentiu-se nervoso, não havia por quê, mas um desafio é um desafio. Tentou respirar com a barriga, como lhe haviam ensinado naquele clube de tiro da Drôme durante um curso de iniciação. O coração batia acelerado. Seu disparo levantou a poeira muito perto da pedra. Ouviram-se aplausos.

Os príncipes também quiseram pôr à prova seu irmão. Yannik, que acabara de fazer o serviço militar nos comandos aéreos franceses, retesou a imponente musculatura, apontou. Acertou no centro do alvo. Foi ovacionado.

— Vocês ganharam a admiração e o respeito deles — disse Jordi aos irmãos L'Homme enquanto também aplaudia. Fazia tempo que ele desfrutava desse respeito.

"Deveríamos esperar outros desafios nesse estilo — disse depois aos companheiros. — Aqui nós podemos esquecer o blá-blá-blá e os diplomas. O que verdadeiramente interessa a essa gente é saber como são nossas entranhas."

Às vezes Jordi falava umas coisas... Erik tinha a impressão de estar vivendo outra vida, a de um personagem de ficção. E estava gostando.

Dias depois, Abdul Rani Khan estacionou sua picape diante da casa dos *inglesi* e tocou a buzina. Trazia uma remessa de kalashnikovs.

— Aceitem as armas, é uma ordem — disse o príncipe. — Nos vales onde vocês vão trabalhar é preciso alguma segurança.

Jordi esticou o braço para pegar um dos fuzis sem saber muito bem que cara fazer, comovido ante tamanha prova de confiança. Naquele mundo, uma arma é o que possui mais valor. Depois, vem o cavalo. Em seguida, a mulher. Fechou os olhos por alguns segundos numa reverência silenciosa. E empunhou um kalashnikov. Apertou-o com força, com orgulho. Levantou-o com um só braço ao estilo dos chefes indígenas dos filmes de faroeste. *Quantos terão recebido um presente assim?*

Entretanto, ao se ver tão perfeitamente integrado em meio a príncipes muçulmanos que o armavam, voltou o pensamento para os kalash. Onde fora parar a ideia original de saber mais a respeito deles? Por que recuara do seu objetivo após a primeira decepção?

Um cientista autêntico não desiste assim por não obter os resultados previstos. Desistir. Por acaso não se vangloriava de jamais tê-lo feito? Mas havia se afastado, tinha de reconhecer, os pagãos continuavam sendo um enigma para ele, uma cultura demasiadamente derrotada e inacessível para seu humor de então. É verdade que tinha se aproximado de alguns kalash, que perguntava mais sobre seu cotidiano, sobre como construíam aquelas casas resistentes aos não tão raros movimentos sísmicos na região, que fora a festas em que os vira purificar seus lares, fazer oferendas, que quisera conhecer melhor o universo de fadas e demônios deles... muito embora todas essas aproximações tenham se mostrado tão superficiais que aumentavam a sensação de não saber na realidade nada deles, razão por que evitava se referir aos kalash nas conversas.

Quando, numa de suas últimas conversas, o hoteleiro Ulmulk lhe perguntou como iam as pesquisas sobre os kalash, Jordi respondeu:

— Eu vim atrás do barmanu.

— Sei, isso eu já sei. Mas também estava muito interessado nos kalash, não?

— Estou focado no barmanu. Esse é o meu objetivo e não quero que nada me distraia dele.

Falou com tanta convicção que sentiu o quanto estava se traindo, e essa certeza de covardia o repugnou. De qualquer maneira, precisava rubricar essas palavras perante Ulmulk, cada um sabe onde lhe aperta o calo. Portanto, continuaria à procura do seu hominídeo. Agora empunhando o kalashnikov que carregava por sobre a cabeça.

Os exploradores realizaram entrevistas com testemunhas de cujas descrições obtiveram desenhos que tanto lembravam grandes símios como ursos vestidos, tanto homens pré-históricos como indivíduos de diferentes raças ou disformes. Assistiram a um eclipse total da lua. Caminhavam com raquetes ao anoitecer, quando a neve endurece. De vez em quando, Yannik filmava uns poucos segundos de marcha com uma velha câmera. Erik sentia-se embriagado pela aventura, exultante por vivê-la. Sua existência afinal tinha um sentido, era como se algo superior o guiasse, invadia-o a impressão de que a qualquer momento podia cruzar com a criatura e atirar sua existência na face do mundo, como a luva de um desafio.

– Um dia eles vão ver! – repetia Erik, às vezes em voz alta, às vezes para si mesmo. – Um dia eles vão ver!

Nos dias do Hindu Kush havia uma promessa de grandeza que, mesmo quando estava na França, o ajudava a aceitar a deprimente cotidianidade. Estava orgulhoso por ousar viver assim, por se conceder semelhante licença para sonhar. Tinha certeza de que essa experiência haveria de marcá-lo dali para a frente, e estava certo. Quando, quase quinze anos depois, se sentasse para escrever *Des pas dans la neige*, para rememorar a época das expedições, Erik afirmaria:

> Creio que o orgulho de um jovem que sonha é, para ele, uma maneira de sobreviver. E, quando digo sonha, não falo dos sonhos que povoam nossas noites, que as encantam, as exaurem, às vezes as perturbam. Nem das fantasias do dia a dia que são as permabulações do espírito. Falo dos sonhos despertos que se apoderam do nosso ser, que penetram nosso coração, abraçam nossa alma e nos devoram, deixando-nos sem sossego.

Comiam o indispensável. Se tinham sorte, um pastor os convidava para um chá preto e salgado com biscoitos de milho. Foi um deles que lhes falou das pegadas na neve.

– Uma mulher o viu faz dois dias, mostrou-nos as pegadas no lugar onde o encontrou – disse o pastor. – São muito grandes.

Dois dias. Não nevava havia três, e as temperaturas se mantinham baixas o bastante para preservar rastros.

— Você pode nos guiar até as pegadas?

Foram levados às imediações do vilarejo de Kanderi, avançando muito devagar sobre o espesso manto branco.

— Ali — disse o pastor, apontando uma fileira de manchas que se perdiam no bosque.

O sol tinha alterado ligeiramente o rastro, e uma leve camada de neve fresca começava a cobri-lo, mas não restava dúvida. As dimensões das pegadas eram obviamente extraordinárias. Os homens olhavam-se transtornados. Margearam o rastro medindo a magnitude das pisadas.

— Essas pegadas são de um pé nu — disse o pastor. — Nenhum homem caminha descalço sobre a neve.

— A câmera, Yannik, a câmera! — berrou Jordi.

Lá estava. Uma prova!

Jordi se apressou a enviar as fotografias aos laboratórios científicos de Paris para que as pegadas fossem autenticadas. O achado desatara algo dentro dele, quase percebia as ideias fluindo e se associando; deveria aperfeiçoar sua técnica exploratória, quem sabe criar armadilhas ou envolver os habitantes locais na história para que o ajudassem a planejar uma emboscada, agir, fazer alguma coisa, porque a questão é que ele estava ali, *onde você está?*, talvez escondido a poucos metros, tinha de pensar, pensar, pensar num jeito de induzi-lo a abandonar seus esconderijos.

A parti dali, passou ainda mais horas, dias inteiros, inventando métodos de pesquisa que lhe permitissem avistar o barmanu.

— Quantas horas você dorme? — perguntou-lhe da cama Erik num amanhecer. Fora despertado por um barulho de louças e por trás das remelas entrevia Jordi, que procurava sabe-se lá o quê.

— Erik — murmurou Jordi, aproximando-se do amigo com uma chaleira vazia na mão. — Erik... eu criei um protocolo de atuação. Se o cumprirmos, não vamos demorar a flagrá-lo.

— Fagrá-lo — repetiu Erik, aturdido. A conversa aos murmúrios dava um toque ainda mais irreal à cena.

— É, é. Você já vai ver. Quando seu irmão acordar, eu explico. Você vai ver.

Pela manhã, Jordi detalhou seu protocolo. Tratava-se de efetuar incursões, montar guardas e continuar realizando entrevistas com rigor ainda maior. Tratava-se de aproveitar cada segundo do dia sem nenhuma lacuna. Os irmãos L'Homme compreendiam a intenção, o protocolo tinha sua razão de ser, de modo que aceitaram bem o plano e o cumpriram à risca.

— Estão sabendo como eles nos chamam? — disse um dia Erik ao voltar de uma conversa com um aldeão. — Os homens perigosos.

— Por que perigosos?

— Dizem que nós queremos controlar o tempo e que isso só os loucos tentam...

— Diga a eles que nos chamem de idiotas — interveio Yannik. — Os homens idiotas. Seria mais acertado.

Jordi se esforçou para não olhar para ele. Seu semblante expressaria bem demais o desdém que sentia por aquele sabe-tudo, e tudo bem, é verdade, tolerava mal as ironias de Yannik. De fato, fazia um bom tempo que rejeitava quase todo comentário dele, parecia que o fotógrafo o questionava a toda hora. Talvez se equivocasse, mas Yannik estava levando longe demais a confiança, da ironia à falta de respeito há um degrau muito pequeno. Além de que não podia esquecer que no aeroporto tinha se curvado a Yannik ao assinar a nova permissão para as fotos. Naquele gesto dera mostras de fraqueza. É claro que se Erik não estivesse presente, se não tivesse sentido apoio, Yannik não teria se atrevido a fazer a proposta. Mas eram dois. Eram mais. Também conheciam bem o terreno, não como ele, mas já o conheciam... Mais de uma vez Jordi teve de se controlar seriamente ao ver os irmãos conversando a sós, e notava que suas paranoias iam se desencadeando e ameaçavam transtorná-lo.

Recebeu carta de Valicourt, na qual ela comentava como havia evoluído a polêmica em torno de suas teorias. Menos mal que era teimosa, porque as coisas estavam ficando realmente muito difíceis. Pobre Cat. Não se esqueça de que estou com você. Respondeu animando-a a ir à luta, a não ficar na sombra, a divulgar os resultados de suas pesquisas e ocupar sem complexos o lugar de honra a que suas propostas revolucionárias a alçariam.

Depois abriu o mapa e continuou planejando a expedição que realizaria no verão junto com ela pela rota do Pamir ex-soviético e pelo corredor de Waghah. Também considerava internar-se no Nuristão. Ir à Índia em julho. Em agosto, ao Tajiquistão. Seus dentes já não estavam doendo, bom sinal. Apesar dos percalços, das suspeitas e dos fantasmas que pressentia nos piores dias, tudo estava indo conforme o previsto, não? Para reafirmar o otimismo, escreveu à margem do mapa: "Sinto-me bem melhor. Aqui estou em outro mundo, em outro universo."

Ainda que nem tudo estivesse correndo bem. Acendeu um Pree. Não, não estava. Deu uma longa tragada no cigarro. Por exemplo, vinha fumando mais que de costume, isso não denotava nenhuma tranquilidade. Mas é que... onde iria obter os recursos que faltavam para empreender uma expedição como a que havia sonhado; porra, não conseguia pensar em outra coisa. O dinheiro não dava. Talvez não desse nunca. Começou a riscar as frases que acabava de escrever no mapa. E o pior era que seu desassossego se mostrava cada vez mais patente na convivência com os irmãos L'Homme. Apertou com força a esferográfica. Precisava moderar seu temperamento com eles; se soubessem o quanto gostava dos dois... mas como podiam ser tão mauricinhos? E tão apalermados... Custava tanto assim entender que aquele pessoal pensava diferentemente? Que as ideias da Europa eram de muito pouca serventia ali? E ainda por cima agora iam se mandar, deixando-o na mão. Fumou, observando a faixa azul grossa e escura com que acabava de borrar o mapa.

– O que eu não entendo é por que ele não fala – disse Yannik expulsando uma grande nuvem de vapor. – Diz o que está acontecendo, nós comentamos e pronto. Assim é que não pode continuar. Pelo menos não para mim.

Os irmãos L'Homme regressavam ao abrigo depois de várias horas patrulhando as montanhas. O laranja dos cumes tingia-se de anil e magenta.

– Não sei. Ele tem um jeito muito espanhol – respondeu Erik. – Não percebe que a França é o país da palavra, onde as coisas se resolvem falando. Não fique tentando entender, você já sabe como ele é. Deixe-o em paz, no final vamos voltar à França na hora que nós quisermos.

Yannik entrou na cabana e foi logo arrumar a roupa sem cumprimentar a Jordi nem olhar para ele. Lamentava, mas não sabia disfarçar.

– Olá, já chegamos – disse Erik, livrando-se de sua pequena mochila.

Jordi respondeu com um grunhido, atento às frestas do chão. A luz exterior ainda era suficiente para distinguir matizes e cores no quarto. Jordi estava com o rosto contraído. Mesmo parado, transmitia um nervosismo inquietante. E tristeza. Nunca antes Erik o vira de moral tão baixo. Yannik trocava de roupa de costas para ambos. Jordi ameaçou se levantar, um movimento rápido de qualquer modo, mas retornou à posição inicial e seu rosto empalideceu. Foi como se a dor tivesse adquirido forma, como se seu padecer houvesse conseguido se fazer representar naquela expressão. Erik permaneceu imóvel, absorto no terrível espetáculo. É estranho e encantador ver tão claramente através de um rosto como algo se passa dentro de uma cabeça. Erik assistiu ao instante em que Jordi, pela primeira vez na vida, desabou.

Jordi, Yannik e Erik partiram para Shishiku tensos. Jordi adotava uma postura marcial pseudocastrense, imprópria num grupo de amigos. Mantinha a rigidez nas normas, ficava bem claro quem era o chefe. Ao chegarem, puseram as mochilas na cabana, desamarraram os fardos do ventre dos cães, as bruacas dos cavalos. Foram dias vigiando bosques nevados com os binóculos, os dardos narcóticos nos fuzis. O ritmo de trabalho era pesadíssimo. Comiam à base de farinha, leite em pó e frutas secas, além das plantas conhecidas que de vez em quando cozinhavam. Certa noite viram um leopardo-das-neves, esse animal praticamente de lenda, e, embora tivessem preferido outro tipo de encontro, jamais o esqueceriam.

Estavam cada vez mais debilitados. Em outras incursões, Erik havia tido cólicas graves; Yannik perdera peso em excesso, certa ocasião chegou a ter dificuldade para falar, pensar com clareza; e Jordi tinha padecido horríveis dores de cabeça que não conseguia controlar com nenhum medicamento do estojo de primeiros socorros, achando-se longe demais de qualquer ajuda, vendo-se forçados os irmãos a esperar que ele melhorasse ou a assistir à sua agonia. Tudo isso tinha ocorrido outras vezes, e eles superaram pensando que o barmanu o merecia. Sim, o afã de encontrar o peludo lhes bastara até então. Porém a fraqueza, a falta de dinheiro, os muitos meses de busca e o ensimesmamento de Jordi fizeram com que dessa vez os irmãos L'Homme começassem a ansiar pela chegada da data prevista para seu regresso à França.

Ao fim de alguns dias, os irmãos acharam por bem atravessar sozinhos as montanhas para renovar seus vistos, já perto de vencer. Quando o sol caiu, eles se detiveram na área onde Jordi e Erik tinham ouvido os famosos gritos não identificados. Erik e Yannik voltaram a ouvi-los enquanto se ajeitavam para preparar a comida.

– Que foi que eu disse? – murmurou Erik. Seu irmão escutava atônito. – Vamos – disse Erik vestindo rapidamente o capote. – Vamos, vamos.

Desceram a encosta. Os "gritos" soavam cada vez mais perto, mas ao redor não se percebiam animais com envergadura suficiente para emitir aquele barulho, na verdade quase nenhum animal se deixava ver. Ouviram o grito a poucos metros. Tinha certa estridência, parecia uma enorme porta rangendo.

– São as rochas – disse Yannik apontando um dedo na direção das formações rochosas que penetravam o lago a seus pés.

Aguçaram os ouvidos enquanto observavam os rochedos, até terem a confirmação de que, de fato, os gritos provinham dali. O radical contraste de temperaturas da aurora e do crepúsculo invernais provocava um movimento de dilatação-contração que arrancava autênticos gemidos das pedras, e o eco se amplificava.

– O pessoal diz que é o lamento de uma fada apaixonada – disse Erik.

– Há quem ache que é o *yeti* se espreguiçando.

Erik sorriu, apesar de não desejar fazê-lo. Era preciso se livrar daquela suposta evidência na qual ele próprio chegara a confiar. Estalou a língua, negando com a cabeça, e disse:

– Enfim...

Quando os irmãos explicaram a descoberta, Jordi escutou-os distraidamente e continuou na sua, sem comentários. Havia muito que fazer, não iria se distrair com hipóteses que afinal não desmentiam nada. O que estaria acontecendo com a duplinha danada? Queriam voltar e já não sabiam que pretexto inventar para consegui-lo. Mas também o que se podia esperar daqueles garotinhos mimados, o fotógrafo e o historiador, dois românticos de vitrine, dois frouxos incapazes de lutar de verdade por uma ideia? Quer dizer então que os irmãozinhos tinham se cansado...

Era evidente que Erik e Yannik já não tinham a mesma certeza, que planejavam regressar à Europa, e este vinha sendo um tema latente... até que Jordi falou:

— O pessoal do Arte está vindo filmar no verão. Fiquem até lá. Preciso de vocês para que o documentário fique bom. Quando terminar, vocês vão. Serão apenas mais uns dois meses.

Yannik enterrou a mão na cabeleira. Fez seu antigo gesto de prender o rabo de cavalo, ainda que já não usasse o cabelo tão comprido.

— Você sabe que nós queremos estar na França no verão. Precisamos de dinheiro, e é no verão que há mais trabalho. Não vai dar para esperarmos os caras, sinto muito.

Jordi se ergueu, grave e magnífico no ar gélido do Hindu Kush, para realizar um de seus ataques mais cruéis contra duas pessoas de que realmente gostava muito.

> Naquela discussão foram ditas palavras muito duras, algumas irremediáveis – relembraria Erik anos depois. Não quero entrar em detalhes. Jordi foi injusto conosco, embora eu entenda que não éramos nós a causa real de sua cólera, e sim o pretexto para liberá-la. Toda a raiva, frustrações e decepções acumuladas durante anos emergiram ali. Na realidade, aquelas palavras não se destinavam a nós, mas vestimos a carapuça totalmente. Jamais deveria ter acontecido. Jamais. Para mim foi doloroso, mas para meu irmão... Meu irmão e eu somos muito diferentes. Yannik é muito impulsivo, leva tudo a ferro e fogo, enquanto eu sou mais cerebral, procuro me acalmar, relativizar. Depois daquele dia em Shishiku, Yannik jurou que nunca mais voltaria a falar

com ele, e cumpriu a palavra. Apagou Jordi da sua vida. Por isso tampouco vai falar com você.

"Erik e Yannik voltarão para a França em julho."
Isso foi tudo o que em 29 de março Jordi escreveu a Andrés a propósito de seus companheiros. Não ia dar nenhuma demonstração sentimental, nem um sinal de fracasso. Devia se concentrar mais que nunca, ser prático. Vejamos, de que necessitava? Pediu pastilhas de freio para a moto, e que seu irmão intercedesse junto à empresa Fuji para que lhe fornecesse mais material de visão noturna. Desde janeiro ele já conseguira dez novos depoimentos sobre o barmanu e enviara as mostras das pegadas ao Museu de História Natural para que fossem analisadas. Não era prova suficiente do trabalho que estava realizando? Será que ninguém se dava conta de seu esforço? Por que não aparecia logo de uma vez o maldito mecenas que haveria de lhe poupar tantas agruras financeiras? E agora esses babacas iam se mandar... Ainda bem que sempre podia contar com Andrés. Nos piores momentos, lá estava o coitado, enviando-lhe dinheiro, falando com quem tivesse de falar. *Ainda bem que tenho o Andrés.*

XVI

O menino resplandecia, tal como o sol.
(Fragmento do *Liber de infantia salvatoris*,
incluído em um volume sobre paganismo.)

Naquela primavera, Jordi hesitou como nunca. A iminente partida dos irmãos L'Homme o deixaria pela primeira vez sozinho nos vales. É verdade que Valicourt iria ali para pesquisar durante seis semanas em maio, que o repórter do Arte o visitaria no verão, e que Andrés previa fazê-lo em outubro. É verdade que Khalil jogara a franja para trás solenemente para dizer que Jordi era como um irmão para ele, e que alguns chitralenses gostavam dele. Mas ficar significava abandonar seu mundo original. No próximo inverno, nenhum de seus velhos amigos, ninguém da família estaria perto para lhe dar ânimo ou consolo, muito embora desse a impressão de que não necessitava deles.

Erik intuiu que Jordi não voltaria. Era orgulhoso demais, jamais regressaria com a sensação de haver fracassado. Era um homem de outro tempo, de Roma, da Idade Média, talvez do século XIX, daquelas épocas em que as grandes energias, a audácia, a honestidade eram recompensadas. No Renascimento, teria revolucionado as ciências; no século XIX, teria explorado algum continente novo. Mas o mundo de hoje era pequeno demais para ele e aquele tremendo cabeça-dura não iria voltar. Além do mais, no Paquistão havia encontrado um lugar onde podia viver como queria, desfrutar livremente da natureza, de sua profissão, de sua sexualidade... Não, não podia voltar, era impossível.

Jordi começou a dedicar mais horas que nunca ao estudo do kalasha, do khowar e do urdu.

Este é o meu lugar, o meu reino. Estava decidido, não tinha como recuar. Era hora de se interessar sem meios-tons pelas coisas dali, de se voltar para os costumes, as atitudes, e torná-las definitivamente suas. Uma tarde, enquanto aguardava o barmanu escondido no bosque, se viu pensando novamente nos kalash. Os enfeites das mulheres, a naturalidade de suas maneiras, as minidestilarias de vinho nas casas escalonadas nas encostas... as imagens kalash o surpreendiam a todo momento, cada vez com maior assiduidade, imantando-o com mais força ainda do que nos dias em que havia descoberto sua existência. Estranho. Até então tinha ficado deslumbrado pelo oculto, pelo peregrino, pelo aparentemente inacessível. E justamente agora que via os kalash como vizinhos, agora que se achava convencido de que eram terra erma para ele, o encanto ressurgia. Por quê?

O Museu de História Natural enviou o resultado dos rastros na neve: "Ainda que indubitavelmente se trate de um hominídeo, não temos condições de identificar essas marcas." De qualquer modo, o relatório reconhecia que "o pé em questão se distinguiria do de um homem atual por suas grandes dimensões, particularmente por seu comprimento".

— É isso aí! – gritou Jordi brandindo o papel que continha a análise sucinta, a corroboração científica de que ele havia chegado a algum lugar. – Não é um dado conclusivo, mas reconhecem que nunca viram nada igual. Apesar de tudo o que esse pessoal estudou e analisou, nunca viram rastros como esses!

Yannik e Erik coçaram os braços, a cabeça. De repente a ciência lhes dava esperanças. Como são as coisas! A questão é que eles também tinham participado daquela conquista, apesar de tudo acreditavam no barmanu, haviam aprendido a acreditar. Certo, a pista era válida. Jordi não parava de falar:

— Precisamos mandar faxes, avisar todo mundo. Vamos, vamos.

Propagaram o achado imediatamente junto à sua rede de amigos e colaboradores. Quando o eminente professor Théodore Monod felicitou os expedicionários de Paris e eles começaram a receber mais perguntas do que demonstrações de apoio, Erik se conscientizou de que as pessoas começavam a olhá-los de outra forma. "Talvez este ano seja bom", anotou Jordi em seu diário.

Cat Valicourt compartilhou *in situ* a ressaca da notícia, insuperável introdução para inaugurar as explorações no Paquistão.

— Se encontrarmos mesmo homens-relíquia... – disse ao partir de Chitral rumo aos vales.

E, ainda que os homens não aparecessem, as testemunhas consultadas, o reconhecimento do território e perceber que suas teorias e suas provas passavam a ser respeitadas em Paris faziam com que ela considerasse definitivamente a possibilidade autêntica de capturá-lo. Valicourt se mostrava exultante, Jordi nunca a vira assim tão feliz.

— É preciso dar continuidade — disse Valicourt. — Não vamos parar agora.

Jordi concordou em silêncio. Parar? Isso era uma possibilidade?

— Vou propor à ONU a criação de uma agência para o estudo e a proteção desses seres — anunciou a cientista.

Ótimo. Da França, Cat daria um empurrão ainda maior. Aquelas montanhas eram um estimulante infalível, ele sempre soubera que, se ela as visitasse, seu convencimento se multiplicaria por cem, por mil, de modo que o entusiasmo de sua colega não o deixou especialmente animado. De certo modo ele o havia previsto, e, além disso, a tão aguardada visita de Cat foi minimizada por outro encontro que Jordi tivera pouco antes.

— Este é o meu irmão Shamsur — disse Khalil uma manhã em Ayun. E o fez de modo um tanto protocolar, já que Jordi e Shamsur já haviam se visto várias vezes, se bem que aquela foi a apresentação "oficial". Havia um bom motivo para isso.

Jordi entrou no jogo. Pôs para a frente o *pakhol* e apertou a mão do moleque de nove ou dez anos, nem sequer seu irmão se lembrava de quantos anos ele tinha, louro e de olhos verdes, metido numa *shalwar-kamize*.

— Ora, então você é o famoso Shamsur — disse Jordi em inglês, o garoto já falava alguma coisa. — Khalil me falou muito de você. Gosta de cavalos?

— Um pouco.

Shamsur não sabia para onde olhar. Khalil e seus pais o haviam avisado de que aquele homem o educaria, teria de viver com ele.

Pelo visto, a dupla de estrangeiros que o acompanhava logo voltaria para a Europa, e Jordi também precisaria de alguém que o ajudasse com as coisas de casa.

— Eu gosto muito — acrescentou Jordi. — Sou um grande fã do polo, e vocês aqui têm os melhores cavaleiros.

— Os argentinos são muito bons.

— Ora, você sabe do que estou falando.

A pobreza, a impossibilidade de oferecer o mínimo de educação ao filho e a confiança que Khalil depositava em Jordi haviam convencido os pais a deixar que Shamsur fosse morar com o caçabarmanus. Em troca de manter a casa em ordem e cozinhar de vez em quando para ele, Jordi agiria como seu professor. Ensinaria francês, inglês, e a partir daí lhe entregaria seus livros.

Na primeira noite em comum, depois de terminar uma refeição preparada pelos dois, Jordi sentou-se em sua cama, e Shamsur desabou pela primeira vez na sua, do outro lado do pequeno quarto. Jordi falou da grandeza dos ancestrais kafires de Shamsur, de seus estreitíssimos vínculos com os kalash e do direito de sua gente de resgatar o status perdido.

— Eu quero que você seja um grande homem, um grande kafir do Nuristão. Quando for possível, vou matriculá-lo numa escola, e você vai viajar comigo à França para conhecer outras formas de viver. Gostaria que um dia você pudesse voltar à sua terra para ajudar sua gente.

Jordi discursava sem saber muito bem se o menino captava tudo o que ele dizia, mas convencido de que estava compreendendo a essência de suas palavras.

— De onde você é? — perguntou Shamsur.

— Sou de uma cidade chamada Valence. Logo, sou valenciano. E, portanto, catalão. E, portanto, espanhol.

Teria continuado a dar-lhe lições sobre a importância de classificar as pátrias, de saber por qual bandeira lutar primeiro, mas achou melhor não arranjar confusão. Esse tema era meio espinhoso. Às vezes se enredava em dissertações que o confundiam e que não sabia rematar ao perceber que estava se contradizendo. Mas que culpa tinha de simpatizar com a Falange e até admirar Primo de Rivera e ao mesmo tempo detestar Franco e a Igreja? Não, já havia passado por essa discussão interminável; além do mais, chega, era preciso falar claro com Shamsur.

– É bom ter pessoas em quem acreditar – disse Jordi. Shamsur olhava-o impassível. – Pessoas que, ao pensarmos nelas, nos transmitam energia, força.

– Em quem você pensa? – perguntou o menino.

– Nos romanos. Eles construíram uma sociedade sólida porque confiaram nos mais bem-dotados. Nada de coleguismos nem favores. É preciso uma elite que governe. Mas uma elite de verdade.

Semicerrou um punho diante dos lábios e imitou o som de uma trombeta interpretando o hino da Espanha.

– Você gosta dos hinos, Shamsur?

– Não sei. O que são os hinos?

– A música que representa os países, as equipes.

– Não sei.

Shamsur começou a assoviar uma melodia que costumavam tocar no rádio, e Jordi, rindo, o acompanhou. Logo foram dormir.

De manhã bem cedinho, Shamsur percebeu movimento. O sol já se infiltrava pelas finas cortinas diante das janelas, e, ainda sonolento, ele viu que Jordi, confuso na escuridão, abria a porta situada numa lateral. Foi banhado por um imenso jorro de luz. Do centro daquele resplendor, Jordi ergueu o braço em seu ritual típico, disse umas palavras em latim e concluiu com uma frase em espanhol que depois Shamsur compreenderia:

— Quero ser um ser humano.

Shamsur ficou muito impressionado. Tinha começado a admirá-lo.

— Vá se lavar e se pentear, ande. É preciso se mostrar apresentável — ordenou Jordi ao vê-lo acordado.

Cuidar de Shamsur e educá-lo haviam se tornado sua prioridade imediata, embora Valicourt seguisse rastreando os vales. Ele já fizera sua parte, não?, havia bancado o bom anfitrião, dado os conselhos necessários à amiga... e, afinal de contas, Cat iria embora dali a poucos dias, tal como aqueles mal-agradecidos dos irmãos L'Homme. Quando todos tivessem sumido, Shamsur continuaria a seu lado. Aquele moleque passara a ocupar o futuro iminente, e deviam se preparar para enfrentá-lo.

— Pegue o que precisar — disse a Shamsur —, vamos passar uns dias em Islamabad.

E viajaram para a capital com o pretexto de pôr em ordem alguns documentos e com o objetivo de fazer com que o garoto fosse se habituando à vida urbana.

Cat é uma mulher zelosa de sua independência, e assim trabalhou à vontade sem problemas nem queixas em relação a um Jordi igualmente autônomo. A verdade é que a amizade dos dois saiu reforçada, e após o regresso de Cat à França, eles trocaram uma carinhosa correspondência.

Em julho, aterrissou o repórter Pascal Sutra Fourcade com suas câmeras.

— Está preparado para procurar o barmanu? — perguntou Jordi a Shamsur. Conversavam bastante sobre homens selvagens.

— Eu vou com você — disse o menino. — Mas centenas de pessoas já foram atrás dele, até meu pai, e ninguém nunca o encontrou.

— Ele está aí fora, Shamsur, pode crer. Está sim.

– Tá bom, tá bom.

Yannik e Erik já haviam se despedido. Durante seus últimos dias em Chitral, os irmãos dedicaram-se a recuperar o peso perdido nas expedições.

– Estamos parecendo uns cadáveres – disse Erik ao se ver de corpo inteiro num espelho quando retornou a Chitral. Subiu numa balança. Deixara dezoito quilos naquelas montanhas.

Hoje, Yannik é pai de família. Erik possui a nacionalidade da Terra do Fogo.

Para aparecer na TV, Jordi vestiu as calças de camuflagem, canivete no cinto, óculos de alpinista, pegou o fuzil. Esse seria ele para o mundo. Talvez porque ele fosse esse. Ao menos, o uniforme o fazia se sentir não só incrivelmente à vontade, mas também o homem que sempre quis ser, alguém diferente e, por que não dizê-lo, grande. Grande.

Partiram com a lista costumeira de nomes de pessoas que diziam ter tido encontros com barmanus. Alguns tinham sido entrevistados por Jordi sete anos antes. Outros o seriam pela primeira vez.

O câmera gravava direto, procurava ângulos favoráveis borboleteando sem parar ao redor do grupo. Sua presença deixou Jordi meio estressado, aquela perseguição tinha um não sei quê de averiguação que o desagradava profundamente ao mesmo tempo que, devia reconhecer, lhe alimentava a vaidade.

Em *Sur la piste de l'homme sauvage* (*No rastro do homem selvagem*), o documentário que anos depois a cadeia Arte veicularia, vê-se o pequeno Shamsur aproximar-se da casa de um gudjar. Naquelas montanhas, os desconhecidos arriscam-se a receber um tiro, a não ser que sejam crianças. Shamsur cumprimenta uma mulher na soleira da porta, lhe pede água e apresenta Jordi, que aguarda a uma distância prudente. Algumas casas de gudjares se localizam em encostas acentuadíssimas e pedregosas, onde a névoa é frequentemente constante. Divisam-se lugares só acessíveis a cabras, mas onde também vivem pessoas fiéis a um estilo primitivo. Sabem escutar os abismos que os cercam, usar as mãos, procurar e preparar comida. Viram criaturas e experimentaram situações que aos olhos da cidade podem parecer incríveis. Também vivem em outra temperatura, o que Jordi, tão avesso ao calor, agradecia, especialmente no verão. À noite, acendiam fogueiras à luz da qual o aventureiro fazia suas 63 perguntas antes de mostrar a enfiada de desenhos de supostos barmanus para que cada pastor identificasse mais ou menos seu *homem*.

Purdum Khan já fora entrevistado por Jordi quase sete anos antes e desejava comprovar a solidez de seu relato. Havia uma câmera filmando.

— Eu o vi de repente porque o vento batia no meu rosto e o cheiro me alertou. Estava lá embaixo, na montanha, sentado, preparando-se para comer. Remexia no solo umas coisinhas que levava à boca. Era forte. Tinha cabelos compridos que lhe caíam sobre os ombros. Estava agachado ali, ali, bem à minha frente. Quando se deu conta de que não estava só, agarrou uma pedra, se levantou e foi embora. Foi meu cão que o fez fugir, descia da montanha com o rebanho.

Segundo Purdum Khan, isso se passara fazia dez anos. As versões coincidiam. Mas agora vinha o mais difícil: Jordi repetiu o questionário:

— Tinha o aspecto de um homem?

— Sim. Os pés e as mãos como um homem. O nariz também como um homem.

— Como era comparado a você?

— Devia ter a minha estatura [1,80m], mas era mais gordo. Pés grandes.

— A que distância você estava?

— Bem ao lado. Eu ali, e ele um pouco mais embaixo [o pastor abre os braços].

— Seu corpo estava nu ou coberto por alguma coisa?

— Pelos.

— Vestido?

— Não.

Fez uma pergunta-armadilha para ver se o gudjar repetia a resposta anterior:

— E de que comprimento era o cabelo?

— Caía-lhe pelos ombros.

E assim foi perguntando, sobre o tamanho do nariz, dos olhos, dos dentes... Purdum Khan respondeu da mesma forma como anos antes, ainda que com menos detalhes.

Mohamed Khan foi entrevistado outra noite após cantar junto à fogueira crepitante.

— Estava ali, a uns doze metros, perto da minha cabana, ao lado de uma nogueira.

[...]

— Estava de quatro ou em pé?
— Sobre os pés, já disse. Como um homem.
— Depois de vê-lo, o que você fez?
— Fui embora, claro.
— Não tentou segui-lo?
— Por quê? Já sabia o que era. E tinha de cumprir o ramadã. O barmanu viu um homem e foi embora. O que eu podia fazer?
[...]
— Qual a cor da pele dele?
— Era noite. Tinha a cor da noite. Eu não tinha lanterna, não havia luz. Negro, parecia negro.
— Disse que ficava em pé como um homem.
— Um pouco inclinado para a frente. Tudo o que vi foi um homem. O que mais você quer? Se tivesse trazido um fuzil...
[...]
— Depois de eu ter contado tudo isso, você poderia me dar esse binóculo? — disse Mohamed Khan no fim da entrevista.
— Se quiser, eu lhe compro uma cabra e comemos a carne, mas o binóculo não posso lhe dar.

O pastor aceitou. Degolaram e esfolaram uma cabra, derramando o sangue em buracos para que os cães o bebessem. Jordi comeu com apetite, satisfeito com o resultado das pesquisas. Preocupava-o um pouco apenas a evidente hostilidade de Shamsur para com Pascal Sutra. Por um lado, o garoto não estava acostumado àquele ritmo de viagem e terminava os dias arrasado; por outro, não suportava muito bem que o repórter se comportasse como se conhecesse as montanhas melhor que ele e, além do mais, que tentasse monopolizar a atenção de Jordi. *Seriam ciúmes? Enfim, logo isso vai passar.*

A névoa encobriu os montes durante vários dias. Os raríssimos pastores que encontraram não estavam de bom humor, estaticamente atentos aos sons, implorando que nenhuma de suas cabras se extraviasse em busca de erva fresca ou despencasse pelos abismos.

Um deles, Ilal Khan, concordou em esquecer a névoa por umas horas para responder ao questionário. Jordi havia colhido cinquenta testemunhos em sete anos, mas o de Ilal Khan seria um dos mais alentadores.

— E o nariz? Como era?

— Largo. E comprido. Muito largo. Com grandes fossas abertas. Parecido com um nariz de tadjique.

— E os dentes?

— Não eram grandes. Tinha uns caninos brancos. Não como de cão, eram pequenos.

Os caninos pequenos assemelhavam a criatura aos homens. Quando Jordi espalhou seus papéis pelo chão, o homem esticou umas de suas mãos estriadas para o desenho de um australopiteco: o mesmo que tinha sido apontado pelo pastor Mohamed Khan.

Cat ficou impressionada. Quando Ilal Khan indicou o local exato onde havia visto o barmanu, um daqueles lugares a que descem as populações que sabem caçar e conhecem os vegetais comestíveis, com águas das últimas nevadas, cogumelos, *pikas*, esses pequenos coelhos, e grandes lagartos, a cientista encaixou peças, tudo combinou. Qualquer antropólogo ou geneticista urbano descartaria aquelas provas considerando-as fabulosas, mas o que era a pré-história senão uma paisagem mental? Como um cientista se atrevia a julgar o que diziam ter visto dezenas, talvez centenas de pastores nativos? Quem na realidade tinha mais imaginação? A verdade é que Valicourt pedia aos cientistas que fizessem um esforço para entender as fantasias alheias, convencida de que uma ciência sem imaginário era uma ciência sem inspiração.

De manhã, encheram de novo as mochilas, amarraram as correias de Gorki e Fjord e enfrentaram os riscos, de volta a Chitral. Na reportagem do Arte, vê-se Fjord escalando, marcando o caminho por terrenos abomináveis. Em determinado momento, precisam afrouxar as correias para que o cão possa vencer uma parede muito escarpada. Nunca vi nenhum animal comparável. Era único.

Maravilhoso. Os elogios a Fjord são gerais. Todos os que o conheceram lhe atribuem faculdades extraordinárias e compreendem por que Jordi o levava a toda parte.

— Por que o Fjord dorme dentro de casa, em lugar de ficar fora com os outros cães? — certa vez lhe perguntaram.

— Ele não dorme do lado de fora para vigiar nada porque vale mais que tudo o que há dentro junto — respondeu Jordi, em cujo universo afetivo Yannik e Erik haviam começado a dar entrada a um cão e a um menino.

— Como você o conseguiu? — perguntou Pascal Sutra afagando a cabeça de Fjord, que descia uma encosta com cuidado, mas firmemente.

— Procurando.

Fjord sintetizava o apreço de Jordi por personagens poderosamente excêntricos. Antes de escolher os cães que levaria para Chitral, havia consultado várias revistas caninas. O husky siberiano surgia como a vedete indiscutível entre os cães de montanha, e isso não o agradou. Havia huskies por todo lado, como se aquela linda pelagem rematada por espetaculares olhos azuis, sua fortaleza e sua sociabilidade houvessem eclipsado todas as demais raças. Quem já não ouvira falar dos fantásticos huskies? Mas quanta gente era capaz de nomear outros cães que pudessem competir com eles? Um candidato se apresentou precisamente numa grande foto de revista de página dupla: o malamute-do-alasca.

Fjord era um malamute-do-alasca típico. Tranquilo, digno, independente, com um temperamento exigido por um modo de vida singular. Seus antepassados provinham do polo Norte, devendo-se o nome da raça à tribo esquimó dos malamutes, cuja vida dependia da potência desses cães para puxar os trenós, e que chegavam a lhes confiar os cuidados de seus bebês. Caçadores de todos os tipos, traficantes de ouro e peles, exploradores, como o próprio Amundsen, também se valiam de seus serviços.

"O rei de sua categoria", leu Jordi. Um cão que não tivera contato com o progresso, sem cruzamentos sanguíneos, preservando sua natureza primitiva. Daí que seu olfato e senso de orientação ainda lhe permitiam detectar rastros na neve até durante as tempestades, podendo sobreviver a cinquenta graus abaixo de zero graças a um espesso manto de pelo lanoso, às orelhas pequenas forradas de pelo isolante e a um metabolismo concebido para economizar ao máximo energia. "É belicoso com seus congêneres", leu. "Tem má fama porque late e uiva." "A fuga é muito atraente para ele, dado seu temperamento."

Quando, no final do verão de 1992, Jordi viu Fjord no canil do SOS Husky, não teve dúvidas. Pagou à Association Sésame os quinhentos francos que custava sua adoção e em dezembro lhe entregaram o documento no qual ele figurava como dono do animal que um dia lhe salvaria a vida.

XVII

De regresso a Chitral, Jordi necessitava de dinheiro. Em julho, havia pedido a Andrés que lhe mandasse pelo menos quinze mil francos, e seu irmão, como sempre, atendeu. De qualquer modo, não convinha se acostumar a uma vida financeira baseada em quebra-galhos. O inverno era longo e suas economias não dariam para enfrentá-lo, e então falou com vários colegas residentes em Peshawar, a cidade grande mais próxima. Acabou entrando em contato com o representante da Alliance Française no Paquistão, que lhe ofereceu trabalho como professor de francês.

— Mesmo eu não sendo francês?

— Você viveu na França a vida toda, fala francês... — respondeu o representante, Maurice Lévêque.

— Sim, mas eu sou espanhol.

— Você poderia se naturalizar francês...

No Museu de História Natural lhe haviam feito essa mesma proposta meses antes, afirmando que com a dupla nacionalidade seria muito mais fácil incluí-lo nos projetos financiados pela França e reservar-lhe um salário. Jordi deu a mesma resposta:

— Não vou fazer isso. Estou muito bem desse jeito.

— Era só uma ideia, na verdade não tem importância. Você também pode trabalhar assim na Alliance.

E não só isso. Como o diretor da sede de Peshawar planejava deixar o emprego em breve, Lévêque viu em Jordi um sucessor adequado: falava línguas indígenas, dominava a geografia, conhecia muitos costumes tribais e era um homem refinado. Lévêque confiava também em sua inteligência e capacidade para trabalhar ao lado dos pachtun. Além do mais, não era nada fácil encontrar um diretor para aquela vaga com um salário local.

— Você começa em novembro, e, correndo tudo bem, dou-lhe a minha palavra de que em março será nomeado diretor da Alliance em Peshawar.

— Bem... imagino que devo me alegrar, não? O pagamento não é nenhuma maravilha.

— Como você sabe qual é o salário de diretor?

— Maurice, aqui tudo se sabe...

Lévêque sacudiu uma poeirinha dos ombros da camisa. Deu uma olhada no calendário.

— Não se preocupe, você vai receber um pouco mais. Vai ter um salário digno.

— Quanto?

Jordi calculou. Teria de passar uma boa temporada longe das montanhas, mas, se aguentasse o suficiente recebendo os quinze mil francos mensais combinados (uns 2.200 euros), pouparia o bastante para retomar a pesquisa nos vales com algum desafogo.

— Você sabe de alguma casa em Peshawar?

Anotou as sugestões de Lévêque numa folha de papel dobrada em que foi acrescentando endereços e telefones fornecidos por colegas. Ao lado às vezes registrava uma que outra característica da casa recomendada, como: "jardim grande"; "quatro quartos"; "dois banheiros"... Quando marcou a primeira visita, em Cantonement, bairro residencial de Peshawar entrou no carro. Em vinte minutos chegou ao destino, mas ficou rodando uma hora e meia pela região. Queria sentir o ambiente, verificar outras opções. As sedes das ONGs serviam de referência para não se perder, já estivera em muitas delas. De qualquer forma, ficou surpreso com a quantidade de ONGs e embaixadas, não achava que houvesse tantas. Falava-se muito da invasão europeia na Ásia Central nos últimos anos, mas só dirigindo assim era possível avaliar melhor a dimensão do *boom*.

Nos dias que se seguiram, ele alternou as visitas a casas de Peshawar Cantonement com visitas às de outra área residencial das imediações, University Town. Pequenas fortalezas. Certamente os estrangeiros podiam caminhar tranquilos com todos aqueles guardas armados. Parou o carro diante do endereço que estava no papel. Um muro enorme ocultava o interior de uma propriedade da qual só se divisava o telhado de uma casa. Gostou da calma do lugar. Ao sair, deixou o contrato apalavrado. Ele se instalaria em University Town.

O rumor do iminente ingresso do Homem que Caçava o *Yeti* na Alliance logo correu pela comunidade internacional, para a qual Jordi já figurava como um autêntico personagem. Os que desconfiavam que a história do barmanu não passava de um disfarce viram nesse contrato a prova definitiva. Quem ia engolir que um caçador de mitos pudesse se alçar a semelhantes alturas diplomáticas? Alguns criticaram publicamente a cientificidade de seu projeto e o atacaram de um modo que ele considerou hostil e agressivo.

Enquanto preparava a mudança em Chitral, recebeu carta de Cat. Alguém abrira o envelope. Como ousam?! Foi atrás do carteiro.

— Eu não toquei em nada, mister Jordi. Já me entregaram assim.

É claro que não podia culpar o sujeito. E tampouco tinha sentido protestar nos Correios, ninguém daria a mínima, aqueles burocratas não suportavam críticas, e menos ainda de um estrangeiro. Mas a quem interessaria xeretar sua correspondência? Deu tratos à bola, mas não por muito tempo, porque entre todas as hipóteses sobressaía a realidade de que vários professores do Museu de História Natural tinham começado a manter contatos com membros da Alliance. Os malditos acadêmicos sabiam que ele estava se aproximando de algo e não iam permitir que um pobre "baixinho imigrado", um morto de fome, expusesse daquela forma todo o aparato pesquisador francês. Mas que filhos da mãe! De que eram capazes os cientistas para aparecer? Tratava-se de uma batalha, sem dúvida. Será que sua vida corria perigo?

Desassossegado pela possibilidade de que os comparsas do insigne Yves Coppens estivessem conspirando para chegar à frente na descoberta do barmanu, permanecia ainda totalmente alheio às verdadeiras forças que a partir daquele momento acabaram por se lançar em torno dele: as da contraespionagem paquistanesa. Os agentes do ISI nunca mais largariam do seu pé.

Seja como for, seria preciso muito mais que um envelope aberto para amedrontá-lo. Pegou uma esferográfica e no verso de uma folha de papel usada começou a escrever a carta de resposta a Cat na qual expressava sua satisfação com o novo emprego e as oportunidades que lhe oferecia:

> Estou feliz também com a ideia de trazer Shamsur definitivamente comigo. Ele está louco de alegria com a ideia de vivermos juntos, e eu lhe disse que me sinto muito ligado a ele. Ele agora está em casa, e eu sinto tremendamente sua falta. Esse garoto me adotou, e, em consequência, eu também o adotei. Depois que Pascal se foi, ele tem se mostrado extraordinariamente sensato e simpático, voltou a ser normal. A verdade é que hoje em dia não quero me separar dele. Fiz o que era preciso para matriculá-lo como aluno dos cursos por correspondência da CNED. É a solução ideal: não terá de ir à escola, e eu poderei educá-lo do meu jeito. Já tenho o sinal verde da família. Fico até comovido com a estima que sua família tem por mim.

Andrés foi passar férias em Chitral e presenteou o irmão com o cachimbo de madeira branca que comprara de uns andarilhos ucranianos durante o espetáculo de dança que tinham dado em Valence. Naqueles dias, Jordi fumou novamente cachimbo.

Após um outubro cumprindo o papel de perfeito anfitrião, despediu-se de Andrés. No carro, voltando para casa, acendeu um Pree e com o sabor amargo do tabaco ainda no paladar começou a separar as roupas e os utensílios que levaria para a nova casa na cidade grande, onde também iria procurar escola para Shamsur. Os cursos por corespondência não funcionavam, é claro, aquilo era uma ilusão, quem iria deixar o menino tantas horas sozinho se ele se distraía com qualquer coisa?, faltava ainda educar sua vontade. Mas como reagiria Shamsur à ideia de ir para um colégio? De qualquer modo, não havia alternativa. Tudo bem, ele logo se adaptaria. Já era hora de o menino se integrar à dinâmica dos demais, seguramente isso também não lhe custaria tanto assim, as crianças são muito flexíveis.

Viajou para Peshawar. Durante essa fase de preparativos, convidaram-no várias vezes para festinhas em casas de estrangeiros, suas aventuras e seus "causos" alegravam as reuniões. Tinha uma aura contagiante, sua inteligência propiciava conversas entre desafiantes e divertidas, era um animador que exacerbava o romantismo de uma comunidade que se rendia às personalidades exóticas. Conhecia os desejos de sua plateia e estava disposto a satisfazê-la. Com ele ninguém ficaria entediado. O que estaria inventando para a próxima noite?

Certa noite apresentou-se com uns óculos de montanha que causaram sensação. Os expatriados aproximavam-se das lentes para se verem refletidos nelas. Um cônsul pôs a língua para fora vesgueando a centímetros do vidro. Uma secretária deixou a marca de um beijo lascivo. *Nossa, finalmente alguém especial,* pensou Marie-Louise Marie France, enfiada num sofá do qual estava com dificuldade para sair. A secretária havia chegado à Ásia para ficar três meses e fazia mais de dois anos que assistia a um desfile de criaturas dos mais variados tipos.

Quando Jordi começou a fazer graça e a contar histórias das montanhas, Marie-Louise se convenceu da extrema originalidade daquele sujeito. Seu aspecto e as histórias que contava eram tão diferentes... Parecia literalmente de outro mundo. Todos o escutavam com a maior atenção, e as mulheres mais ainda. *Não devem lhe faltar amigas. Todas estão encantadas com ele*, pensou uma Marie-Louise absolutamente fascinada. Tomando coragem, ela se levantou do sofá e foi direto fazer um brinde sem álcool com o desconhecido.

Em 12 de dezembro, no seu primeiro dia de trabalho, Jordi cumprimentou o segurança do prédio da Alliance e atravessou o umbral. Vestia terno e gravata, o cabelo partido para o lado, sapatos que usava na França para ir a festas. Não se sentia bem naquele traje, mas relaxou um pouco ao lembrar a cara de Shamsur quando viu a calça curta, a camisa e a gravata que teria de vestir em seu novo colégio de estilo inglês.

Jordi se apresentou perante os novos companheiros sem muitos preâmbulos, começou a organizar a papelada, e, quase sem se dar conta, o expediente havia terminado. Nada mau para uma estreia. Tinha forças e ânimo de sobra, talvez ainda desse tempo de ir falar com Marie-Louise no escritório da Madera, a ONG onde ela trabalhava. De carro, cinco quilômetros não são nada... Não, melhor não. Também não se tratava de estar em todos os lugares nem de incomodar ninguém. Marie-Louise lhe havia causado uma ótima impressão, mas os dois tinham acabado de se conhecer e ele só queria conversar, nada mais, as coisas se confundem muito depressa... Mas bem que poderia dar um telefonemazinho para ela.

Marie-Louise pegou o telefone enquanto conferia um balancete. Ao ouvi-lo, seu rosto se iluminou. Depois de trocar algumas frases, Jordi disse:

— Deviam usar você para fazer publicidade da ONG. Que sorriso!

— Mas você não está me vendo...

— Não preciso. Que tal irmos assistir à próxima fita da Alliance?

O encontro correu muito bem. Jordi se sentiu bem à vontade para lhe confiar um pouco de suas ideias para o futuro, algum sonho. Como lhe agradava aquela garota cheinha e tão falante que nem o fato de ciciar intimidava! A secretária também encontrou um interlocutor em Jordi, descobriu nele alguém que a escutava. Desde então, a dupla se mostrou assídua nas sessões de cinema das sextas-feiras na Alliance. Marie-Louise ajudou-o a se familiarizar com o pessoal e a se sentir aceito pela comunidade estrangeira. Quando o apresentava a alguém, Marie-Louise desatava uma ladainha elogiosa que denunciava seu enorme apreço. Para ela, Jordi era simpático, imaginativo, tenaz, um *chef* requintado, divertido, e admirava sobretudo sua concepção aventureira da existência. Eram tantas coisas... que encontrou coragem suficiente para fazer sua proposta:

— Jordi... eu andei pensando... você bem que podia me alugar um dos quatro quartos da sua casa.

— Problemas de dinheiro?

— Você sabe que o meu contrato de trabalho está para expirar...

— Você não me disse que iam prolongá-lo por mais três meses?

— É, mas a questão é que o meu contrato de aluguel também está vencendo e, se eu quiser renová-lo, serei obrigada a assinar no mínimo por um ano. Sabe como é, coisas de Peshawar.

— Ah, Peshawar, Peshawar — disse Jordi, com olhos vagos. — Você pode ficar lá em casa o tempo que precisar.

Marie-Louise é uma mulher rotunda, de baixa estatura, seu cabelo oscila entre o look afro e o ondulado. Muitos paquistaneses a consideravam japonesa por causa dos olhos rasgados, ainda que ela se autoproclame "misturada. Meu pai tem sangue bretão e da Martinica. Minha mãe, russo e francês. Eu sou um quarto negra e três quartos branca. Sei o que é a diferença".

Ela atualmente mora no bairro de Château Rouge, um pedaço da África que os mapas situam em Paris. Nas barracas de Château Rouge encontra-se de tudo, desde batatas de Camarões a produtos de lojas de perucas e tâmaras amontoadas sobre engradados de cerveja que servem de vitrines improvisadas. Claro que também há espaço para bananas americanas, lavanderias chinesas e pregadores católicos que soltam a voz defronte da mesquita Al Fatah observados por mulheres que carregam cobertores e cântaros na cabeça vestidas à moda do Congo ou de Uganda.

As estantes do apartamento parisiense de Marie-Louise guardam múltiplos livros de viagens. Lá estão Naipaul, Theroux, Bouvier, Kapuscinski... Ela própria viajou o mundo inteiro, mostra fotos suas no Laos, na China, leu e experimentou até onde pode chegar a rejeição aos forasteiros. Por isso não lhe pareceu tão estranho, conquanto mesquinho, sim, o ataque desencadeado contra seu amigo ao longo daqueles meses.

— Eu bem que avisei — disse Marie-Louise na sala de jantar, caminhando, como Jordi, de um lado para outro. De vez em quando os dois se cruzavam. — Não confie, e fique de olho na marroquina, olho na marroquina. Mas você nada... Como sempre, na sua.

— Nunca pensei que chegaria a tanto...

— Como, se você estava sempre se queixando dela? Era Myriam isso, Myriam aquilo.

Jordi desconfiava que a marroquina fazia intriga dele desde que o tinham anunciado como o futuro diretor, cargo a que ela aspirava. Com suas maneiras delicadas, a filha da puta estava era promovendo uma tremenda campanha de descrédito, mas daí a se aproveitar da relação que ele mantinha com o pequeno Shamsur para acusá-lo de pedofilia...

O único que poderia pôr fim àquela barbaridade era seu supervisor, e precisava agir logo, essa questão não podia esperar. No dia seguinte pediu para falar com Lévêque.

— Você não vai fazer nada, Maurice? — quis saber. — É muito grave, você precisa intervir.

— Não faça caso. Nem sequer você sabe comprovadamente se é ela que anda difundindo esse boato.

— Como você gosta de dizer isso.
— Cafres?
— É.
— É preciso chamar as coisas pelo nome.
— Vai ver é você que é cafre.

Começaram a rir, não havia como não fazê-lo com Farooq, que bom era aliviar o peso de outra jornada burocrática e ganhar novo ânimo para prosseguir. Não que desgostasse do emprego, mas sentia muita, muita saudade das montanhas. Bem, ao menos ganhar dinheiro e educar Shamsur, isso justificava o sacrifício. Ria com Farooq. Justificava mesmo? A verdade é que Shamsur não estava muito disposto a colaborar.

— Não quero ir para o colégio. Não tenho nada a ver com aqueles bocós.
— Mas você quer ir à França, não quer?
— Claro.
— Então vai ter de estudar francês para falar com as pessoas de lá. Vá, vá se pentear que já estamos indo.

Essa conversa, praticamente idêntica, repetia-se com frequência. Às vezes Jordi precisava arrastá-lo até o colégio, mas, em geral, Shamsur arrumava a pasta, punha a calça curta, a gravata e fazia sua parte. Até que um dia empacou.

— Não quero ir.
— Ande, deixe de bobagens. Vamos chegar atrasados.

Shamsur não se mexeu. Jordi insistiu. Várias vezes.

— Oooh, estou achando que você vai.
— Não.
— Acho que sim, estou achando.

Jordi o agarrou pelo braço e puxou. Shamsur resistiu com êxito, estava crescendo. Não havia jeito de tirá-lo do quarto. Não gostava de ir à escola, era livre, ao menos se considerava livre. Não queria que Jordi nem ninguém ficasse atrás dele. Os nuristaneses

...em no campo e é lá que aprendem a viver, será que não dava para ele entender isso?

Jordi o soltou, saiu do quarto e voltou com dois pedaços de pau que serviram para trancar a porta. Shamsur se assustou para valer. Jordi começou a dar-lhe uma surra com a mão aberta; o que é que aquele pirralho estava pensando?

— Você sabe o que é disciplina? – gritou. – É isto!

E deu-lhe um bofetão.

— Disciplina!

Ante uma nova arremetida, Shamsur se encolheu, de modo que a mão o atingiu na cabeça. Jordi o segurou por um braço para melhor garantir os golpes e continuou com a chuva de sopapos, um que outro pontapé, imprecações.

— Mas é claro que você vai para o colégio!

Quando terminou, Shamsur estava com diversas partes do corpo avermelhadas, algumas manchas roxas, e havia reconsiderado sua postura.

Esta é a melhor recordação que tenho de Jordi. Queria me obrigar a ir ao colégio, queria que eu estudasse. Foi como um irmão mais velho para mim. (Shamsur.)

Uma tarde, antes do final do inverno, Jordi decidiu fazer uma desintoxicação do dia de trabalho perambulando pelas ruas de Peshawar. Não tirava a família da cabeça, especialmente Andrés, seu companheiro incondicional, tinha até contraído hepatite para estar com ele. Entrou numa loja onde se vendiam relógios que reproduziam desenhos de aviões e comprou um em forma de Zero – o famoso caça japonês – e outro inspirado num aparelho russo. Com certeza Andrés gostaria.

Foi em busca da moto. Ao montar no selim, deu uma olhada ao redor. Não viu uniformes e sentia vontade de chegar logo em casa, mas arrancou em velocidade prudente, a polícia andava multando sem contemplação.

Horas antes, Marie-Louise vira três cabritos fuçando o lixo, e se perguntava se algum dia o governo encontraria uma forma mais profissional de limpar os dejetos de rua. Entrou no ônibus que ligava o escritório de Madera à sua casa em University Town. Ia cheio, como sempre. Ajeitou-se na parte dianteira, destinada às mulheres, e superaquecida pela radiação do motor. Levou os costumeiros vinte minutos para chegar ao bairro, caminhou alguns metros e, ao entrar em casa, viu que havia revistas e jornais por todo lado. Algumas páginas estavam recortadas. Alguém tinha eliminado as fotos em que apareciam mulheres.

Chamou o empregado.

– Fui eu, sim – disse o afegão, que tinha cerca de vinte anos. – Essas imagens não são permitidas.

A arrogância do jovem criado tornou-a ainda mais consciente de que não deixava de ser apenas uma-mu-lher-no-Pa-quis-tão. Melhor não discutir. Esperaria reforços.

Quando Jordi chegou, as publicações haviam sido razoavelmente arrumadas, mas Marie-Louise contou-lhe o ocorrido. Jordi folheou várias revistas e jornais tomado de uma indignação que retesava seus dedos. O empregado não estava por ali. Em vez de chamá-lo, foi direto ao seu quarto, entrando sem avisar. Encontrou-o estirado na cama, de boca para cima, olhando as fotos, que pregara na parede.

Jordi se descontrolou:

– Onde você pensa que está? Esta casa é minha, seu filho da mãe! Imbecil! Você trabalha para mim, e aqui se obedece à minha lei! À minha lei!

E começou a empurrá-lo e a bater nele. Marie-Louise correu até o quarto ao ouvir os gritos. Pensou que queria matá-lo. Ela bem que gostaria de intervir, mas a ira de Jordi a amedrontava. O rapaz não conseguia fazer frente aos golpes implacáveis de uns braços cuja musculatura era infinitamente mais poderosa que a sua, ainda que as pancadas que recebeu, conquanto duras, tenham sido cuidadosas.

– Saia daqui! Não quero ver você novamente. Está demitido!

Depois, sentou-se na sala de estar com Marie-Louise. Escutavam-se respirar mutuamente. Jordi tirou a gravata, continuava de paletó.

– Cuidado com os afegãos, vão se voltar contra você – disse Marie-Louise. – Sabe como é, se você faz alguma coisa contra eles, daí a duas semanas seu carro desaparece, ou acontece alguma desgraça. Tome cuidado, Jordi, tome cuidado. Ainda que possa parecer, você não está na sua casa.

Marie-Louise falou devagar e olhando atentamente para ele. Quantas vezes lhe dissera exatamente a mesma coisa? E nem pelota. Por que não escutava? Era um cabeça-dura, daqueles bem, mas bem teimosos.

Jordi pegou o último número do *Le Monde Diplomatique*, se trancou no quarto, deixou os aviões que comprara para Andrés sobre a mesinha de cabeceira, jogou o paletó em cima de uma cadeira e se atirou na cama. Naquela situação havia um toque de perseguição. *Estão querendo me encurralar.* A tendência à paranoia lhe permitia adiantar-se às situações, às vezes cometendo erros, às vezes simplesmente se equivocando por completo, mas quase sempre obtinha a vantagem de chegar primeiro a determinado ponto, de maneira que, quando o futuro se apresentava, de algum modo Jordi já havia pensado nele e tinha uma resposta a dar. Fosse como fosse, aquilo ameaçava se complicar.

Jordi acabava de ser confirmado como diretor da Alliance em Peshawar, mas a marroquina continuava difamando-o, e Lévêque não ia detê-la.

— Procure ir fazendo tudo direitinho e esqueça a boataria – disse-lhe o delegado. – Tem muita gente de olho em você.

— O que está querendo dizer?

— Ora, não se faça de bobo – respondeu Lévêque, retirando-se sem responder.

Manuseando o exemplar do jornal jogado sobre a cama a seu lado, Jordi reconheceu que Lévêque tinha certa razão. Um novo diretor deveria ser muito tolo para não se dar conta de que o cargo o deixava na mira do ISI, os serviços secretos do Paquistão, que atribuíam à Alliance funções muito além das culturais. Já não ouvira histórias suficientes de espiões? Uma das que mais o haviam impressionado fora a daquele francês que trabalhava na embaixada da França e que tinha um empregado paquistanês. Um dia, ao retornar da embaixada, o francês encontrou sua casa toda revirada e o criado assassinado no banheiro. O homem estava certo de que tinham sido os serviços secretos, repetia que ao tentar obter informação do criado a respeito de seu chefe, ou seja, ele próprio, os caras do ISI tinham exagerado e tinham acabado por matá-lo.

E os relatos desse estilo só aumentavam. Era habitual que alguns governos regionais acusassem de espiões estrangeiros cuja presença se mostrava incômoda. O argumento ideal para sua imediata expulsão.

A capa do *Le Monde Diplomatique* que Jordi manuseava ainda deitado anunciava uma reportagem sobre o aumento de barbudos no Paquistão. E o pior era que esses radicais estavam impondo normas que faziam minguar ainda mais as já por si bastante limitadas liberdades. Como esse islã tinha tão pouco a ver com a ideia que ele havia feito quando desfrutava os bosques junto com príncipes chitralenses, com seu amigo Khalil!... Foi instintivo, um raio de lucidez, pensar nos kalash, nas semelhanças entre a asfixia que aquele povo experimentava e a sua. Jordi estava começando a se sentir cercado, não achava jeito de escapar das pressões, e só queria que o deixassem em paz! Mas como conseguir isso? O que fazer? Aonde ir? Deveria ir embora, sumir? Por uma série fulminante de associações, acabou remontando ao ano de 1987, e, ao se lembrar daquela sala abarrotada de jovens drogados com a televisão a todo o volume, da miséria dos vales, da impossibilidade de sair dali, teve um vislumbre de até onde a impotência podia levar.

Em 24 de março de 1995, escreveu uma carta a sua mãe e Andrés resumindo a situação:

> Faz alguns meses que nasceu uma nova força afegã, os talibãs. Eles conquistaram boa parte do Afeganistão. Ninguém sabe quem manda nesses talibãs, "estudantes da religião". São religiosos, também fundamentalistas. Recebem ordens do Paquistão, e as armas e o dinheiro vêm dos Estados Unidos. O Afeganistão se tornou o principal produtor de heroína, e além disso há muitas armas, até estratégicas, como os mísseis Stinger. É também um foco de terroristas muçulmanos. [...]

> De início os afegãos viam os talibãs com bons olhos, mas reviram o apoio ao ver seus excessos, e isso está se transformando numa guerra entre tajiques (favoráveis ao rebelde Massoud) e pachtun (pró-talibãs). [...]
> Mais uma vez os ianques se servem de religiosos islamitas para terminar com a guerra civil no Afeganistão [...].
> O trabalho na Alliance não deixa tempo para mais nada [...]. Estou farto de Peshawar, os patanes são uns bárbaros desagradáveis e muçulmanos fanáticos. Além do mais, é uma cidade superpovoada, mais que Paris. Estamos como numa prisão porque Peshawar é rodeada por zonas tribais para onde é proibido viajar. A verdade é que sinto falta das montanhas, da pureza e da amabilidade da gente do Norte.

Na mesma carta, Jordi manifestou o desejo de encontrar uma alternativa à Alliance antes do verão. "Se não conseguir nada, terei de voltar para a França."

Logo chegou o calor. Jordi multiplicou o consumo de Coca-Cola. Também era um frequentador assíduo da máquina de água do escritório, e foi ali que, segurando um copo vazio recém-enxaguado com permanganato de potássio, voltou a pensar na falta de higiene, de proteção, de recursos dos kalash. Minutos depois, chamou três colaboradores ao seu gabinete.

– Vamos montar uma exposição sobre eles – comunicou. – Sabe-se muito pouco dessa gente, mas são história do Paquistão, e é preciso reivindicar essa condição para eles. Eu me encarregarei do programa.

Entre as atividades previstas para maio-junho, ele incluiu uma conferência sobre os homens selvagens e um espetáculo de danças bashgalis com nativos de Bumburet.

Fez propaganda deles com toda a energia e carinho de que foi capaz, descrevendo o que pensava fazer a quem quisesse escutá-lo, e Marie-Louise era uma ouvinte perfeita.

— ... então eu vou ajudá-los a transportar umas caixas das montanhas, porque também gostaria de montar uma exposição. Creio que com objetos e imagens será possível entender melhor o que os kalash têm a dizer – contou-lhe Jordi, enquanto Marie-Louise pensava que ele era o melhor diretor da Alliance que ela já conhecera. Os funcionários o tinham em boa conta, ninguém trabalhava mais do que ele, e a grande diferença: notava-se que não estava ali para subir na vida.

— Não esqueça que também é preciso preparar a festa dos 25 anos da Alliance.

— Fique tranquila. – Jordi piscou um olho para ela. – Já pensei em tudo, até no bolo...

Deram duas batidas na porta do gabinete e foram logo entrando. Jordi ergueu os olhos do livro sobre o Nuristão que estava lendo.

— Oi – disse Maurice Lévêque fechando a porta.

Caminhou até a poltrona à frente da mesa de trabalho e sem pedir licença foi se sentando.

— Oi, Jordi – repetiu.

— O que você quer?

Não ia ser amável. Era óbvio que os chefetes da Alliance o consultavam muito menos desde que tinham começado os boatos sobre sua relação com Shamsur, e, ainda que mantivessem a compostura em sua presença, falavam mais frequentemente com a marroquina do que com ele.

— Por que você aumentou tão exageradamente o salário desse secretário pachtun? – perguntou Lévêque sem rodeios.

— Há muita coisa para se fazer, e acho que ele merece.

O delegado fechou os olhos como se tivesse adormecido. Estava convencido de que, ao aumentar o salário do pachtun, Jordi pretendia ganhar, além de um auxiliar, um aliado.

— Olhe, Jordi – por que ele tinha sempre de chamá-lo pelo nome? Essa falsidade, essa forma de fingir simpatia o irritava –, você já sabe que ultimamente o conselheiro cultural tem falado muito em mudanças, ele gostaria de dar uma nova orientação à Alliance...

— ... e eu não faço parte dos planos.

— Bem, essas coisas que andam falando a seu respeito devem ter tido alguma influência, é claro. De qualquer modo, já faz tempo...

— Não me venha com babaquices, Maurice.

— Vejamos, há uma coisa evidente: a Alliance não é a sua primeira motivação, e aqui precisamos de gente que se envolva. Ainda mais agora, do jeito como as coisas estão ficando.

— Ou seja, o conselheiro não quer que eu continue.

— Não.

— E quem será o novo diretor?

— Não sei, isso está para ser decidido.

— Vai ser ela, não é? – disse Jordi, fazendo um gesto com a cabeça em direção à porta.

— Veremos. Há várias possibilidades, não é assim tão fácil.

— Já entendi. Algo mais?

Maurice franziu os lábios e se levantou.

Poucos dias depois, a professora marroquina foi nomeada diretora da Alliance.

— Começou fazendo estágio para uma tese e sempre se mostrou muito discreta e reservada nas críticas – disse Lévêque a um grupo de convidados à cerimônia de apresentação.

XVIII

— Ele saiu da Alliance porque era um homem livre. Naquele lugar também existe um pouco de espionagem. Quando lhe pediram que colaborasse, respondeu que não — afirmou Esperanza Magraner no apartamento da mãe em Fontbarlettes. Olhava-me nos olhos, sem pestanejar.
 — Pediram a ele que espionasse?
 — Ele me disse.
 — E quem pediu?
 — Não sei, suponho que alguém do governo. Disseram-lhe que tinha de passar informação sobre o que via, como pensavam as pessoas com que conversava, o que achava de cada uma delas...

Erik L'homme: Não seria de estranhar que o governo francês houvesse proposto a Jordi passar dados. É uma região complicada, em que a informação de que ele podia dispor era muito valiosa. Ele era um autêntico especialista na região.

Franck Charton (repórter): Espião? Não. Era por demais iconoclasta, independente e amante de sua liberdade para se pôr às ordens de um serviço secreto ou de qualquer poder.

Cat Valicourt: Os serviços secretos jamais acreditaram na história do barmanu. Viam nela um disfarce para todo tipo de tráfico, embora esses assuntos não correspondessem à personalidade de Jordi. Ele separava suas atividades. Era enigmático, mas não corrupto.

Erik L'homme: Quando voltei a Chitral, em 1998, um amigo que trabalhava na embaixada da França pediu a Jordi e a mim que ficásemos de ouvidos bem abertos para o caso de ouvirmos falar de Osama bin Laden. 1998. Quando Bin Laden ainda não era Bin Laden. É bem possível que outros considerassem Jordi um espião. De fato, essa é uma das causas que se confundem para explicar seu assassinato, mas eu não o vejo nesse papel. Não teria aceitado. Não amava a França o bastante para fazer espionagem para ela.

XIX

No início da primavera de 2009, aluguei um quartinho no hotel Les Négociants de Valence, junto à estação ferroviária central. Todos os dias, por volta das dez da manhã, tomava o ônibus número 2, saltava no ponto Mozart de Fontbarlettes e depois de uma curta caminhada tocava duas ou três vezes a campainha dos Magraner, porque Dolores tem um probleminha de ouvido. Nós nos beijávamos, ela me oferecia alguma coisa para beber, eu quase sempre optava por água, e ia direto para o quarto de Jordi, onde me esperavam as malas de ferro. Ali ficava revisando arquivos até horas bem avançadas da tarde.

Raras vezes por semana eu ficava para comer, porque tentava não cansar demais uma Dolores já dilacerada pelas perguntas e papéis tantas vezes retomados. Um dia, ela abriu a caixa de bombons Lindt onde guarda as cartas que Jordi lhe enviava do Paquistão. Leu parágrafos ao acaso. Via-se que estava emocionada, mas não chorou, nem pareceu que fosse fazê-lo.

– Desde a morte do meu filho que não consigo chorar – disse.

Empunhava várias cartas, olhando sem ver o que restava do *petit-suisse* que tínhamos ido mutilando durante não sei quantas tardes, ambos comemos pouco, na hora do café.

Esperanza me sugerira reservar um sábado para ir almoçar com ela e as filhas. Viriam de Lyon para a casa da mãe e avó, dispostas expressamente a contar histórias de Jordi. Apresentou-se com as duas, Isabelle e Marie, o marido desta, e a neta, Lucie.

Esperanza fez *quenelles*, prato típico de Valence que, dias antes, eu tinha comentado que ainda não experimentara. Ela as serviu com vitela e abriu uma garrafa de vinho francês. Na parede da sala de jantar, junto à foto de Andrés fazendo pose em cima da asa do Yak-11 e do altar de Jordi a cavalo, destacava-se a imagem emoldurada de um submarino emergindo em mar aberto. Ángel Federico Magraner Ibáñez, o pai de Jordi, fora tenente de submarinos durante a Guerra Civil Espanhola. Combateu do lado republicano.

Quando a guerra pendeu a favor dos franquistas, Ángel Federico embarcou em Alicante junto com outros 2.637 fugitivos no navio mercante inglês *Stanbrook*. Os passageiros contam que a embarcação ia cheia até o mastro principal. Em todos os lugares havia alguém: nos porões, na ponte e sobre o teto das cozinhas e da casa de máquinas; a linha de flutuação estava submersa. Começavam a levantar âncora, e continuavam a chegar aos milhares os desesperados que não paravam de gritar ou de chorar.

Foi uma odisseia. O navio navegava adernado pelo excesso de peso, iam todos apinhados, mal tinham o que comer e pairava o medo de serem afundados pelos submarinos alemães ou pelos aviões que os sobrevoavam.

O capitão pediu asilo em Orã. Foi negado. Sem destino, o *Stanbrook* fundeou diante do porto argelino. Constatada uma epidemia de tifo a bordo, as autoridades magrebes permitiram o translado à terra dos enfermos e, depois, do restante dos passageiros, que foram mandados para campos de concentração por um governo controlado pela França aliada da Alemanha.

O pai de Jordi fez parte da leva de condenados a construir a linha férrea que ligaria o Norte da Argélia aos confins do Saara, e ali trabalhou dois anos. Fervia a própria roupa para matar os piolhos. À noite, escutava as hienas uivarem no deserto. Sua habilidade para consertar um gerador elétrico que resistira aos técnicos argelinos lhe permitiu desfrutar de um regime diferenciado. Logo em seguida foi enviado aos campos de trabalho de Buarfa e Colomb Béchar, na fronteira Marrocos-Argélia, até o fim da guerra.

Em Rabat, ele ganhou a vida como mecânico de automóveis de luxo, e foi lá que um amigo do Centro Espanhol lhe apresentou sua prima Dolores. A moça, que morava em Casablanca, estava passando uma temporada na cidade cuidando da tia María, que convalescia de uma doença.

— Sou espanhola, mas nasci aqui – disse Dolores em seu primeiro encontro com o futuro marido.

— Aqui onde?

— Em Marrocos, em Tânger.

— Pois ninguém diz.

— Claro, porque a gente é de onde é, e eu sou espanhola. — Dolores mostrou o passaporte que levava numa bolsinha.

— Dolores Gómez Cuadrado. Tânger – leu Ángel Federico em voz alta. — Imagino que você deve tê-los trocado quando as coisas se complicaram.

Dolores emitiu um gemido de assentimento.

— E que tal Casablanca? Como é a sua vida lá?

Dolores gostou da facilidade que o rapaz tinha para conversar, via-o relaxado, muito sério, e por isso não hesitou em lhe explicar que várias mulheres da família eram costureiras, trabalhavam numa loja de roupas.

Ángel Federico e Dolores se casaram em Casablanca e tiveram seis filhos. Jordi foi o quinto. Depois do bombardeio aliado à cidade, os Magraner se mudaram para Tânger. Quando Jordi tinha quatro anos, a família foi para Valência, mas o pós-guerra desolador e a qualidade dos serviços sociais franceses, com um bom sistema de auxílio às famílias numerosas, lhes deram ânimo para atravessar os Pireneus após dois anos apenas sobrevivendo. No Magrebe eles tinham aprendido francês, desse modo o idioma não seria obstáculo. Os Magraner instalaram-se em Valence em 1965 só pensando no dia de regressar à Espanha. Ángel Federico sustentou a família sem nunca conseguir alívio econômico. Quando morreu, Jordi tinha 15 anos.

Em 2009, Rosa, a mais velha, era a única filha que vivia na Espanha. Estava separada, dedicava-se à costura. Quanto aos Magraner "franceses", Juan acabava de se aposentar depois de vários anos trabalhando como mecânico-eletricista na Solystic, companhia especializada em classificação de correio. Ángel era motorista de ônibus. Esperanza, auxiliar administrativa de uma empresa têxtil. Andrés trabalhava na Markem-Imaje S.A., realizando impressões de produtos com jato de tinta.

— Aqui nós estamos acostumados a comer, trabalhar, dormir. E Jordi nos trazia algo mais — disse Esperanza à mesa.

Aquela confissão me eriçou os pelos do corpo. Aos Magraner não basta ter sonhado. São gratos por terem tido um membro que os fez ver quanto existe de realidade nos sonhos, inoculando neles um espírito de curiosidade e aventura que terminou por levar Ángel, Andrés e Esperanza a Chitral. Foram só semanas, mas vão morrer com elas, com aquela experiência do mundo.

Quanto ao mais, a família nunca saiu dos limites de seu quadrado. Prosperidade não é uma palavra que se ajuste a essa estirpe de netos sobreviventes. Jordi jamais se sentiu devedor de grande coisa à França.

Ele e os irmãos foram educados no apreço à natureza, nenhum foi batizado. Ángel Federico e Dolores não atacavam a Igreja, mas mantinham os filhos afastados dela. E tentaram viajar à Espanha com a frequência que as economias permitiam. Em casa se falava espanhol, e às vezes catalão. Na verdade, Jordi está registrado como Jorge Federico, mas tinha uma *iaia* catalã que sempre o chamava de Jordi, ele gostava, e assim ficou sendo. No Natal, vestia-se a caráter, e quando ia à Espanha participava das festas populares. No dia em que o assassinaram, na cabeceira de sua cama havia pendurada uma enorme bandeira valenciana.

— Estou estudando árabe na mesquita de Lyon — disse Isabelle à mesa. — Quero ler o Corão e entender o que passa pela cabeça de quem o leu. E saber o que dizem quando ando na rua.

Isabelle criou uma página na web onde recompila toda a informação publicada sobre seu tio Jordi, e textos escritos por ele.

— O que eu descobri é que a maioria dos árabes que vivem na França não fala árabe. Mas, é verdade, seguem as ideias da família. E, se os pais lhes dizem que o Corão vem em primeiro lugar, então o Corão está em primeiro lugar.

Quando chegam a compota de frutas e o bolo de maçã, Isabelle se lembra do dia em que não calçou as botas adequadas para escalar na neve. Ao ficar pendurada numa parede, Jordi exclamou: "Você devia ter-se preparado direito!", e deixou-a suspensa por um bom tempo. Só depois a puxaram para cima agarrada a um bastão. O roçar dos joelhos nas rochas lhe abriu feridas que o uísque se encarregou de desinfetar. Marie rememora seu encontro com um javali. Jordi mandou que ela ficasse quieta. O animal lhe deu uma boa farejada antes de ir embora.

MARIE: Ele sabia tudo dos animais.

ISABELLE: Era uma enciclopédia.

MARIE: Sempre nos trazia lembrancinhas das viagens.

ISABELLE: Fumava cachimbo, era contra as drogas. Shamsur, sim, é que fumava haxixe.

MARIE-LOUISE MARIE FRANCE: Jordi era múltiplo, ninguém o conheceu de verdade. Tinha tudo muito bem compartimentado. Quando vinha a Paris, visitava cada um em separado, e nunca contava a mesma coisa a todo mundo.

XX

Entre uma viagem e outra, Jordi foi convidado pelo programa da TV francesa *L'Odyssée de l'étrange* ("A odisseia do estranho"), que mostrou dez minutos de imagens feitas por Yannik l'Homme durante suas incursões pelos vales, a título de ilustrar a insólita aventura do cientista entrevistado.

— Foi curioso. A vida tem dessas coisas — disse Erik l'Homme. — Durante toda a reportagem, Jordi não fala nunca do tempo que Yannik e eu estivemos com ele. Nem uma menção à nossa ajuda, ao nosso trabalho. Mas houve um acidente. Não sei como foi, mas o caso é que o montador se confundiu e pensou que Jordi era eu, de maneira que, sentado no estúdio, Jordi teve de aguentar dez minutos de um documentário em que o protagonista de sua história nem sequer era ele... Foi engraçado, nossa pequena desforra.

— E ele nunca disse nada depois?

— Nunca.

XXI

A sobrevivência e a expansão de homens cada vez mais selvagens nas montanhas do Paquistão têm muito a ver com a pobreza e o medo. É claro que conta também a religião, mas a pobreza e o medo vêm em primeiro lugar.

Em seguida, a guerra.

XXII

—Meu nome completo é Ainullah. O nome de minha família é Jalili. O de meu pai é Masjudi. Meu pai, minha mãe, um dos meus irmãos e uma das minhas irmãs foram assassinados no vale do Panjshir. Um jato russo bombardeou minha família. Eu, três irmãos e uma irmã estávamos fora de casa quando os jatos chegaram. Tenho oito anos, mas consigo trabalhar bem.

Quantas vezes Jalili Ainullah repetira essa maldita cantilena naquele ano de 1983. Desta vez falava para dois homens que aravam uma pequena parcela de montanha. Sobre suas cabeças ressoou um reator.

— Russo — disse o agricultor que manuseava a enxada.

— Americano — corrigiu seu colega de cócoras ao lado dele. — Não está ouvindo que é muito mais silencioso?

Os homens ficaram observando o céu. Quando se cansaram, o que estava em pé se dirigiu a Ainullah:

— Não há nada, garoto. Sinto muito.

Se lhe houvessem perguntado como prosseguia a história, Ainullah teria explicado que, depois do massacre, ele e os irmãos vivos fugiram do Panjshir para a província de Baghlan. Atravessaram montanhas, caminharam sete dias até um vale que parecia resguardado. Cinco dias depois, foram bombardeados novamente, e continuaram fugindo. Desde então procuravam comida.

Os anos se passaram. O tempo introduziu variações na apresentação de Ainullah.

"Tenho nove anos, mas consigo trabalhar bem."
"Tenho dez anos, mas consigo trabalhar bem."
"Consigo trabalhar bem."

Cada irmão tentou reconstruir a vida à margem dos demais. Para Ainullah, sobreviver se transformou numa andança em busca de alimento sem que o casamento contraído em 1991 alterasse essa dinâmica, muito pelo contrário. Atravessando vales, perguntava-se quanta gente haveria igual a ele, quantos teriam precisado abandonar seu lar para conseguir teto ou comida. Quantos Ainullah rondavam as montanhas? Descansando numa aldeia, encontrou outro desses ex-combatentes islamitas que recrutavam adeptos para uma nova causa. Havia alguns meses que eles estavam por todos os lados.

– Os russos e os americanos não significam nada para nós! – gritava o pregador, armado de fuzil. – Só Alá é nosso guia!

– Quem é esse? – perguntou Ainullah a um dos que escutavam.

– Não sei, é a primeira vez que o vejo. Diz que está com um grupo que se chama Al-Qaeda.

Ao final do discurso, alguns jovens e homens rodearam o do fuzil para lhe fazer perguntas. Todos exalavam fibra e bom humor.

Milhares de órfãos, pobres, refugiados, errabundos e homens com disposição para se vingar de um sistema que, acreditavam, os maltratava começaram a se espalhar pelas montanhas do Paquistão transformando-as no centro mundial do jihadismo. Nas alturas, as condições não costumam ser das melhores, de forma que os homens se enselvaram escondidos em cavernas e bosques enquanto da própria Peshawar, a Cidade das Flores, o ISI fornecia ajuda dissimulada aos talibãs emergentes.

XXIII

No verão de 1995, Ainullah era um órfão, tão magro quanto esbelto, de vinte anos de idade, com todos os motivos para sentir raiva de uma centena de coisas, alistar-se nas hordas selvagens e assim, pelo menos, comer. Mas ele era de outra têmpera. Para o jovem Ainullah, as barbaridades à sua volta viam-se mitigadas pela força da idade, pelo número de esperanças. Além do mais, achava-se capaz de mudar sua sina, e era esse impulso que o alentava na manhã em que, para ganhar a vida, voltou a montar sua barraquinha de frutas no mercado de Chitral. Ao lado dele, Jordi tentava se entender com uns rapazes nuristaneses.

– Precisam de ajuda? – perguntou.

Jordi passou a mão pelo queixo recém-aparado com o barbeador elétrico, um luxo que começara a se permitir, ainda bem que a eletricidade também havia chegado ali. Era vaidoso à maneira de um honorável fazendeiro das montanhas. Cuidava muito da aparência, porém sem afetação, sem ser um dândi.

– Ei? – insistiu Ainullah. – Precisam de ajuda?

Jordi fez que sim sem falar. Ainullah penteou o cabelo azeviche para o lado e fez uma tradução que Jordi julgou perfeita. O rapaz lhe pareceu discreto e eficaz.

– De onde você é? – perguntou Jordi depois de despedir os nuristaneses.

– Do Panjshir, fica no Afeganistão.

– Eu conheço. Gosto quase tanto quanto o leão que vocês tiraram de lá, aquele tal de Massoud. Isso, sim, é que é um chefe. Um verdadeiro pesadelo para os talibãs.

Ainullah concordou com indiferença. Jordi levou alguns segundos examinando o garboso fruteiro. Os ângulos de seu rosto eram marcados com a dureza delicada dos clássicos galãs do cinema, apesar de um tanto subnutrido. A miséria o tornara precavido, e ele revelava sua inteligência com cuidado para não afrontar, dando a impressão de timidez.

– E você? De onde é?

– Da França.

Havia ocasiões em que Jordi se atribuía aquela pátria, dependia do momento. E desta vez lhe interessava ser francês.

– Seu país é um grande amigo do Afeganistão. Durante a guerra com a Rússia ajudou muito Massoud.

– Vá, dê-me uns damascos aí – disse Jordi. Ainullah escolheu as frutas. – O que você está fazendo aqui em Chitral?

– Sou refugiado de guerra IDP.*

– Sabe outras línguas?

– Estudei em diferentes escolas e visitei muitos lugares... acabei aprendendo algumas. – O interesse de Jordi o estimulou ainda mais. – Você acha que poderia me conseguir algum trabalho, por favor? Tenho três filhos para alimentar no Afeganistão.

Jordi tirou o maço de Pree, ofereceu um cigarro ao rapaz e, como ele não quis, o acendeu para si mesmo. Fumou observando Ainullah por um tempo excessivo, sem dizer nada, ensimesmado. Ambos suavam, mas obviamente Jordi era o que mais sofria. Esse verão atingira máximas de 52 graus! Com o calor, Jordi movimentava-se mais devagar, as reações eram retardadas. Três filhos, tão jovem. Será que devia contratar outro afegão? Talvez Marie-Louise tivesse razão em desconfiar dessa gente: depois de sair da direção da Alliance Française, Jordi fora passar uns dias de férias com amigos, e, ao retornar, Gorki havia desaparecido.

---

* Sigla inglesa para *Internally Displaced People*, pessoas forçadas a fugir de suas casas, mas que permanecem sob proteção das autoridades do seu país. (N. do T.)

"Dizem que fugiu. Creio que alguém o roubou. Dá no mesmo, era um cão boboca. Fjord e eu descansaremos", escrevera recentemente à mãe. Em espanhol. Algumas linhas mais abaixo, em francês, pedia a Andrés que fosse discreto nas mensagens, que não lhe enviasse dados precisos por carta nem por fax, e que sempre escrevesse em francês. Tampouco era a melhor língua para se comunicarem, tendo em vista que a França apoiava o Massoud. Os franceses não eram exatamente bem-vindos, mas, em caso de emergência, ao menos Shamsur ou alguém da Alliance poderia decifrar as missivas.

— Vou perguntar por aí – respondeu Jordi. — Se encontrar alguma coisa, eu aviso. Como você se chama?

Jordi voltou dois dias depois à barraca de frutas. Falou sem rodeios:

— Vou viajar à França em breve, como faço todo ano. Ficarei por lá várias semanas, talvez uns dois meses, não muito tempo. Você pode cuidar da casa e do cão enquanto eu estiver fora?

— Claro, claro. Por que não?

— Vai passar meses sozinho...

— Não será nenhuma novidade...

— Outra coisa: você sabe cozinhar?

Nessa noite, Ainullah preparou na casa de Jordi um *afghan palwe*, um prato típico especial. Ainullah tinha ouvido falar muito do caça-barmanus, mas desta vez foi o próprio Jordi quem resumiu para ele seu trabalho nas montanhas. Falou de seu sangue espanhol. Continuava cozinhando quando entrou um garoto com uma espécie de mochila em cujo interior se viam um livro e vários cadernos.

— Ah, eu não disse que também tem de servir um prato a Shamsur.

Os rapazes se cumprimentaram. Jordi se sentou e provou a comida.

— Você é um bom cozinheiro – disse.

— Verdade?

— É, bom mesmo. Vou ensiná-lo a preparar umas coisas. Venha, coma com a gente também, sente-se aqui.

Ainullah se sentou de frente para Shamsur. Jordi ficou à cabeceira da mesa, entre os dois. Sentiu-se feliz em dividir a refeição com aquele par de jovens magníficos que cruzavam olhares furtivos procurando se estudar mutuamente. Shamsur era mais desembaraçado, claro, e controlava o espaço.

— Seu salário será de três mil rúpias por mês — informou Jordi. Ainullah era o único que já estava com o prato vazio. — No momento não posso pagar mais. Procurar o barmanu custa muito dinheiro. De qualquer forma, se eu o encontrar, tudo vai mudar. Receberei dinheiro e material do governo francês, e, se tudo correr bem, você poderá comprar uma casa na França ou na Espanha, onde quiser. Só precisa ter um pouco de paciência. Esquente água para o café.

Ainullah obedeceu. Quando Jordi e Shamsur terminaram de comer, ele recolheu seus pratos. Ao depositar a jarra de água quente na mesa, disse:

— Posso lhe perguntar quem é esse rapaz?

— Meu filho — respondeu Jordi.

Shamsur olhou inexpressivamente para seu tutor, que verteu a água sobre o café solúvel e aproximou o nariz da xícara. Ainullah pensou que o homem e o rapazinho não tinham a mesma cor de cabelo, perguntou-se como seria a mãe, de onde, pois se via logo que o adolescente era das montanhas, bastava vê-lo comer. Jordi teria se casado com uma muçulmana? Uma muçulmana loura? Ou o teria feito com uma dessas kalash?

— Nããão — disse Jordi de repente. — É brincadeira. Shamsur é irmão de um amigo meu. É de Bumburet, mas está morando comigo.

Shamsur e Ainullah se deram bem naquela casa alugada por Jordi no vale de Bagrabad, não muito distante do coração muçulmano de Chitral. Durante o dia, Ainullah cuidava de Fjord e do novo cão adotado por seu patrão, costumava lhes dar arroz. Também providenciava a comida dos cavalos, limpava a casa, as roupas de Jordi e Shamsur... Mais ou menos a cada três dias, Khalil, o pai de Shamsur, junto com algum outro de seus irmãos, descia do seu vilarejo e vinha visitá-los para ver como iam as coisas. Ao terminar suas atividades, Ainullah montava na bicicleta e pedalava vinte minutos até a casa onde dormia.

Uma manhã, após mais de meia hora amontoando troncos, Ainullah bateu à porta do quarto de Jordi. Ele não estava. O rapaz ainda não havia entrado naquele cômodo, sempre se achava fechado. Experimentou a porta, que se abriu. Foi como penetrar num museu excêntrico, tão cheio de azulejos, velhas ferramentas, facas, livros, animais em vidros de formol...

— O que você está fazendo?

Jordi acabava de cruzar o umbral.

— Saia daqui. Já! Fora! Não quero voltar a vê-lo aqui dentro.

Ainullah não sabia o que dizer, nem sequer se desculpou ao sair, e foi esse bloqueio, a sincera falta de desculpas, que fez Jordi acreditar que o rapaz estava verdadeiramente envergonhado. Ainullah lhe causava boa impressão. Na realidade, Shamsur não resistia a quase nenhuma comparação com ele. Por isso Shamsur representava ao mesmo tempo um desafio e sua grande fraqueza. O garoto tinha começado a monopolizar seus pensamentos a um ponto inusitado. Pela primeira vez, Jordi era quase capaz de imaginar um futuro com outra pessoa: com ele. Ainda tinha esperança de que seu discípulo tomasse as rédeas do reino que por estirpe lhe pertencia. Ambos o conseguiriam, tinham de conseguir. Não ia abdicar, Shamsur precisava de educação, ser reorientado, de carinho, de um guia... e quem era ele senão exatamente isso? Um mentor. Um servia de equilíbrio ao outro, porque Shamsur o ajudava a forjar seus sonhos de permanência, de eternidade, era o herdeiro que podia materializá-los, um líder latente a quem faltava apenas despertar, e estava a um passo de fazê-lo, logo tomaria consciência de sua imensa força. Sim, eles iam conseguir.

Antes de um mês, Jordi precisou sair de viagem por várias semanas. Ainullah havia demonstrado ser um excelente conhecedor dos vales, além de dar tantas mostras de responsabilidade, valor e boas intenções, que Jordi o incumbiu de cuidar da casa e de Shamsur em sua ausência.

Como havia imaginado, sua intuição não falhou. Quando retornou, tudo continuava em ordem.

— Estou muito satisfeito, Ainullah. Até agora só tinha deparado com gente que ou me roubava ou não sabia trabalhar. Estou muito satisfeito, de verdade. Vou me instalar em Bumburet e quero que você continue comigo.

— É muita amabilidade sua — respondeu Ainullah. — Sou afegão; portanto não precisa se preocupar, nós, os afegãos, somos bons trabalhadores, nada a ver com os paquistaneses. Cuidarei de você, da sua casa e dos seus cães, dos seus cavalos, da sua moto e do material... mas é bom ficar de olho em Shamsur. Não está levando os estudos a sério. Nós já discutimos várias vezes porque ele não queria ir ao colégio, e uma vez até tentou me bater.

Jordi cerrou os punhos. Shamsur. Não havia jeito de domar aquele pequeno selvagem. Esperou que ele regressasse da escola, onde supostamente devia estar, e na presença de Ainullah lhe perguntou:

— De onde você está vindo?

— Do colégio — respondeu Shamsur sem olhá-lo.

Jordi estava com uma das mãos aberta em cima da mesa. Completamente imóvel, acompanhou os movimentos do rapazinho pela sala de estar.

— Por que você não quer ir ao colégio? — perguntou. — Por que brigou com Ainullah?

Shamsur olhou para Jordi, deu uma rápida olhadela para Ainullah, voltou a se concentrar em Jordi.

— Está mentindo, não acredite nele — respondeu Shamsur. — Quer atenção e fica inventando essas coisas. O que ele está dizendo é mentira.

Ainullah negava com a cabeça, o olhar no chão, sem falar. Ninguém se mexia. Esperavam a decisão do patrão. Que não vinha.

— Prepare o jantar — ordenou a Ainullah.

O afegão pegou a caixa de fósforos de cima da mesa e caminhou para a cozinha. *Eu tenho razão e Jordi sabe disso, mas é normal que desconfie de mim, seus empregados já o enganaram inúmeras vezes. Tudo bem.* Acendeu um fósforo. Com a chama, pôs fogo num pedaço de papel que levou ao toco de lenha menos grosso até que a brasa pegou. *E Shamsur... se é que é filho adotivo. Jordi se engana confiando tanto nele e em sua família. Mas dá no mesmo. Tanto faz. Ele está vendo que eu trabalho muito e muito duro e que as coisas comigo funcionam. Tem de resolver o que é que lhe convém.*

Ainullah carregava o peso de sua origem. Os afegãos tinham deixado de ser bem-vindos em Chitral. Em poucos anos, a imagem de sua gente mudara radicalmente. Quando, em 1979, a primeira leva de refugiados chegou ao Paquistão, os afegãos foram muito bem recebidos. Logo os ecos da guerra e a miséria intrínseca aos vales começaram a piorar a situação dos chitralenses, que passavam fome enquanto viam os afegãos se beneficiarem da ajuda internacional dada pelo ACNUR (Alto-Comissariado das Nações Unidas para os Refugiados). Os autóctones deixaram de ganhar dinheiro, ao passo que muitos afegãos foram se apoderando de inúmeros negócios locais até controlar boa parte do comércio em Chitral. No início dos anos 1990, já se contabilizavam no distrito uns quarenta mil afegãos, e os naturais já desconfiavam abertamente deles.

O fato é que, fora as vantagens concedidas pelos Governos, os refugiados tinha sabido prosperar. Sem dúvida trabalhavam mais rápido e eram mais práticos e eficientes que uns chitralenses nada previdentes, isso estava claro para Jordi, e afinal o que ele queria era gente responsável e eficaz, essa era a régua para medir sua confiança, pouco importava a procedência. Desse modo, três dias após a discussão, Jordi entrou em seu quarto, abriu um bauzinho de madeira que ficava a meio metro da cabeceira da cama e tirou de lá uma pistola.

— Ainullah!

O rapaz apareceu com as mãos sujas de terra, mantendo-as a uma distância prudente da roupa.

— Tome – estendeu-lhe a arma. Ainullah hesitou. Levantou um pouco as mãos mostrando as palmas, queria dar a entender que não podia pegá-la daquele jeito. De longe alguém poderia interpretar que o homem armado o havia feito prisioneiro. – Tome!

Ainullah esfregou as mãos depressa na *shalwar-kamize* e agarrou a pistola pela culatra.

— Se entrar alguém na casa sem permissão, você dispara. Procure mirar nas pernas, não mate — disse Jordi, e saiu.

Ainullah se sentiu feliz! Isso é que era prova de confiança. Jordi era um patrão formidável. A economia não ia lá muito bem, mas Jordi era amável, divertido e estava tão sozinho como ele no Paquistão, isso une, aí estava a prova. Com sinceridade, Ainullah tinha de reconhecer que preferia ir com Jordi para onde quer que fosse a fazer qualquer outra coisa.

— Que bom. Que bom — repetia o empregado com a pistola nas mãos, segurando-a como se fosse um bebê.

Demonstraria a Jordi seu acerto. Enquanto trabalhasse para ele, seu patrão estaria a salvo. Isso ele podia garantir. Como se sentia bem a seu lado, dava-lhe confiança, e, claro, nada como a confiança para viver tranquilo. Nem Zahïd, o chefe dos serviços secretos de Chitral, ia macular a nova paz alcançada por Ainullah.

Fazia tempo que Zahïd seguia a pista de Jordi. Desconfiava de seus argumentos científicos para viver em Chitral, e sua presença ali passara de doença a obsessão. Por isso ele havia interrogado em diversas ocasiões várias pessoas próximas a Jordi, como também a Shamsur e Ainullah, tentando forçar declarações que incriminassem o "francês" como espião.

— Se não falar, eu vou acusar você, seu patrão e Shamsur de homossexuais — chegara Zahïd a ameaçar Ainullah. — O que é que vocês ficam fazendo lá os três juntinhos, hein? Vamos, o que vocês fazem? Fale, ou vão passar metade da vida na cadeia.

A homossexualidade é um delito punido no Paquistão com até dez anos de prisão.

Foi a ameaça que serviu para que Jordi contra-atacasse. Como Zahïd tinha a desfaçatez de acusá-los? Em que se baseava aquele maldito desgraçado? Foi falar com algumas das mais altas autoridades de Chitral, que, diante da falta de provas, se viram na obrigação de se desculpar por Zahïd, e imploraram a Jordi que não enviasse ao prefeito de Chitral a carta que tinha pensado em escrever denunciando como o chefe dos serviços secretos o vinha assediando.

Jordi mandou a carta. Nela relacionava os nomes de relevantes personalidades que da França apoiavam sua pesquisa. Voltou para casa tão nervoso que começou a falar em voz alta dando voltas pelo quarto.

— Como podem pôr em dúvida a minha honorabilidade e a das pessoas que vivem sob o meu teto? Será que não sabem quantos membros da família de Shamsur fazem parte do exército e da polícia? Não percebem que, se eu tivesse feito algo, essa gente já teria me denunciado? O que pretendem me perseguindo desse modo?

Depois de ler a carta, o prefeito determinou a Zahïd que tivesse mais moderação.

XXIV

Durante sua viagem de inverno anual à França, Jordi recebeu a visita de Erik l'Homme.

— Andrés me disse que você estava aqui e queria me ver. Você mesmo podia ter me ligado – disse Erik. Gostaria de fustigá-lo um pouco mais, mas a aproximação de Jordi já havia sido suficientemente excepcional para continuar esticando a corda. — Você me parece bem.

— E você engordou – disse Jordi fazendo uma careta impaciente.

Pigarreou. Não sabia como começar. Queria mais ou menos se desculpar, embora esta não fosse a palavra exata. Em Shishiku, ele já dissera o que tinha para dizer aos irmãos L'Homme, não se arrependia, e se essa dupla de... Não, não... chega... Tinha chamado Erik para reconquistá-lo, e portanto não devia prosseguir por aí. Mas os rodeios não eram seu forte.

— Olhe, estou pensando em criar uma associação para divulgar a cultura do Hindu Kush. Acho que ajudaria a fazer muita coisa pela região... e pensei em você para a secretaria.

Erik jogou a cabeça alguns centímetros para trás. Não esperava isso. Nada mais nada menos que uma proposta bem no dia do reencontro! Que estilo mais peculiar o de Jordi! Apesar de que ele tampouco ia ser menos.

— Conte mais, o que você quer que eu faça?

Jordi não deu muitos detalhes, tratava-se simplesmente de contar com uma pessoa de referência na Europa.

— Muito bem – respondeu Erik. — Serei o secretário.

A relação nunca mais seria a mesma, mas Erik saiu de Valence confortado com a reconciliação. Tinha até gostado de rever o amigo. Quando, ao chegar em casa, telefonou para Yannik para informá-lo do encontro, o irmão não fez nenhuma pergunta.

De volta a Chitral, Jordi ficou sabendo que Cat Valicourt fora nomeada assessora do Ministério de Assuntos Exteriores. Cat lhe comunicou que finalmente poderiam promover uma grande expedição com o apoio do Museu de História Natural e da Universidade de Peshawar. Oficialmente se trataria de uma "missão pré-histórica", os caçadores profissionais de barmanus não estavam incluídos no plano, de modo que a Jordi seria atribuído o papel de tradutor, guia e guardião do acampamento. Caso os tesoureiros ministeriais não aceitassem sua função, Valicourt o faria passar por administrador da missão.

Jordi ficou em estado de choque. Mas como assim administrador?! Sete anos perseguindo um objetivo, e agora os documentos oficiais iam apresentá-lo como administrador? Ele, um caçador puro-sangue... Um explorador de tesouros. Um homem das montanhas, curtido e selvagem como nenhum outro. E para o mundo passaria por administrador?...

Mandou um fax a Cat apresentando sua demissão por falta de informação e contradições. Não iria tolerar que Valicourt lhe recomendasse moderação em determinados momentos ou o uso de mais diplomacia... Logo a ele, que havia sete anos vinha adaptando sua diplomacia ao estilo local e obtendo resultados jamais alcançados por nenhuma daquelas inúteis embaixadas! Cat não iria lhe dar lições de como tratar os paquistaneses. Mesmo que perdesse seu apoio em Paris...

Com a carta nas mãos, começou a analisar e reparou na data do timbre: fevereiro de 1996. Quantos anos já! *Faz tempo demais que estou aqui. A polícia secreta me persegue, passam o dia interrogando muitos amigos e conhecidos meus, e suponho que isso seja normal, porque depois de passar uma temporada num ninho de espiões como a Alliance sem que o barmanu aparecesse... sou o suspeito perfeito. Mas a questão é que esses desgraçados estão azucrinando todo mundo que eu conheço. Todos me perguntam idiotices, estão acreditando no que lhes dizem, e eu já não posso confiar em ninguém, nem no pessoal de casa. É cansativo. Muito cansativo. E já são dois anos assim... Deveria mudar de ares.*

– Ora bolas! – disse, e riu alto. Não tinha meios para "mudar de ares". O problema é que tampouco os tinha para continuar ali. Além do mais, nas horas ruins, quando a veia melodramática se exacerbava, sempre pensava em voltar à França, e, ao se dar conta de estar reincidindo naquela atitude de vitimização, sentiu-se incomodado por ser tão pusilânime. *Aguente!*

Um dia depois, Valicourt aceitou o pedido de demissão num dos faxes mais contundentes que Jordi jamais recebera. Ela o chamava de covarde, inconsequente, impulsivo, intransigente, lamentava sua miopia e o fazia ver que todos os trâmites que estava realizando destinavam-se a oficializar sua presença na missão, porque sem o papel, sem o selo burocrático, ninguém pagaria sequer um franco a Jordi. Em resumo: cabeça-dura egocêntrico, isso vai acontecer da mesma forma, com ou sem você. Foi essa a mensagem.

Resposta de Jordi em 3 de março: "Bom-dia, Cat. Boas notícias para a missão!"

Valicourt ficou perplexa ao ler um Jordi moderado e complacente. Como ele podia mudar o tom daquele jeito em tão pouco tempo? Enfim, tudo bem, ela o aceitaria. Na realidade, precisava dele. Mas a missão só ia durar um mês, não dava para se expor durante muito tempo às decisões intempestivas daquele cabeça de vento.

Jordi tinha bons motivos para mudar de tom. Zahïd, forçado por seus chefes a limar as asperezas com Jordi, tinha decidido ajudá-lo na caça ao barmanu.

— Correm boatos de que pegaram um barmanu no Afeganistão — disse-lhe o policial.

— Que provas você tem disso? Não acredito. Como posso acreditar em você depois da maneira como tem me tratado?

No dia seguinte, Zahïd o apresentou ao comandante Bulbul, um ex-oficial da artilharia pachtun supostamente refugiado em Chitral, mas que com frequência cruzava a fronteira para passar temporadas em Jalalabad. A volubilidade da fronteira afegã-paquistanesa facilitava o tráfico de pessoas, armas, drogas...

— Azrat Ali, o diretor do aeroporto de Jalalabad, diz ter capturado um barmanu — disse Bulbul.

Jordi desejava acreditar. Não desejava mais nada, apenas acreditar. É claro que podia tratar-se de uma emboscada, mas, quando, dias depois, um primo de Ainullah que chegara do Afeganistão confirmou o boato, ele optou por viajar. Precisava tentar.

Parou de se barbear. Queria alguém de confiança ao seu lado e pediu a Khalil que o acompanhasse a Jalalabad.

— Não é lá que mora o seu primo militar? Ele poderia nos ajudar...

— Está querendo que me matem? — reagiu Khalil imediatamente, por um momento perdeu a clássica serenidade. — A situação no Afeganistão é muito grave, os talibãs estão por todos os lados.

— Se matarem você, me matam também.

Khalil ergueu de leve o queixo, jogou a franja para trás. Fechou os olhos, novamente sóbrio, apesar de tudo.

— Além do mais, como é que você pode confiar em Zahïd? Ele, que queria acusá-lo de espião... É uma armadilha perfeita, Jordi. Eles sabem o que você está procurando e estão jogando a isca. Querem que você se mate sozinho.

— Preciso de você, Khalil.

— Sou funcionário do governo. Se me pegam atravessando a fronteira, podem me pôr na cadeia, posso perder o emprego.

— Você vem ou não vem?

XXV

Partimos em 16 de março de 1996 em companhia do comandante, de Ainullah e de Farid, um amigo chitralense que estuda na Universidade de Peshawar. Passamos pela fronteira sem problemas (acobertados pelo comandante). A estrada está destroçada, levamos dois dias para chegar. A região está infestada de bandidos e saqueadores. Nenhuma administração funciona. É a anarquia total. Todo mundo carrega armas, e cada um tem sua própria lei. Aqui se mata uma pessoa por uma rúpia, é um autêntico caos.

As pessoas são totalmente selvagens, no sentido mais pejorativo do termo. Eu jamais havia visto algo assim. Nos salvamos ao longo de toda a viagem, escapando de ladrões que pretendiam nos crivar de balas na via deserta, de noite.

Nenhum de nós estava barbeado, e eu, apesar da barba, tinha de me esforçar para parecer o mais muçulmano possível, vigiando cada gesto, porque de forma alguma poderiam identificar que eu era europeu. Tive de rezar imitando Ainullah. (Diário)

Entraram em Jalalabad sob o olhar atento de centenas de mujahidins com armas a tiracolo, desviando-se de meninos que brincavam de Rambo mirando as pessoas com o dedo indicador no gatilho de seus fuzis.

— Azrat Ali não está — informaram no aeroporto. — Foi a Darié-nour.

Má notícia. Nem Jordi seria capaz de se aventurar naquele território dominado pelas tribos mais cruéis e fanáticas do Afeganistão.

— Não podemos ir lá sem proteção — disse o comandante.

— Você é pathan, não se atreve? — desafiou Jordi.

Nem ele entendia muito bem por que fazia essas perguntas. Elas simplesmente brotavam. E, se a resposta o obrigava a correr riscos insensatos, ele os assumia, porque não podia, não sabia se desdizer. Por sorte, o comandante não estava disposto a ceder.

– Lá eu não vou.

Tentaram obter detalhes sobre a captura do barmanu entre os funcionários do aeroporto, mas as respostas não os convenceram, e então retornaram à cidade em busca do irmão de Azrat Ali. Antes da entrevista, tiveram de convencer a família de que não pertenciam aos serviços de inteligência paquistaneses. Em seguida, o irmão e outros homens descreveram o barmanu que diziam haver capturado, apesar de se negarem a mostrá-lo.

– Não sei por que o estão escondendo de nós – disse Jordi a seus companheiros enquanto saíam do edifício. – Não estão interessados no dinheiro e, quando pedimos para vê-lo, logo se mostram agressivos. Não entendo.

– Não fariam nada sem o chefe – disse o comandante. – E a coisa está ficando feia.

Homens armados lhes lançavam olhares hostis dos corredores que conduziam ao exterior. Na rua, grupos dispersos não os perdiam de vista.

– Feia? Ou pulamos fora, ou eles nos enchem de balas – disse Khalil.

Jordi compreendeu que não iam deixá-los ver o barmanu e que o comandante tinha razão, a coisa estava ficando feia.

– O pior é não saber quando poderemos encontrar o Azrat Ali – disse. – Não podemos esperar por ele a vida toda... Está bem... vamos voltar para casa.

O grupo atravessou as ruas da cidade envolto num silêncio sepulcral. Jordi apalpava por baixo da *shalwar-kamiże* a sua pistolinha de oficial russo que um príncipe amigo lhe emprestara. Ao passar pela estação de ônibus com destino ao Paquistão, ordenou:

– Vamos em frente.

Os expedicionários continuaram andando sem abrir a boca, apenas retardaram um pouco o passo. Ninguém pediu explicação, mas Jordi sabia que eles precisavam de uma.

– Não vamos viajar em ônibus de carreira. Não me espantaria que os guardinhas do Zahïd estejam à nossa espera. Não confio nele. – Esforçou-se para não trocar olhares com Khalil para não deparar com uma previsível censura, um "que foi que eu disse?". – Isso está me cheirando demais a armadilha.

Uma hora depois de deixarem Jalalabad, eles viram um comando de talibãs assassinando quatro pessoas numa das margens da estrada. Seguiram caminho procurando manter os olhos fixos no horizonte, rogando que os talibãs não notassem a presença de um ocidental entre eles. *Estamos arriscando a vida. Por que aceitei vir aqui? Estamos arriscando a vida. Arriscando a vida.* Khalil não tirava a ideia da cabeça. Quando um menino cruzou o caminho correndo, ele rapidamente deu um passo atrás e se pôs em guarda. *Não é nada,* disse a si mesmo. *Calma. Continue.* Ao longe ouviam-se veículos. Esse não era o barulho de um helicóptero? O ruído de motores distantes desencadeava nele séries infernais de ideias que culminavam em todo o grupo ensanguentado.

Deram sorte. Pernoitaram em Dughalam, um vilarejo colado à fronteira. Às escuras, Jordi convocou uma reunião.

– Melhor atravessarmos de madrugada, a essa hora nenhum guarda fica na guarita, não há nada que controlar.

– Mas nos verão da mesma maneira – disse Khalil.

– Verão sombras. Vão pensar que somos moradores ou camponeses que vêm e vão. Que maluco pensaria em andar por estas bandas sem ser alguém da terra?

Disse isso para relaxar, mas não houve risos nem piadas capazes de alterar o silêncio.

Às 5:30 da manhã, eles atravessaram a fronteira a pé bem diante de um posto de guarda vazio. Como calculado, todos os militares estavam rezando ou tomando chá. E assim deixaram para trás três controles sucessivos.

Já em Bumburet, Jordi escreveu uma carta a Valicourt detalhando os pormenores da viagem, convencido de que aquela pista era boa.

> Vou voltar. Se conseguir ver o barmanu, entro em contato com você o mais rápido possível. Acho que será correto informar (em caso de confirmação) a Monod, Saban e Chaline, pedindo-lhes discrição. Pode avisar meu irmão Andrés, estrito silêncio também. Se você vier, peça que a acompanhe. Avise Pascal Sutra Fourcade no caso de ser preciso ter uma câmera. E também um advogado e S.A. Sadruddin Aga Khan, que está na ONU. Se eu capturar o barmanu, o melhor será evacuá-lo diretamente de Jalalabad para a Europa em um avião especial da ONU. Que os deuses estejam conosco.

Mais adiante, regressaria a Jalalabad numa incursão muito menos temerária e acidentada, mas a cidade já não ofereceria nenhuma novidade a suas pesquisas sobre o barmanu, muito embora lhe oferecesse visões privilegiadas de como se expandia a corrente talibã. Aqueles muçulmanos não tinham nada a ver com as legiões de vítimas abnegadas que após a colonização se haviam resignado a acatar o jugo dos conquistadores até quase se comprazerem na renúncia. Não. Em Jalalabad, Jordi teve consciência de estar assistindo a uma orgia de espíritos inflamados pela ambição de dominar sua terra seguindo os três movimentos divinos de Amor, Luta e Totalidade. Amavam o Corão, combatiam para impor sua interpretação dele, e assim alcançariam o paraíso. Não restava dúvida sobre o caminho a seguir. Tinham resgatado o orgulho enterrado durante séculos. Mas a repressão de tantos anos os envenenava. Mais que a restaurar uma ordem, eles aspiravam a impor uma ideia, a sua ideia, arrasando qualquer tipo de dissidência, aniquilando qualquer sinal de pensamento que se pudesse atribuir a uma herança dos estrangeiros. Como se não houvesse outra forma de exprimir o orgulho. Ao confundirem dignidade com vingança e poder absoluto, haviam aberto a porta para o horror.

— Você tinha razão — reconheceu Jordi a Khalil. — Eu me equivoquei. Não devíamos ter feito esta viagem.

Meses depois do início das incursões, continuava sem obter nada tangível, concreto. Real. E agora o que diria a Valicourt? Fracasso em Jalalabad? É verdade que a cientista esperava algo assim para acabar de condená-lo. Cat não lhe daria outra oportunidade, de modo que não seria tão idiota de entregar a própria cabeça na bandeja. O que ele precisava era crédito de Paris, confiança, não podiam exigir resultados instantâneos, a coisa não era assim, isso ele ia deixar claro.

Nos meses seguintes, Jordi retomou o tom crítico de cartas anteriores a Valicourt. Enquanto redigia uma delas, cravou a ponta da esferográfica no papel até perfurá-lo. Sentia-se tão vulnerável, tão abandonado com seu projeto louco... Sabia que o restante do mundo o veria assim. Era curioso como a falta de resultados transformava tantos esforços numa tremenda estupidez aos olhos dos demais.

Que fazer? Tinha de ganhar tempo, mudar de estratégia e se revalorizar de algum modo perante Valicourt e os cientistas. Sim, essa era a forma de agir. Jogou fora a carta esburacada e começou outra reivindicando mais protagonismo na expedição científica que estava sendo preparada em Paris. E impôs condições. "Cat, se minha mãe quiser vir, traga-a a Chitral." Sua mãe. Aquelas linhas trêmulas que de vez em quando Dolores conseguia traçar sempre representaram para ele uma boia indestrutível:

> Querido Jordi:
> Fico feliz que esteja bem. Tenho muita vontade de que volte logo. Até logo. Muitos beijinhos.
> Mamãe. (Carta de Dolores)

Valicourt confessou-se incrédula ante tal capricho. Sério? Ele pretendia mesmo levar a mãe com o dinheiro do museu?! Estaria querendo pô-la à prova? Como se não bastasse a avalanche de ataques que vinha recebendo dos neodarwinistas depois das suas últimas intervenções públicas.

É claro que era sério. Para a tosse crônica de Dolores bem que viria a calhar uma temporada oxigenando-se nos vales, terapia infalível para a gota, a pele e o reumatismo. E será que custava tanto assim a Cat acrescentar uma passagem à empreitada?

Além do mais, era até bom incomodá-la um pouquinho. Vejamos se agora que todos estendiam o tapete vermelho para a madame ela ia achar que tudo ficaria fácil para ela. Jordi ouvira boatos de que, numa reviravolta inesperada, a amiga recebera o apoio de Yves Coppens. Quando lhe perguntou sobre o assunto, ela se mostrou entre lacônica e ambígua, por mais que fosse certo que, contra qualquer prognóstico, a elite dos pesquisadores acabava de abrir seu Olimpo para ela. Valicourt encontrava-se em plena fase midiática, divulgando finalmente suas ideias vanguardistas, e a verdade é que a expedição a Chitral lhe trazia mais inconvenientes que vantagens.

De qualquer modo, as respostas de Cat lhe confirmaram que havia algo entre ela e Coppens. E como isso mexeu com ele... O que era aquele repentino bolo azedo no estômago? Inveja? Ciúme? Despeito? É claro que recorreria à sua mãe. Ia mostrar a Valicourt que ele pelo menos ainda se lembrava de sua gente. Que sem a família, sem os amigos, sem seu universo sentimental privado nada daquilo teria sido possível. *Enquanto você só pensa em satisfazer a Coppens, o homem que a insultou, eu não esqueço minha mãe.*

Seja como for, era verdade que a iminente visita ao Paquistão estava deixando Valicourt transtornada. Não ia proclamar seus medos, mas evidentemente que não conseguia tirar da cabeça os atentados de dezembro, que haviam feito 25 mortos e duzentos feridos em Peshawar, além de pensar que, sinceramente, eram grandes as possibilidades de não encontrar nada nas montanhas. De qualquer maneira, o projeto estava em curso, as instituições o haviam financiado, era tarde para voltar atrás.

Na carta em resposta, Valicourt sugeriu a Jordi que esquecesse essa história de levar a mãe e confirmou as datas em que viajaria para Chitral.

Também aludiu à sua nova relação profissional com Coppens, deixou escapar detalhes particulares que denotavam cumplicidade.

No vale fazia o calor asfixiante de todos os junhos, mas se as têmporas de Jordi começaram a bombear e sua carótida se enrijeceu foi porque dentro dele aquele par de nomes não parava de se dilatar, opressivamente. Nunca havia imaginado aqueles dois realmente unidos. Cat e Coppens. Cat e Coppens. Cat e Coppens. Os antigos inimigos viscerais remavam por uma causa comum. Contemplavam a possibilidade da existência de homens-relíquia. A imprensa ouvia suas teorias. Mas e ele? Quem sabia o que ele estava fazendo?

XXVI

Há gente que sai para caçar o invisível. O comandante Gould se deslocou em 1933 para o lago Ness atrás do monstro que, dizem, vive lá. Gould entrevistou uma infinidade de moradores do lago e obteve alguns testemunhos de sua visão. De qualquer modo, compreendeu que esse método não bastaria para localizar o monstro e contratou um especialista em caça de grande porte e um fotógrafo, além de conseguir um sonar para rastrear as águas.

Não achou nada.

É claro que houve quem zombasse de Gould. Alguns caíram em cima, os cientistas especialmente, divertindo-se com a paranoia do militar. O problema é que nem mesmo pesquisadores profissionais como Heuvelmans, Koffmann ou Porshnev, experimentados em universidades de ciências e que também defendiam a existência de seres invisíveis, tinham crédito com a cúpula científica.

John Grem, caçador dessa espécie de *yeti* norte-americano que é chamada *sguateh*, assumia sem dificuldade o seu trabalho tão excêntrico: "As pessoas como eu serão expulsas do circuito, e, pessoalmente, isso me alegrará."

Mas Jordi não pensava assim. Para começar, não admitia que se falasse do barmanu como de um mito, porque de alguma forma isso implicaria não considerá-lo real. E estava disposto a defender a sensatez de seu projeto diante de quem quer que fosse, não iriam expulsá-lo tão facilmente. Se você tem uma verdade, tem de lutar por ela, para dar-lhe luz, para que os demais a conheçam. Evidentemente que não ia se conformar.

XXVII

Muito pouco antes da chegada de Cat e sua equipe, Jordi adentrou as montanhas com Fjord. O calor superou qualquer previsão, e, de volta para casa, ambos caíram doentes. No segundo dia, Fjord permaneceu completamente exânime, com a língua compridíssima de fora por mais de duas horas, arriado no lugar mais fresco do quarto, ignorando a vasilha com água a meio metro.

– Fjord! – gritou Jordi da cama, com todas as forças que sua languidez permitia. Ele tampouco era capaz de se mexer muito. – Fjord!

O cão nem piscou. *Você não vai morrer, certo? Nem pense em fazer isso comigo.*

Bateram à porta. Com um esforço extra, Jordi sentou-se na cama da forma mais ereta de que foi capaz.

– Entre.

Ainullah entrou.

– Você está bem? – quis saber o rapaz. – Precisa de alguma coisa?

– Sim, quero que você leve uma carta. Espere.

Jordi escreveu seu pedido de desculpas a Cat e ao restante dos expedicionários por não ir buscá-los no aeroporto de Islamabad. Bem, ao menos a doença lhe pouparia essa viagem cansativa, ainda mais levando em consideração o péssimo momento que atravessavam seus cofres.

– Tome – disse a Ainullah. – Mande ainda hoje pelo fax de Babu.

– Antes de ir, vou trazer algo para você comer.

– Estou sem fome.

— Precisa comer.

— E o Fjord?

Ainullah deu uma olhada no malamute de aspecto moribundo.

— Vai ficar bem.

Pouco depois, Ainullah depositou sobre a cama uma bandeja com um prato de arroz branco, outro de pepino cortado e um copo d'água. Jordi só comeu o pepino. Deixou o copo pela metade.

No meio da tarde, Fjord tentou levantar-se, mas suas patas se dobraram. Seu dono conseguiu caminhar até a vasilha para deixá-la debaixo do focinho do cão, que começou a beber com sofreguidão. Sairiam dessa.

Os pesquisadores Jean Luc e Claire G. haviam acompanhado Cat da França. O restante do grupo era completado por Ainullah e pelos estudantes de arqueologia Ilal e Hassan. Com o dinheiro do museu, alugaram um jipe vermelho e encararam a inóspita estrada de Mastouj em meio a blocos de quartzito espalhados pela planície, antes de atravessar as áridas passagens do vale do Yarkhoum.

Os novatos ficaram impressionados com os cavaleiros furtivos de feições pseudoneandertais, os nômades que ordenhavam iaques. Claire quase gritava ao ver lavanda-branca ou alhos-silvestres, um consolo para as rochas decepcionantes dos primeiros dias: "Nada interessante. Tudo tem menos de cem anos." (Diário)

Os bosques de cedros, as fileiras de tamarindos, o enclave de Shusht erigindo-se no final da neve, na encosta de uma montanha deslumbrantemente branca, compensavam a geóloga dos relativos achados técnicos. Surpreendeu-se por encontrar mármore na gruta de Baghtamshal.

Jordi, por mais que usufruísse do espaço familiar, sabia que aquelas investigações não iriam melhorar o conceito que a comunidade científica tinha dele, e limitou-se a escoltar os expedicionários, dar-lhes explicações, despachá-los.

De qualquer modo, naquela viagem ele estreitou ainda mais sua relação com Claire. A geóloga espevitada, de cabelos sempre despenteados e cara de duende, lhe agradou desde que se conheceram na França após uma conferência sobre hominídeos selvagens. O interesse era mútuo. Para Claire, Jordi parecia alguém apaixonado com ideias muito próprias sobre a sociedade. E o melhor é que enfrentava as ideias de outros com argumentos sólidos.

Quando os dois se despediram, Ainullah perguntou a Jordi:

— Você tem mulher?

— Não. Tive uma, mas morreu num acidente de carro – mentiu. – Isso já faz muito tempo.

— Claire é uma boa mulher, ela está bem... – disse Ainullah.

Jordi olhou para ele. Alguns segundos. Esboçou um sorriso.

— É, está muito bem – respondeu.

Por que será que Claire me atrai? Pelo que fala. Por sua discrição. Pela história interessante de sua vida. Se eu continuar em Chitral, talvez no ano que vem nós voltemos a nos encontrar, não me incomodaria de conhecê-la melhor.

E encarou um novo inverno.

As temperaturas baixaram depressa a partir de outubro, a neve chegou. Ele mandou um fax a Andrés: "Nenhuma novidade por aqui. A única é a guerra do Afeganistão."

Massoud aumentava sua lenda esmagando talibãs. Jordi lia diariamente e em voz alta livros em francês e inglês para Shamsur, embora o aluno seguisse sem avançar grande coisa. Também lia, em silêncio, sobre os kalash. De vez em quando descia até o Mountain Inn de Chitral, cumprimentava Babu e ia se sentar numa das cadeiras do jardim para fumar até que o frio o deixasse demasiadamente desconfortável. Sondava as montanhas. Às suas costas, 23 quartos vazios.

A sensação de estar sozinho.

De ser único.

Se desejava se comunicar com o exterior, com Peshawar ou o Ocidente, punha a cara na porta e dizia:

— Babu, prepare-me um sanduíche com três ovos e tomate. Quero mandar este fax.

Ou dizia:

— Vou dar um telefonema.

E Babu lhe dava linha enquanto lhe servia fruta. No verão, comia manga, banana, laranja, maçã, peras, abricós, melancia, melão. E o mesmo, porém amassado, no inverno, alternando com frutos secos. O rádio costumava dar notícias de sequestros, atentados e batalhas. Às vezes, Jordi e Babu dividiam folhas soltas de um jornal.

— Como vai o barmanu?

— Falta pouco para ele se esconder por aí.

Não falava de outra coisa com Babu, e até com os hóspedes do hotel. Prestavam-lhe uma atenção verdadeira, ali todos acreditavam em *yetis*. Ainda não sabiam que Chitral não ia acolher mais caçadores dessa classe. Até hoje, Jordi foi o primeiro e o último.

Como Babu fora guia de centenas de grupos de *trekking* e safáris, também conversavam sobre rotas de montanhas. Quando se calavam, o silêncio podia se prolongar.

Babu balançava seu inseparável rosário entre os dedos.

O rádio informava.

— Até logo, Babu — disse Jordi naquela tarde, como em tantas outras.

E saiu para a avenida Grão-Bazar. Passou diante de barracas de vendedores acocorados. Não cruzou com mulheres. Sentiu que já fazia parte daquela paisagem. Havia assimilado sua luz e suas imagens e era capaz de olhar sem ver cenas dantescas próprias da nossa Idade Média. Homens mutilados arrastavam o que lhes sobrara de pernas pela neve suja apoiando-se sobre mãos que enluvavam com sapatos. Bocas desdentadas exalavam bafo como dragões. Um menino depositou sua fumegante chaleira diante do monte de farrapos que cobria um velho, ou o que restava dele.

Pensou em como arranjar dinheiro.

Em como permanecer ali.

Pensou nos kalash, que sobreviviam assediados pelas mais duras circunstâncias. Haviam aguentado milênios. O que podiam lhe ensinar?

Tenho de me instalar em seus vales.

Chegou em casa mais tarde que o normal e a encontrou vazia. Shamsur fora passar uns dias com a família em Shekhanandeh. Ainullah já havia pedalado até seu abrigo. Respirou fundo para sentir o cheiro da madeira e o perfume de ervas e especiarias que caracterizavam a casa. Na solidão, a terra, o campo cheiram mais.

Jordi fez um chá e cumpriu seu ritual de todas as noites: estendeu uma manta velha sobre a cama, chamou Fjord para se refestelar em cima dela. Brincou com ele até que o cão ficou quieto, sugerindo que era hora dos mimos. E, como costumava fazer, enquanto o acariciava, Jordi falou. Falou de como o ser humano tinha permitido que a religião pervertesse seus instintos e de quanto ainda lhe custava entender as orações muçulmanas de madrugada. Lembrou-se de uma missionária católica fanática que conhecera em seus primeiros dias em Chitral, e na insistência de uns e outros para arrastar para suas causas divinas aqueles que tinham por infiéis. Quantas vezes tinha discutido por causa da maldita religião.

— Os monoteístas não têm piedade — murmurou, e amaldiçoou os pregadores num tom tão moderado que não comoveu Fjord. Pouco depois, o cão pulou da cama, se deixou cair junto à pele de animal que servia de capacho e ambos dormiram.

De manhã cedo, Jordi dirigiu duas horas até o vale de Bumburet. Conhecia vários kalash, mas de modo superficial, e resolveu começar por onde na realidade havia começado.

— Olá, Abdul, como vai? Em 1988, nós nos vimos neste mesmo hotel, está lembrado? Vim com um amigo, Yannik, um rapaz de cabelo comprido...

— Uf, isso faz muito tempo. Não me lembro, mas sente-se. Quer um chá?

Abdul mandou que uma de suas filhas lhes servisse chá no jardim. E foi ali, sim, que desta vez tudo começou.

Jordi perguntou sobre a situação dos kalash, e Abdul Khaleq falou de nozes, historicamente básicas para o comércio e a alimentação de sua etnia.

— Os muçulmanos estão comprando todas as nossas nogueiras em troca de pequenas quantidades de açúcar, chá, arroz ou sal. Os kalash que as vendem a eles... estão cometendo um erro.

— Por quê?

— Daqui a pouco os fazem pagar impostos exagerados para comer as nozes que dão naqueles que eram seus próprios campos.

— E por que vocês vendem a eles?

— Necessitamos desse açúcar. Desse chá. Desse arroz. Desse sal.

Abdul falou da devastação dos bosques. Das perigosíssimas estradas para chegar aos seus vales. Da falta de uma rede de telefonia. Do governo, que obrigava a educar os filhos no Corão, embora de qualquer modo eles ficassem muito pouco na escola, porque a pobreza das famílias obrigava a pô-los para trabalhar logo no campo.

— Menos mal que temos o turismo. É isso o que nos salva por enquanto. Mas se os talibãs continuarem assim...

— Pois não se nota essa tensão nas ruas. Os kalash e os muçulmanos são amáveis entre si.

Abdul deu uma olhada para o fundo do jardim sem limites. Na grama que descia pelo vale, dois homens barbudos deitados conviviam com meninos kalash que brincavam.

— Viver é preciso — respondeu Abdul.

Era o que havia lido anos atrás no livro de Loude!* E nem lhe fez caso ao chegar. Que idiota! É claro que Loude tinha razão, por algum motivo ele havia estudado aquela gente durante anos... O encurralamento existia. A mútua animosidade também. Só que a diplomacia ainda era capaz de dissimular o ódio aos olhos forasteiros.

Depois de conversar com Abdul, subiu a ladeira até Shekhanandeh, onde encontrou Khalil.

– Jordi. Que surpresa! Não o esperava – disse o nuristanês. Quantas vezes já havia contado a seus colegas a incursão suicida em Jalalabad. Desde então, ver Jordi o remetia de imediato àquela jornada agridoce.

– Olá, Khalil. Quero lhe pedir um favor. Vou à França passar o Natal e tenho material demais em casa, além do carro... Gostaria de guardar algumas coisas na garagem da sua família... – fez um sinal com a cabeça em direção à garagem. – Não quero incomodar. Se pudesse, deixaria em outro lugar, mas é que em todo lado me pedem um montão de dinheiro.

– Deixe aí o que quiser, não se preocupe. Você sabe que aqui é tudo grátis para você.

Ao voltar da França, na primavera de 1997, Jordi pediu a Khalil que mantivesse seus trastes por mais uma temporada na garagem e, ao mesmo tempo, lhe pediu ajuda para conseguir uma casa perto de Shekhanandeh, na parte mais alta do vale de Bumburet.

– Deveria ser, antes, grande, vou precisar de espaço para esvaziar de vez a sua garagem.

Tivera um inverno inteiro para elaborar seus planos de futuro. Suas últimas semanas na França pareceram intermináveis, repassando projetos, lendo ainda mais sobre os kalash e convencido de

---

* Jean-Yves Loude, etnólogo francês que viveu no Paquistão e escreveu sobre a cultura kalash. (N. do T.)

que aquela era a geografia ideal para estabelecer sua base de operações.

Shekhanandeh significava um ponto bastante adequado para se aproximar dos kalash: lhe permitiria continuar em contato com seus amigos muçulmanos – os nuristaneses de Shekhanandeh o são – ao mesmo tempo que se aproximava dos pagãos, cujas construções começavam dez minutos vale abaixo, no povoado de Krakal. Além do mais, depois de Shekhanandeh, a senda que entra pelas montanhas vai desembocar no Afeganistão. Era, enfim, a localização perfeita.

Khalil mostrou a ele um terreno em torno de uma casa semidestruída.

– Quero uma casa, não ter de construí-la. Não posso gastar tanto.

– Mas você pode vir para cá agora mesmo.

– Não, por favor, arranje-me outro lugar. Uma casa feita, acabada.

Vários meses depois, Khalil continuava a remetê-lo àquele pedaço de terra.

Jordi foi dirigindo pelo vale de Bumburet até o povoado de Krakal. Quando não deu mais para avançar de jipe, ele saltou e começou a subir a ladeira íngreme pisando com as botas de montanha os finos fios d'água que serpeavam pelo caminho. Riachos e mananciais mantinham sempre encharcados vários trechos da senda que corta Bumburet.

Chamou Khalil da porta de sua casa. O nuristanês chegou à varanda e com um aceno de mão lhe disse que descesse.

– Por que você não quer me ajudar? – disse Jordi enquanto Khalil descia a escada alisando a barba. Ainda nos degraus, enrugou a testa e ergueu a mão.

— Calma. Vamos dar uma volta.

Caminharam até os milharais que se estendiam no sopé do penhasco no qual se erige a aldeia. Ao se embrenharem nas sendas que rodeavam os campos, Jordi retomou as perguntas:

— Por que você não me ajuda, hein? É tão difícil assim encontrar uma casa neste povoado caindo aos pedaços? Olhe isso. — Sobre suas cabeças havia molduras de janelas soltas; por janelas sem vidro se divisavam telhados carcomidos ou cheios de buracos; em várias paredes faltavam pedras; a continuar assim, algumas construções não demorariam a desabar.

— Tenha paciência, eu não posso fazer mágica. Você é estrangeiro. Aqui as coisas vão como vão. E não vão rápido.

— Não me sacaneie, Khalil, que eu também vivo aqui.

— Não, você mora em Chitral.

— As coisas não mudam tanto em duas horas de carro.

— Pode ser que sim.

Continuava discutindo? No final, não chegaria mesmo a lugar nenhum, conhecia bem o amigo. Voltou à senda sem se despedir. Não havia nada que fazer com aquele tremendo preguiçoso. Não era de estranhar que os nuristaneses vivessem na miséria, sempre demorando a dar respostas, até para um bom negócio como o que ele estava propondo! Ou será que não queriam que ele se instalasse em seu território? E, se fosse isso, por que não diziam logo, sem rodeios? Bah. Voltou furioso ao caminho, começou a descer.

— Ei, Jordi! — Abdul Khaleq empilhava lenha no quintal de uma casa. — Aonde você vai?

— Esse Khalil... se continuar a lhe dar trela, nunca que virei morar neste vale.

— Você continua com a ideia da casa?

— Vim para isso...

— Esta lhe agrada?

— É a sua, não é? Aquela casa de que me havia falado.

— Estou querendo alugar.

— Você não a usa?

— Para quê?

— Não sei. Agora mesmo você está aí, trabalhando nela.

— É preciso mantê-la, mas eu já moro no hotel com minha família... e não seria nada mau um dinheirinho extra.

— Por que você está me oferecendo? Parece uma boa casa, e está num lugar privilegiado... Há de haver muita gente interessada nela, não?

— Você não é muçulmano.

A casa de Abdul era a última construção kalash antes do trecho que levava aos domínios muçulmanos de Shekhanandeh. Na outra direção, ainda era preciso descer alguns minutos para chegar ao povoado kalash de Krakal. Realmente, estava a meio caminho dos dois, em zona quase neutra. E praticamente isolada. Somente duas famílias muçulmanas viviam nas proximidades.

Jordi pediu para dar uma olhada.

A propriedade se estendia além do que aparentava, subindo pela encosta de uma colina. A parte alta do terreno seria um bom lugar para os cães.

Junto à entrada erguia-se um pequeno estábulo, a escassos metros de uma casinha que poderia servir de banheiro. A poucos passos, outro módulo independente oferecia lareira, local para cozinhar e um quarto. E subindo umas escadas chegava-se à varanda da qual lhe havia falado Abdul e onde se achava o bloco principal da casa, maior que os anteriores, porque se compunha de dois módulos geminados.

Da varanda, contemplou a vista do vale, do maravilhoso povoado de Shekhanandeh, das montanhas afegãs.

Também foi seduzido pela solidão ao redor.

E por viver num lugar que marcava uma fronteira.

Só faltavam as rúpias.

XXVIII

Além do comandante Gould, milhões de pessoas simpatizaram de certa forma com o monstro do lago Ness. O lago recebe todo ano milhares de pessoas que desejam contemplar suas águas em busca de ondas ou espumas inesperadas. A economia local já depende do monstro. As pessoas continuam sem vê-lo, não há motivos concretos para acreditar em sua existência, mas a cada ano o aluvião de peregrinos se renova. Por quê? O que procuram?

O encanto do lago é ter-se erigido num ponto de referência para a fantasia. As pessoas vêm imaginando que seus sonhos poderiam se materializar de repente bem ali.

A imaginação tem também seus santuários.

Imaginar. Supõe-se que todo mundo o faz, em qualquer lugar, e, embora isso seja verdade, não o é menos que as pessoas precisam de lugares. Lugares onde acreditar.

XXIX

Os mais velhos, os mais difundidos relatos do mundo são os relatos de aventuras, sobre heróis humanos que se aventuram em regiões míticas arriscando a própria vida, e trazem de volta histórias do mundo para além dos homens... A arte narrativa por si mesma vem da necessidade de contar uma aventura; esse homem que arrisca a vida em perigosos encontros constitui a definição original do que merece ser contado.

PAUL ZWEIG, *O aventureiro*

— Você e a sua editora podem ganhar um bom dinheiro com o livro de Jordi, não? — disse Esperanza numa cafeteria da Gare de Lyon, em Paris.

Já íamos nos despedir após diversas visitas a pessoas que haviam conhecido Jordi nessas duas cidades, Paris e Lyon. Faltavam duas mordidas para acabar com o sanduíche que tinha comprado num *fast-food*. Disse mais alguma coisa:

— Bem, você já está sendo pago pela pesquisa. Já veio muitas vezes à França, quer ir ao Paquistão...

Havia meses que vínhamos trocando intimidades, mas até então Esperanza não se atrevera a abordar abertamente as questões econômicas. De fato, durante um bom período da pesquisa, ninguém da família Magraner abordou dois assuntos tão cruciais para entender uma vida como o são o sexo e o dinheiro. Sua ausência nas conversas era tão notória que multiplicava meu desejo de saber.

No imaginário dos Magraner era como se ambos os temas tangenciassem o tabu, sem dúvida afetavam sua intimidade mais profunda, e por isso eu não queria forçar a situação. Imaginei que com o tempo e a confiança os temas apareceriam.

O momento do dinheiro havia chegado.

Estava claro que eu acreditava que conhecer Chitral era indispensável para o livro e que eu desejava que Esperanza me acompanhasse, e que isso custaria uma quantia importante.

– Você tem mesmo certeza de que quer ir lá?

Em junho de 2009, os meios informativos ocidentais apontavam a região da North West Frontier Province do Paquistão como possivelmente o lugar mais perigoso do mundo, e é claro que Esperanza temia os riscos da viagem, razão por que repetia com frequência que para sua mãe bastava um assassinado na família, mas a verdade é que ela também queria ir.

– É hora de encerrar esta história – dissera. – Jordi continua enterrado em Krakal. Embora repatriá-lo... Por um lado, haveria que falar com os kalash para trazer o corpo, eles gastaram muito dinheiro com o enterro, sacrificaram cabras... aqui ele não teria tido um funeral como aquele. Tem gente que não compreende, mas eu respeito os kalash. Não é fácil decidir onde deve ficar o corpo. O que você acha?

– Ele sempre fez o possível para continuar lá.

– É... embora os kalash até concordassem em repatriá-lo... não sei se Jordi ia querer. Eu gostaria de voltar para enfeitar o túmulo. E levar minha mãe. Acho que ela se sentiria bem junto ao túmulo do filho. Nós dissemos a ela que foi confirmado que o cadáver era mesmo de Jordi, mas nunca lhe mostramos fotos do corpo. Ela não tem provas. Talvez precise encarar a verdade, ver o local onde ele descansa. E, bem, na realidade eu acho que não faz mal que o túmulo dele permaneça no vale. Mas gostaria de mandar fazer uma lápide decente, com seu nome, para que quem visite as montanhas saiba que ele viveu lá e se lembre dele.

Esperanza queria ir, e eu de início lhe havia proposto custear a metade da sua viagem. Depois, optei por lhe pagar integralmente a passagem. Agora, na estação, Esperanza sondava com todo o cuidado quais eram as possibilidades financeiras do projeto que nos unia. Nunca falava abertamente de dinheiro, como se a intimidasse dar cifras ou entrar numa ciranda de números que de algum modo ia conspurcar a memória de seu irmão. As razões que a impeliam eram absolutamente genuínas, límpidas, sentimentais, e o dinheiro era uma presença excessivamente desalmada para se incluir no mesmo pensamento. O maldito dinheiro. Uma companhia aflitivamente obscena ao longo de toda a sua vida, um poder que sempre maltratara sua família e do qual não havia meio de escapar. O dinheiro pairava como sinônimo de algo intocável cujo nome era melhor evitar e que, não havendo mais remédio, mencionaria baixando a voz.

– Quem sabe a editora não poderia pagar a lápide...

Reconheci perfeitamente a precaução, aquele acanhamento, a quase covardia na hora de enfrentar negociações. Conheço a angústia e o pudor que provoca não apenas pedir dinheiro, mas simplesmente falar dele. Aqueles que como nós viram tão pouco dele, a quem tanto foi negado, os que gastam sempre com um olho no calendário de certa forma reverenciam seu poder enquanto simulam desprezá-lo ou até, às vezes, se jactam de esquecê-lo. "De quem você foge? Aquele de que você foge, é desse que você é." Palavras de um poeta. O dinheiro se situa numa dimensão acima do nosso alcance, e, para alguns, falar dele é como falar de alguém que costumamos ver, mas que se nos apresenta como um grande desconhecido, de maneira que não podemos nos permitir intimidades nem mencionar seu nome sem tensão. Também sabemos que esse totem odiosamente necessário não admite descuidos, que ao mínimo deslize se esfumará, e quando é preciso falar a sério de dinheiro nós o fazemos com timidez, porque sua realidade e os estragos que poderia causar, que nos causou, intimidam. Nunca foi generoso conosco, e achamos que nunca o será, mas sua presença onipotente nos obriga a lidar frequentemente com ele, nossa vida depende em grande parte dele. É assim que pensamos.

— Tenha certeza de que se estou aqui não é por dinheiro — respondi. — Eu só escrevo livros. Publiquei vários, e minha conta-corrente continua mais ou menos como quando comecei. Os milionários em literatura são dois, mas na maioria dos casos, no meu pelo menos, e já que falamos de dinheiro, o objetivo é que um livro pague o seguinte. É claro que você sempre acredita que algum deles vai fazê-lo sair de onde está, mas eu não escrevo por causa disso, como tampouco creio que Jordi pesquisasse para ficar rico. O dinheiro que me pagam para escrever a história dele não é nada mau, mas sequer cobre as viagens e o tempo que vou lhe dedicar, de modo que para sobreviver preciso ao mesmo tempo ir escrevendo reportagens, dando palestras... Se pesquiso seu irmão, é porque acredito que sua história merece ser contada, é uma das mais incríveis que já ouvi, e acredito que envolve sentimentos nos quais muita gente pode se ver refletida. A vida dele é a metáfora de muitas, eu próprio me vejo constantemente nele, e quero lhe prestar a homenagem que merece, porque é um ato de justiça e porque, por estranho que possa parecer, a história de seu irmão me cala fundo.

Foi automática a certeza de ter feito um discurso melodramático digno do próprio Jordi. Relaxei. Esperanza sacudiu as migalhas, entre satisfeita e esperançosa.

— Portanto, não se preocupe em relação à lápide — acrescentei. — Encontraremos alguma solução.

Os cafés que pedimos ao nos sentarmos já haviam esfriado.

— Tenho de resolver se vou ou não — disse ela. — Aquilo lá está muito perigoso. Tenho de pensar.

Pouco depois, apareceu Claire G., de bicicleta e saia curta, os cachos ao vento, exibindo binóculo de exploradora. Meu trem estava para partir. Beijei as duas mulheres, que ficaram conversando diante do portal lindamente envidraçado da Gare.

XXX

— Alexandre! Ajude-me aqui com isso, por favor — gritou Claire, que não conseguia deslocar decentemente a maior bolsa de sua bagagem. Alexandre ameaçou pegar pela alça, mas, ao se dar conta de que manobrar só lhe facilitaria as coisas, carregou todo o peso até o lado de fora do aeroporto.

— É esse aí — disse Claire levantando uma das mãos para saudar Jordi.

— Claire!

Jordi deu uns pulinhos até ela, beijou-a nas duas bochechas, esfregou seus braços para cima e para baixo várias vezes sorrindo feliz.

— Este é o Alexandre — disse Claire. O rapaz acabava de largar a bolsa junto à roda do jipe de Jordi. Suava copiosamente apesar do mínimo trajeto percorrido.

— Bem-vindo a junho — disse Jordi apertando sua mão.

— Ah, não me venha com coisas estranhas. O Alexandre está preparando uma tese sobre a evolução da linguagem, só falta que o confundam com trava-línguas.

Jordi pegou a bolsa e com um único movimento jogou-a na traseira do jipe. Alexandre ficou impressionado.

— Cat manda lembranças — disse Claire.

— Sei.

— Não seja implicante, ela não podia vir. Afinal de contas, é ela que avaliza esta pesquisa e que conseguiu financiamento do governo francês.

— Sei: pesquisa...

— Pesquisa pré-histórica, isso mesmo. Eu não ia dizer que vínhamos por causa do barmanu... Ninguém dá dinheiro para caçar monstros.

O grupo tinha subido no jipe. Jordi introduziu a chave na ignição, e eles saíram da pequena esplanada que servia de estacionamento.

— E você para que veio? — perguntou Jordi correndo os olhos pelo seu copiloto. O cabelo de Claire serpeava com a velocidade.

— Eu é que sou bem chegada a pesquisas... — disse ela tão séria que os dois riram.

Horas depois, Claire confirmou em seu diário que estava disposta a seguir o rastro dos últimos caçadores-coletores da Ásia Central.

Jordi ficou entusiasmado por vê-la. Claire realmente lhe agradava bastante, e, por outro lado, por mais que o orçamento da missão fosse uns 15% menor que o de 1996, a chuva de rúpias o ajudaria a atravessar o verão.

— É disso que vamos precisar — disse ele a Claire, estendendo-lhe uma folha de papel.

Jordi inflacionara ligeiramente algumas despesas com a intenção de destinar a diferença a cobrir dívidas. Claire reviu os cálculos.

— Vai sair mais caro que o esperado. Aqui há mais pagamentos, e são mais elevados que o previsto.

— O custo de vida também sobe aqui. De qualquer forma, não é tanto assim. Se vocês não tivessem reduzido a verba destinada à missão... mas não há problema, eu tenho muita ferramenta guardada na garagem dos pais de Khalil e Shamsur e tudo isso vai sair de graça.

Passaram a manhã seguinte na garagem, selecionando o necessário e observados por meia Shekhanandeh.

— Outra coisa: não temos as autorizações para nos movimentarmos pela região — disse Jordi quando o material selecionado já estava a bordo do jipe. — Já pedi umas mil vezes, e não há jeito de eles darem. Mas não se preocupe, aqui às vezes acontecem dessas coisas, os vistos de turista bastarão.

Partiram com quatro cavalos, dois cães, Fjord e sua filha Taïga, com Jordi ao volante de um jipe com motor novo. Em Ayun, embarcaram os cavalos num caminhão que os levou até as rotas de montanha, de onde empreenderam a exploração sem veículos.

Caminhavam sem comer durante horas, e quando encontravam algum posto de abastecimento só podiam lhes oferecer água, de modo que foram consumindo as reservas de tomates, pepinos e melões.

Jordi às vezes murmurava a letra de um velho canto de soldados árabes que dizia: "Vamos bem alimentados? Não. Vemos o mundo? Sim."

Claire se entretinha contemplando o trote e a silhueta de Fjord. Assim que pudesse limparia suas orelhas, anormalmente sujas de cera. De vez em quando, os cavaleiros cavalgavam para que o ar os aliviasse do calor, e então se fundiam com os animais até formar outra mera parte da paisagem. Não havia mais nada em que pensar, só terra à frente. E, se em algum momento Jordi abandonava aquela inércia, era para se observar, magnífico na montaria, ereto e forte, com plena consciência da maravilha de possuir um corpo. Quase desejava suar para sentir o frescor das gotas escorrendo.

Ao anoitecer, as vivências do dia lhes pareciam solenes.

Após duas jornadas, os cavalos estavam com as articulações das patas inflamadas e com escoriações em cima dos cascos. Um deles mancava ostensivamente. Jordi dedicou um dia inteiro a tratá-los. O cavalo coxo recebeu várias esfregações com algodão empapado em óleo fervido com sal e, já ao pôr do sol, conseguia apoiar a pata com firmeza.

Um dia depois de cruzarem ilegalmente a fronteira de Lasht, aproveitando a ausência de guardas na guarita, uma dupla de Chitral Scouts se aproximou deles cavalgando.

– O que dizemos caso nos peçam as autorizações? – quis saber Claire.

Jordi não respondeu, mas estava preparado: enumeraria todos os professores e políticos paquistaneses em que confiava para que os soldados lhes permitissem seguir viagem. E, se fosse preciso, recorreria ao nome do coronel daquela unidade militar, Javeed Kamal, com quem se dava muito bem. Os militares cumprimentaram inclinando a cabeça, um de seus cavalos empinou.

– Olá – disse o de uniforme mais bem passado. – Estávamos para começar uma partida de polo, e dois jogadores viriam a calhar. Algum de vocês se anima?

Ainullah e Jordi montaram seus dois melhores cavalos e passaram uma tarde feliz, embora Jordi tenha se limitado a ver a bola passar. Gostava de cavalgar, mas não era um bom cavaleiro, e além disso não teria conseguido competir com aqueles especialistas, de modo que essa carência não chegava a incomodá-lo. A questão era compartilhar corridas naquele cenário de lenda, sentir o vento, saber-se um privilegiado. Às rédeas do cavalo a galope, sentiu como se estivesse referendando a grandiosa experiência de viver nas montanhas.

À noite, Jordi contou que no Paquistão muita gente jogava polo em burros, relembrou passagens do esporte e explicou uma história que ouvira dos lábios do seu amigo hoteleiro Babu.

– Jogando polo, os cavalos alcançam grandes velocidades. Neste esporte é preciso mais habilidade do que muita gente pensa. O irmão do Babu morreu durante uma partida. Seu cavalo se chocou com o de um rival, e os quatro morreram: os cavaleiros e os cavalos.

Das montanhas chegavam barulhos incertos que eram ouvidos com nitidez. Jordi quis acrescentar gravidade ao instante, adorava se divertir, o que podia fazer?

— Os cavalos são parte desses homens — disse. — Todo dia eles nos ensinam alguma coisa.

Em 3 de julho, os cavalos da expedição ficaram presos num lodaçal. Um deles permaneceu imóvel, sem fazer força para escapar.

— É típico dos herbívoros — disse Jordi. — Não são combativos, não lutam para salvar a pele. Viram presa fácil dos predadores.

Seja como for, conseguiram salvá-lo.

Nos dias seguintes, enquanto Claire descobria choupanas de concepção neolítica e leitos de riachos secos onde o quartzito se acumulava, Ainullah praticava tiro com carabina. Assim matou uma marmota, que eles todos comeram defronte de geleiras. Taïga quebrou a coluna vertebral de um carneiro, que também lhes serviu de alimento. Um que outro proprietário pediu dinheiro para deixá-los atravessar suas terras. Pradarias imensas, montanhas geladas, lagos edênicos. Poucas vezes pagaram para caminhar. Jordi pôs para correr um daqueles arrecadadores brandindo sua Muela bem afiada, e, enquanto o viam afastar-se, disse:

— O que esse reizinho pensa que é? Como se isso aqui pertencesse a um homem.

No dia 12 de julho, o grupo se preparou para atravessar um rio enegrecido pela saturação de xisto e limo. Como a ponte próxima só admitia volumes humanos, Ainullah foi verificar o curso d'água. O rio descia impetuoso, mas eles haviam passado por outros piores e o pescoço dos animais ficava fora da água o suficiente. O rapaz amarrou uma corda no rabo de um cavalo, e o fustigou.

Era um animal cinzento e mal-encarado que Jordi comprara um ano antes, rebelde, mas de energia incomum. Chegou à outra margem. Jordi amarrou a corda no rabo do segundo cavalo. Ao entrar, a água ficou revolta. Ondas negras vez por outra cobriam totalmente a besta, fazendo-a desaparecer por alguns segundos. Talvez pela inflamação no espinhaço, pela febre com que havia amanhecido, ou pela natureza herbívora, o cavalo parou de lutar.

Os expedicionários puxaram a corda para devolvê-lo a terra enquanto a água brotava de suas fossas nasais. Estava com os olhos desorbitados. Cerraram os dentes, suas mãos sangravam, Jordi puxava mais que todos, era o mais forte, ele havia alugado aquele cavalo, perdê-lo custaria uma fortuna... e, ao perceber que arrastavam um peso inerte, puxou com mais ímpeto ainda. Assim que puseram o animal em terra, Jordi se precipitou sobre o corpo, se inclinou sobre seu peito e em ritmo pausado aplicou-lhe uma massagem cardíaca a golpes de joelho. O bicho expulsava água, mas não reagia. Jordi agarrou-lhe o focinho com as duas mãos, inspirou ar e lhe fez o boca a boca pelas narinas. Claire batia forte na caixa torácica após cada série e nada. Morreu.

— Terrível, não, Claire? – murmurou o jovem Alexandre, absorto na figura do cadáver.

— Foi interessante — respondeu a cientista. — Estranho. É a vida.

Enquanto Jordi cortava o rabo do cavalo em silêncio, Ainullah se culpava por tê-lo mandado para o rio menosprezando sua enfermidade. Todos procuraram consolá-lo.

— Não aconteceu nada. Venha, vamos prosseguir — disse Jordi mais tarde, empunhando as rédeas de um cavalo vivo enquanto pensava nas 19 mil rúpias que teria de pagar ao dono do morto. Além disso, estava com pressa para voltar à cidade, necessitava renovar o visto, que estava perto de vencer.

Em Chitral, a temperatura era ainda mais alta, e tanto Jordi quanto Fjord padeceram fisicamente. O malamute voltou a adoecer de calor. Era horrível e desesperadora aquela impotência. Por que suportavam tão mal as temperaturas elevadas? Ele se instalou junto com o cão no lugar mais fresco da casa para recobrar as forças, estudando o processo de sua fragilidade, como ficava vulnerável naquelas circunstâncias. Como reagiria se alguém o atacasse durante um desses desfalecimentos? Em seguida, olhou para Fjord. Que cão! A ligação entre os dois fizera com que adoecessem juntos. Uma parte dele sentiu isso.

Escutou umas vozes na porta da casa. Em seguida, Claire o chamou:

— Jordi! Estão perguntando por você.

Deu uma boa respirada e se pôs de pé. Caminhou devagar até a soleira, reconhecendo o jovem pachtun que o aguardava.

— O que você quer? — perguntou no meio da sala.

— O chefe Zahïd quer vê-los — disse.

— Quem é o "chefe" Zahïd? — perguntou Claire.

— É o chefe da polícia secreta — respondeu o rapaz.

— A Gestapo — acrescentou Jordi com um fio de voz. E dirigindo-se ao emissário: — Diga-lhe que hoje não tenho tempo, irei outro dia.

Se Zahïd imaginava que com ordens, ameaças e pressão ia conseguir algo, podia esperar sentado. Jordi deu as costas ao garoto e, tão curvado quanto arrogante, se retirou em busca de ar fresco. Teve vontade de rir ao observar sua altivez em semelhantes condições, mas já não lhe restavam forças. O que estava pensando aquele fanfarrão de uniforme? Achava que ele iria atender aos seus chamados como um cachorrinho? *Você não me mete medo, Zahïd. Que fique bem claro.* Admitia que ante determinadas coações ele recebia como que um estímulo muito além do razoável, mas a verdade era que aqueles impulsos aparentemente ensandecidos continuavam servindo para delimitar seu espaço e ele se fazer respeitar, também pelas autoridades.

O jovem se foi.

— O que será que ele quer? — perguntou Claire.

Jordi deu de ombros. Não havia jeito de se livrar daquele sabujo de merda empenhado em culpá-lo sabe-se lá de quê. Zahïd não largava o rastro de Jordi, apesar do gesto conciliador que lhe implicou ter perdido a pista do barmanu.

Deixaram passar um dia. Jordi aproveitou para se recuperar minimamente e no outro dia apareceu com a amiga no gabinete de Zahïd. Claire achou o policial bastante jovem, amável, hospitaleiro.

— Vocês não estavam interessados em encontrar o barmanu? — disse ele, sentado atrás da mesa. — A que se deve que agora estejam se dedicando a missões arqueológicas sem autorização?

Quando Claire justificou cientificamente o interesse, Zahïd mandou-os ao andar de cima para falar com o superintendente de polícia. Jordi subiu as escadas reclamando.

— Não fale tanto, que isso só o deixa mais cansado — disse Claire. — Reserve-se para quando for necessário.

O superintendente os esperava de pé, com as nádegas apoiadas na beirada da mesa, e, seguro pela ponta dos dedos, um papel onde se proibia à equipe de Jordi e Claire toda e qualquer pesquisa no território por não disporem dos documentos exigidos nem estar acompanhados por um representante oficial do Paquistão.

— O senhor — disse Jordi esforçando-se para vocalizar com clareza e dotando a voz de uma gravidade e potência que disfarçassem sua fraqueza — sabe tão bem quanto eu que realizamos aqui um trabalho muito sério, procurando não molestar os habitantes das montanhas e...

— Você estudou agricultura? — interrompeu-o o superintendente, que, enquanto Jordi falava, estivera folheando relatórios sobre os estrangeiros que tinha à sua frente.

— Sim.

— Que especialidade?

— Agroalimentar.

— Nããããão! — O superintendente descruzou os braços rematados por maços de folhas. — Tal como eu!

Largou os papéis de qualquer maneira em cima da mesa, deu meia-volta a uma cadeira e convidou-os a se sentar. Menos mal, Jordi já estava ficando tonto. A maior parte do tempo falaram afavelmente sobre seus estudos e universidades, até que, já perto do final, o superintendente os censurou por não providenciar as autorizações.

— Desta vez vamos deixar passar, vamos considerar como uma distração. Mas, caso se repita, vão sofrer as consequências.

Ao sair da repartição, Jordi esbravejava:

— Não é possível que num contexto de cooperação com o Paquistão nós sejamos tratados como foras da lei. Claire, você deveria mandar uma carta de protesto aos mandatários daqui, com cópia para o embaixador da França. Desde que começou a cooperação, eles só fazem criar problemas.

No dia seguinte, enquanto Jordi viajava para Islamabad para renovar seu visto, Khalil contou a Claire como a polícia o havia assediado nas últimas semanas:

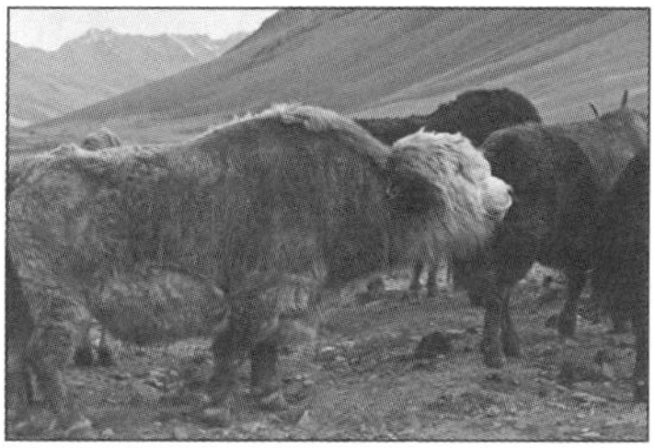

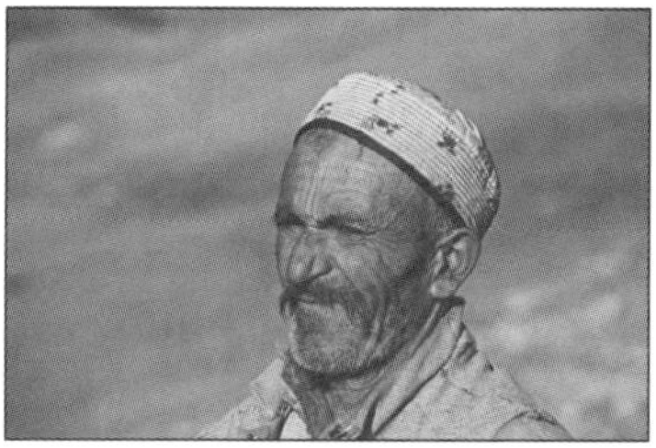

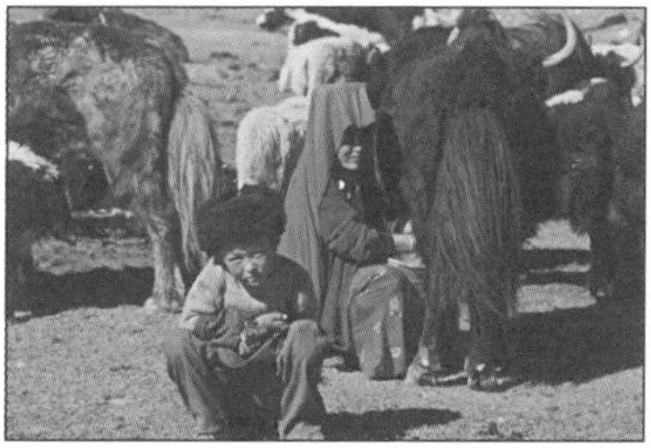

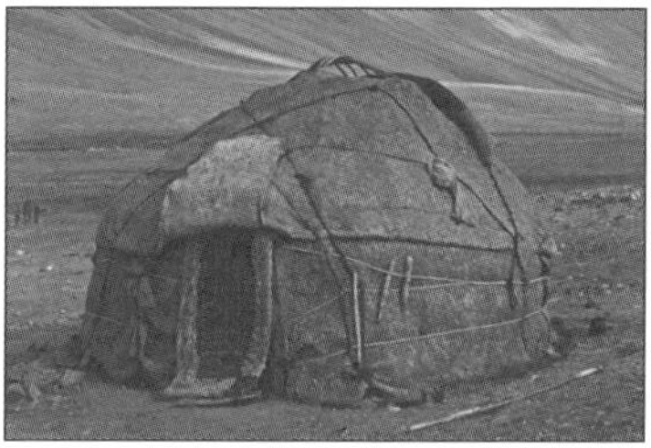

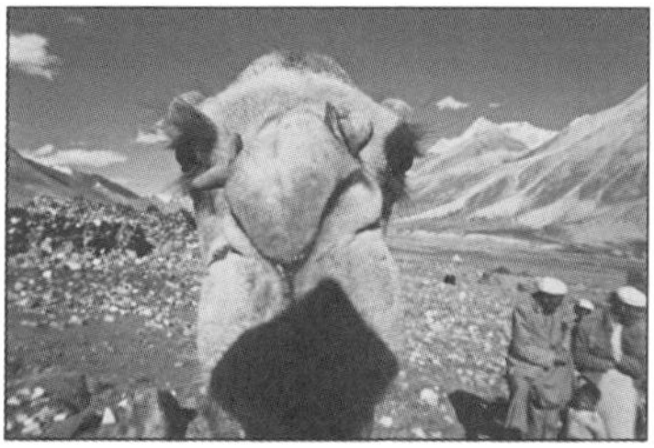

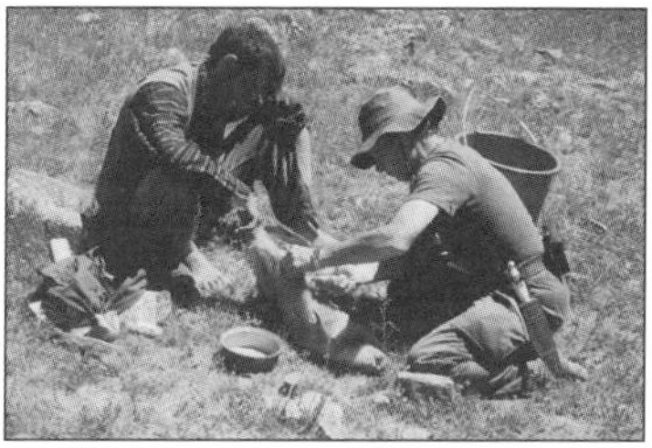

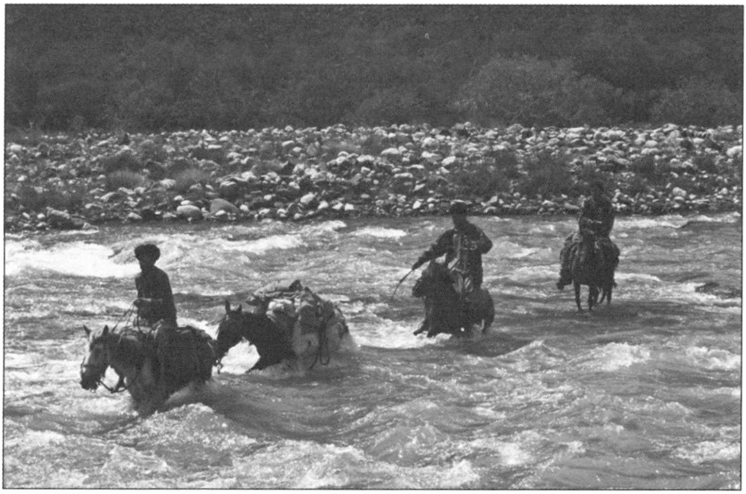

— Quando vocês estavam de viagem, me fizeram perguntas sobre Jordi, queriam saber o número do seu passaporte, me acusaram por tê-lo como amigo e acolhê-lo. Eu lhes disse que enquanto não me fosse proibido por escrito hospedar estrangeiros eu continuaria a vê-lo. "Vamos demiti-lo caso você continue assim", me disseram. "Pode dar adeus ao seu emprego."

Claire começava a deduzir a delicada posição em que se encontrava um Jordi que, surdo ou alheio às ameaças, continuava na dele, envolvendo-se em causas cada qual mais generosa e arriscada. E transferiu essa inquietude para o seu diário:

> Antes, Jordi não conhecia a polícia. Agora, ele a tem nos calcanhares. O fato é que os paquistaneses não gostam dos franceses porque eles apoiam Massoud.

Em 2 de agosto, eles comemoraram o aniversário de Claire. No dia 4, dormiram em Peshawar. No dia do regresso à França, Claire despertou às três da madrugada e já encontrou seu anfitrião de pé. Estava revisando os gastos da viagem, que fora orçada em 11.926 francos. Falaram do futuro, da sobrevivência e de como Jordi planejava "resgatar" os kalash.

— Se eu conseguir dinheiro suficiente...

Quando Claire abriu a dobra mais hermética da carteira, lembrou-se de seu pai uns dois meses antes empunhando duzentos francos e lhe dizendo: "Este dinheiro é só seu, não para a missão."

Claire enfiou os dedos naquele reduto até então intocado, tirou as cédulas e as entregou ao seu amigo.

XXXI

A cultura nuristanesa corre risco de morte. Seu único vínculo são os kalash [...]. E as ONGs, demonstrando total desconhecimento dessa cultura, vêm confiando suas escolas aos religiosos muçulmanos. As escolas são geralmente transformadas em madraçais, o que exclui *ipso facto* as meninas e limita o ensino aos meninos. E esses tampouco são muito numerosos, por dois motivos: de um lado, a maioria da população não tem apreço pelas madraçais; de outro, o sistema educacional clássico não está adaptado à mentalidade dos habitantes das montanhas nem ao seu modo de vida, regido pelo calendário natural. Além disso, os salários dos professores são tão baixos que eles preferem buscar outra fonte de renda para alimentar suas famílias. (Relatório de Jordi Magraner)

O professor Malek disse aos meninos: "Somos mais de três mil, talvez 3.500, e cultivamos uva para produzir vinho. O vinho, as vestes e o rosto descoberto das nossas mulheres, e o fato de nós, homens, apararmos a barba, são traços muito importantes da nossa identidade."

O ancião Kasi Khoshnawaz afirmou: "Nós, os kalash, dizemos que os homens adquirem a imortalidade pela lembrança deixada." O professor Janiar Khan assinalou: "O markhor é símbolo de fecundidade, nobreza, boa liderança. É o animal dos espíritos da montanha."

E seu colega Mirzamas explicou: "Outro dos nossos deuses é Guish, o deus da guerra do panteão kafir."

O GESCH (Groupe d'Étude et de Sauvegarde des Cultures de l'Hindou Kouch) foi fundado por Jordi Magraner em 1998 para divulgar no Ocidente a cultura dos vales. Com sede na casa da família Magraner em Valence, tal como a Association Troglodytes, as subscrições contribuíram para pagar os honorários de quatro professores kalash que, com o nome de Narradores da Tradição, desenvolveram um trabalho até então inédito: ensinar a meninos e jovens kalash a história de seus ancestrais.

— Necessitamos de mais meio salário – disse Abdul ao entrar no jardim do seu hotel, onde Jordi o esperava. Abdul acabava de fazer a ronda de reconhecimento periódica. Visitara as escolas e supervisionara os professores, a quem pagara, ademais, o primeiro salário.

Jordi lhe entregou um maço de notas dobrado.

— Tudo em paz?

Abdul guardou o maço de notas na *kamize* sem nem contar.

— Esta sua associação é a melhor coisa que podia nos acontecer.

E de meu irmão, pensou Jordi, porque Andrés continuava a lhe emprestar o dinheiro com uma regularidade que agora permitia que ele melhorasse os salários. O infalível Andrés, seu arrimo constante. Certa vez Erik l'Homme lhe dissera que financiá-lo era a forma de Andrés participar de um sonho.

– Mas você me deu muito dinheiro – disse Abdul aplicando umas batidinhas no volume que ressaltava sob a *kamiẓe*. – Aqui já está o do mês que vem?

– Não. Aí está o primeiro aluguel da Sharakat... se é que você mantém a oferta, claro.

Abdul deu-lhe um abraço.

Em sua nova casa, Jordi acabou de mergulhar no cotidiano kalash. Por fim, conseguiu tirar seus trastes da garagem de Khalil. No jardim, plantou abóbora, abobrinha, berinjela, tomate, feijão-verde, pimentão, e entre as hortaliças plantou arbustos de flores que repeliam os insetos.

Num trecho de rio, a uns quarenta metros da casa, Abdul fizera um viveiro de trutas aonde também ia de vez em quando pescar, e a partir de agora pensava em frequentá-lo para, de passagem, supervisionar as obras do seu inquilino. Poucos dias depois de combinar o aluguel, Abdul subiu para seu cantinho de criação e pesca habitual. Antes de enveredar pelo mato e pelas árvores, viu Jordi martelando uma estaca.

– O que você está fazendo?

Jordi terminou de fincar.

– Uma cerca. É para os cães, não quero que comam as galinhas dos vizinhos. Nem que briguem com outros cães. E você? Está indo pescar?

– Estou.

Jordi secou o suor com o dorso da mão. Seus dois anéis grossos, em forma de serpente, cintilaram.

– Se pescar coisa boa, traga, que eu cozinho esta noite, se você quiser.

Abdul se apresentou ao cair do sol levando metade do que pescara no dia. Jordi pôs os peixes na brasa e abriu uma garrafa de licor de abricó destilado pelos próprios kalash. Beberam, comeram e trocaram biografias.

— Eu nasci em 1959, em Bumburet. Meu pai era líder religioso e guarda florestal. Seu trabalho era controlar os clandestinos, proteger o corte da mata... Teve três mulheres, eu sou filho da primeira. Filho único. Isso não é muito normal por aqui, suponho que tenha ido bem nos estudos, porque meu pai logo me pôs numa boa escola de Ayun e depois me enviou por dois anos a um colégio particular de Peshawar. Eu tinha uns 18 anos e... bem, na cidade grande me senti meio desorientado, com todos aqueles burros e automóveis e ônibus... Era gente demais para mim, eu nem sequer sabia para que lado ficava o norte e onde era o sul.

— Mais ou menos como agora, não? — disse Jordi, porque ambos já estavam meio bêbados.

Começaram a rir. Beberam mais. Abdul relembrou a vez em que escapara de um professor que batia nele em Ayun.

— Fugi com um amigo, nós queríamos sumir, chegar a Peshawar. Éramos uns pirralhos, tínhamos seis anos, mas me lembro muito bem de uma coisa — o semblante de Abdul se alterou. — Em determinado momento da noite, perdidos na mata, enquanto tentávamos encontrar a estrada principal, vimos muita gente de barba às portas de uma mesquita. Meu amigo era muçulmano, mas eu fiquei assustado. Não gostei do que vi. Eu não era um deles, nunca vira tanta gente barbada junta... mas tinha ouvido histórias sobre eles. Achei que iam me matar.

Os homens se olharam com os olhos injetados de sangue.

— E ainda está achando, não é? — disse Jordi.

Abdul bateu com a mão na mesa.

— Ainda! — gritou, rindo. — Ainda!

De novo riram juntos.

— Bem, mas o que aconteceu? — perguntou Jordi por fim.

— Nada. Meu pai mandou um homem me procurar, e logo se vê que era um bom batedor, porque me encontrou.

— Deve ter lhe dado uma boa de uma surra quando você chegou em casa.

— Só me abraçou. E pediu que eu não fugisse nunca mais.

Abdul amara e respeitara sinceramente seu pai, queria deixar isso bem claro.

— Além de vigiar a mata, meu pai talhava madeira, era carpinteiro. Juntos, nós construímos o hotel que você já conhece. — Abdul tinha esvaziado seu copo de licor. Voltou a enchê-lo. — Morreu faz dois anos. E sabe onde eu estava? Trabalhando na construção no Iraque. Tentando ganhar dinheiro. Disseram-me que ele tinha bronquite, mas não que estivesse tão mal, ele dizia que não era nada. E, quando voltaram a entrar em contato comigo, já estava morto. Não pude ir ao funeral do meu pai. Minha ausência foi uma vergonha na comunidade.

A desolação cobriu o rosto de Abdul. Jordi se lembrou de seu pai, de sua família, pensou em quanto os amava. Teve saudade deles, compreendendo perfeitamente a dor de quem já considerava seu amigo.

— Aquilo foi um acidente – disse Jordi.

— No Iraque eu estava tentando ganhar dinheiro, você entende? Para comer...

— Você não tem por que se envergonhar, Abdul. Ao coordenar os Narradores da Tradição, você está demonstrando muita coisa aos que duvidam de você.

— O problema não é com a minha gente. Os muçulmanos nos tiraram tudo à força – disse Abdul sem erguer a voz, não costuma erguê-la. – Nem sequer compraram. Somos indo-europeus, e foram nossos antepassados que tornaram tudo isto possível – estendeu o braço num gesto largo. – Quando eu era pequeno, nos vales havia muçulmanos, mas não tantos. Talvez uns 20%. Agora são mais de 50%, 60%. Vieram muçulmanos de fora e se casaram com mulheres kalash, convertendo-as ao islã. Eles compram nossas plantações de nogueiras, nossas casas, e nenhum de nós pode fazer nada que dê dinheiro, que permita prosperar um pouquinho. O governo tem interesse em que os kalash permaneçam pobres. Daqui a cem anos, talvez já não reste nenhum de nós. Nós mesmos, os kalash, é que deveríamos tentar alguma coisa para que isso não ocorra, mas cadê? Não sei como poderíamos mudar isso. É claro que ninguém vai nos ajudar. Seria necessário ter um plano.

Um plano.

Isso era com Jordi, quantos ele já não havia feito? A questão era quem se importava, quem estava disposto a escutá-los. Como ele entendia Abdul... Ninguém ia ajudá-los.

A cada nova conversa com Abdul e outros kalash, Jordi se envolvia um pouco mais. Havia tantas semelhanças entre a história daquele povo e a sua... como não se identificar? Até pagãos eles eram! Pela primeira vez na vida, viu-se verdadeiramente pensando no plural. Não se tratava de encontrar um objetivo determinado nem de revelar um segredo ao mundo. Não pretendia emergir acima de mil cabeças, a sobrevivência daquela cultura simplesmente o preocupava, preocupava!, e estava disposto a ajudar.

Seja como for, era complicado desapegar-se assim de repente de qualquer ambição particular. Ele não era um missionário, tampouco um eremita, não suspirava por se fundir com a natureza, nada disso. Como explicar o que desejava? Ansiava expandir alguma espécie de pureza, uma verdade tão límpida e irretocável que de certa maneira o distinguisse, e assim refletindo se pegou flertando com a ideia de ser grande e anônimo, ideia que lhe pareceu deslumbrantemente bela. Quem sabe não estaria chegando a algum lugar?...

Uma tarde foi ao escritório e revirou livros e apontamentos até resgatar as sentenças romanas que havia copiado anos antes, mas que ainda não tinha aplicado à sua vida nem efetivamente a afetavam. Desde a juventude, percebera nelas uma força e uma autenticidade impressionantes com as quais seu espírito se identificava, por isso as copiara, porém as circunstâncias até então não o haviam motivado a realmente compreendê-las.

> O indivíduo quase não conta à margem de sua função no grupo... em face da necessidade, deverá sacrificar tudo o que aprecia, incluída a sua pessoa.
>
> Pierre Grimal

Como devia ser grato aos vales! Não só lhe ofereciam a possibilidade de estabelecer paralelismos entre sua vida como resistente e a luta dos kalash, mas ainda lhe forneciam uma causa nobre pela qual lutar.

> Roma se inclina pela morte pela virtude, e, em consequência, pela glória.
>
> Pierre Grimal

E os kalash... os kalash lhe auguravam a possibilidade de ser um líder especial. E, sobretudo, de continuar vivendo ali.

De maneira que, quando Erik l'Homme regressou a Chitral anos depois da indelével discussão em Shishiku, encontrou um Jordi nos antípodas daquele a quem tanto custara aprender kalasha e khowar.

– É você mesmo que fabrica, sério? – disse Erik segurando o copo cheio de licor de abricó.

– Claro, rapaz. Tenho minha própria destilaria.

Levantou seu copo diante do rosto de Erik. Brindaram. Jordi tomou um gole muito maior que Erik.

– Quer dizer que você veio procurar histórias para um livro de contos. Infantis, não é?

– Você sabe que eu me entendo bem com a criançada.

– E quem vai publicá-lo?

– A editora L'Harmattan. Só voltei por causa de umas pequenas informações que estavam faltando, na realidade há vários contos que já estão mais ou menos prontos.

– Ou seja, você voltou por saudade.

Erik deixou o copo sobre a mesinha de pedra.

– Também sou secretário da associação. Gosto de verificar o resultado do meu trabalho. Como vão os Narradores?

Jordi deu detalhes de um plano que logo executaria. Ao mencionar os radicais muçulmanos, seu tom de voz e sua fisionomia se crisparam.

– Esse pessoal insiste em nos perseguir. Canalhas. Escória que só pensa em destruir.

Erik ficou impressionado com a forma como a rejeição àquela gente havia se firmado dentro dele.

– Bem – disse Jordi finalmente. – Vai ficar na minha casa?

– Não, não. Vou passar esses dois meses em Chitral, aqui está a maior parte das pessoas com quem pretendo falar.

— Mas venha passar uns dias comigo. Há lugar. E você sabe que não incomoda.

Erik pegou de novo o copo, deu um golinho.

— Acho que a última semana poderia ser um bom momento.

— Muito bem. Combinado.

Conforme combinaram, Erik se instalou na Sharakat House na última semana de sua estadia.

Certa manhã em que acompanhava seu anfitrião na ida ao correio, toparam com um chitralense que começou a gritar na direção de Jordi. Erik pensou entender que seu amigo não havia acabado de pagar o jipe... e que alguém estava ficando impaciente. Jordi, por sua vez, avançou na direção do interpelador gritando também. E foi logo mandando um soco na cara do adversário. Ficaram um bom tempo brigando.

Além de constrangido, Erik ficou surpreso com a cena. Aquele era o homem que anos antes lhe havia recomendado bancar o idiota, manter a calma.

Durante o regresso a Bumburet, Erik pensou que assim Jordi acabaria mal, que naquela região esses excessos tinham um preço por pagar. Ao se plantar diante da Sharakat House, perguntou-se também como podia manter semelhante nível de vida, com dois empregados, cavalos, o jipe... Como não teria dívidas?

Para ele, o dinheiro era um demônio necessário, costuma-se dizer de Jordi. Sua falta obrigava-o a se mexer, a inventar. É certo que com quinhentos dólares conseguia viver como um rei entre os kalash, com dois cavalos, empregados, uma casa agradável, pequena e relativamente confortável, no sentido medieval do conforto. Mas sempre surgiam pagamentos, dívidas novas, obrigações ou compras que ele mesmo se impunha e que terminavam minando sua renda.

E foram os apertos econômicos que o animaram a viajar até a sede da ONG Aide Médicale Internationale (AMI), onde entrou uma manhã de maio na companhia de Shamsur. Vestia calça preta de couro e uma camiseta branca bem justa sobre a qual bailava um colar de ouro. *Esse cara é gay*, pensou Gyuri Fritsche da mesa onde conversava com membros de sua equipe.

Jordi cumprimentou várias pessoas, pilheriava sem parar.

– Quem é esse? – perguntou de passagem um empresário.

– Esse aí? – respondeu um veterano. – É um mito em Peshawar. Quando você ouvir: Jordi está na cidade!, é sinal de que logo vai ver o carro dele vindo pela University Town. Nunca passa despercebido, nunca. Vem de Chitral a cada dois ou três meses, e todo mundo tem algo a dizer sobre ele, que é um sujeito perigoso, que tem problemas...

– Por que tem problemas?

– Pela oposição declarada ao islã? Pelo modo de vida? Pelo gosto por rapazinhos? Essas coisas você sempre vai ouvir sobre ele. Não sei, nunca vi nada que me fizesse acreditar que tudo seja verdade, e sempre preferi ignorar os mexericos.

– Mas quem é? O que ele faz?

– Jordi?! É claro que você já ouviu falar dele. O homem que procura o *yeti*...

– Porra! É ele!

– Alguém me empresta um computador? – disse Jordi em voz muito alta. – Preciso consultar meu correio eletrônico.

Logo lhe cederam uma máquina. Aquele ano era o primeiro em que se comunicava via Internet. *Oh, invenção genial.* Enquanto olhava a tela, ia dizendo bobagens que arrancavam gargalhadas ao redor.

– Ei, você! – gritou Gyuri da sua mesa. – Estamos tentando fazer uma reunião aqui; portanto, ou para de encher o saco ou é melhor ir dando o fora.

Jordi sentiu o impulso de responder àquele chefetezinho novato que ainda nem conhecia. Mas isso teria sido muito contraproducente para suas intenções. Então, mostrou-se comicamente ofendido e continuou a examinar os e-mails.

XXXII

Como nasce um gigante? A partir de quando se pode intuir quanto será grande? Dizem que os gigantes padecem de uma enfermidade e por isso são do jeito que são, de modo que não causa estranheza que ao longo da história tenham sido considerados mais ou menos aberrantes.

Imbatíveis detentores de uma insolência autoritária, entraram com frequência em conflito com o poder. Faz parte da condição de ser grande. Dizem que Eurimedonte, o governador dos primeiros gigantes, optou por exterminá-los. É verdade que muitos sucumbiram vítimas de maças de bronze, tochas, projéteis de metal incandescente, que outro foi esmagado por um fragmento de ilha arrancado do sima. Mas em nenhum caso foi fácil.

Gigantes são difíceis de matar.

E tornam-se sobreviventes.

XXXIII

O homem atinge a plenitude com a castidade; o gênio, o heroísmo, a santidade e outras virtudes similares nada mais são que alguns dos frutos a que dá lugar.

HENRY DAVID THOREAU, *Walden*

Sua ambivalência em relação ao sexo lembra a ambivalência mostrada por alguns personagens célebres que abraçaram o retorno à natureza com uma fé inquebrantável, como o próprio Thoreau, que conservou a virgindade durante toda a vida, ou o naturalista John Muir, para não falar de uma infinidade de peregrinos, andarilhos, inadaptados e aventureiros menos conhecidos. Tal como um bom número de pessoas seduzidas pela atração da vida selvagem, McCandless parecia movido por uma espécie de sede que suplantava o desejo sexual. De certo modo, essa sede era demasiadamente forte para que o contato humano a saciasse. É possível que McCandless tenha se sentido tentado pelas paixões que lhe ofereciam as mulheres, mas tais paixões empalideciam em comparação com a perspectiva de um encontro tempestuoso com a natureza, com o próprio cosmo, que era o que o impelia ao Alasca.

JON KRAKAUER, *Na natureza selvagem*

Claire foi ao Paquistão pelo terceiro verão consecutivo, mas desta vez viajou por conta própria. Cat Valicourt pusera um fim à parceria com Jordi. Cada vez mais bem situada ao amparo de Coppens, as incursões ao Paquistão haviam perdido para ela a atração original. Os discretos achados científicos realizados já não justificavam os perigos por correr em montanhas cada vez mais talibanizadas nem o esforço de suportar os intempestivos arrebatamentos de Jordi. Nenhuma grande instituição científica voltaria a financiar um projeto dos dois. Valicourt parou definitivamente de ajudá-lo, embora continuassem amigos, afinal Jordi não queria perder todos os elos com "o exterior", menos ainda com uma cientista que agora atingia o nível de autoridade. E, bem, tinha de admitir que durante anos Valicourt fora um verdadeiro esteio para ele.

Nessa viagem, Claire estava acompanhada de dois jornalistas franceses, Agnès e Stéphane. Começaram instalando-se meio mês em Peshawar, dormindo alguns dias na universidade e outros na sede da AMI.

Naquele ano, Claire se sentiu especialmente agredida pelos olhares de punjabis e pachtuns. "Há limites para a adaptação e, sobretudo, para o desejo de adaptação", anotou em seu diário. Observou a roupa que usava. Vestia-se conforme o costume punjabi, com calças largas e *shalwar-kamize*, mas continuava arregaçando as roupas na rua, e lá fora metade das mulheres usava burca. A outra metade, com um grande véu que lhes cobria a cabeça e o rosto, menos os olhos. Era insuportável. Sentia que os homens a olhavam como selvagens. Certo, eles a respeitavam por ser estrangeira, gozava de algumas regalias, mas a situação era muito pior que na Índia, por exemplo.

— Na Índia as mulheres também têm dificuldades, mas se vê que ainda conseguem fazer alguma coisa — disse ela a Jordi. — Lá se pode discutir. No Paquistão isso é impensável.

Em 26 de junho, onze dias depois de sua chegada, Jordi apareceu com Shamsur e Ainullah. Seguiam ao mesmo passo, Jordi à frente e eles meio passo atrás. A visão do trio a impressionou. Havia algo marcial, sólido, entranhadamente viril no grupo. Jordi abraçou-a, e os rapazes mostraram-se afetuosos, notava-se que haviam estado falando dela. Em seguida, Jordi lhes ordenou que carregassem as malas, ele próprio ajudou com uma. Estava claro quem mandava ali.

Durante os dias seguintes, Claire foi testemunha da carinhosa obediência de Shamsur e Ainullah a Jordi. Eram o cavaleiro, o aprendiz e o escudeiro. Os rapazes sempre atrás dele, jamais no mesmo nível. Claire pensou que no Ocidente poderia parecer uma relação um tanto arcaica, mas no Paquistão funcionava bem. Shamsur e Ainullah se comportavam como irmãos, e sem dúvida para Jordi era confortável o papel de chefe e mentor. Afinal de contas, Jordi não só havia lido Camus, como acreditara nele, e não era Camus que havia escrito que "todo homem necessita de escravos como de ar puro. Mandar é respirar, você não acha? Até os mais infelizes conseguem respirar. Por último na escala social fica seu cônjuge, ou seu filho. Se você é solteiro, lhe resta um cão. O essencial, em suma, é poder se zangar sem que o outro tenha direito a reagir. O poder permite decidir".

– Olhe só, até a barba você fez para vir nos pegar – disse Claire.

– Estou bonito?

– E com navalha, é? Ao velho estilo dos caçadores?

– Não, não. Eu tenho barbeador elétrico, minha querida. Gosto da montanha porque gosto de viver o melhor possível, e onde haja um barbeador...

Na Sharakat, Jordi concedeu a Claire o privilégio de ver seu quarto. Ao lhe abrir aquela porta, queria declarar a estima que nutria por ela. Troféus de caça, entre os quais vários chifres de markhor, adagas, facas, espadas, cachimbos artesanais, um leque e esculturas antigas, ferraduras, tecidos, quadros de répteis, de pássaros e móveis nuristaneses... presididos pela enorme bandeira valenciana pendente da parede contra a qual ficava a cama. No cômodo também se destacava uma foto de seus pais e seus avós. Era o único dos irmãos Magraner com uma imagem dos antepassados no quarto de dormir.

Claire se perguntou por que ele a estaria distinguindo, permitindo que entrasse em seu santuário. Como Cat, como Fjord, como Ainullah, Claire possui uma biografia fora do comum e memorável. Seu pai era artista, oscilando do desenho à pintura e à escultura. Sua mãe trabalhou entre arquitetos. Ambos sempre pareceram a ela muito originais, fora do padrão. O pai a educou insistindo em que o olhar dos outros não importa. Por norma. A opinião dos outros não interessa. Ensinaram-na a amar a natureza, a ser prática, e ela levou a sério as orientações tornando-se na juventude um prodígio de concentração: aprendeu a se isolar para levar adiante seus projetos. Até que, sem saber muito bem como, se entregou a uma espécie de competição, começou à enviar artigos para um sistema hiperprodutivo que sempre pedia mais... e que a sugou.

Um dia pôs um freio àquilo. *Não posso continuar assim*. Foi se convencendo de que deveria usufruir de outras coisas e achou o caminho para fazê-lo. Hoje, em seu cantinho no final de todas as salas do Instituto de Paleontologia Humana de Paris, cercada de crânios, pedras, tíbias e dezenas de fósseis que só parecem desarrumados,

Claire trabalha com luz tênue ao amparo de uma inscrição em caracteres chineses que instalou às suas costas: "A verdadeira vitória é a vitória sobre si mesmo."

Seja como for, nenhuma dessas coisas torna Claire assim tão diferente. Nem mesmo o fato de ter trocado o caratê pelo aiquidô, uma arte marcial que se baseia em evitar golpes, sem desferi-los. Não, seu segredo, o que definitivamente a distingue e a fez ainda mais fascinante aos olhos de Jordi, seu segredo está no sexo.

— Até os 48 anos eu não tive uma relação de casal e não precisei de sexo – disse-me Claire em Paris. – Antes dessa idade, houve dois encontros sexuais, e um deles foi com quem agora é o meu companheiro. Nunca senti isso como uma necessidade, e por isso nunca tive de me controlar. Não pensava nisso. Simplesmente queria estar só.

Jordi dispunha de um grande repertório de histórias excêntricas. Como falava de tudo com graça, muita gente lhe contava suas histórias de amor, e também de sexo, e ele sempre estava disposto a recuperar episódios sexuais escutados por aí, se bem que se mostrasse impenetrável na hora de expor as próprias inclinações. De qualquer maneira, a história de Claire o deixou magnetizado porque se relacionava imediatamente a uma convicção que, ao menos teoricamente, ele mesmo havia defendido em público: o sexo não é uma prioridade, pode ser controlado. A ponto de manter a virgindade? Quem sabe?... Não havia meio de ele deixar escapar nada sobre seus envolvimentos sexuais. A verdade é que era estranho não saber de suas aventuras amorosas. Um amigo comum de Claire e Jordi assegurava que Jordi o fazia lembrar de São Bernardo, o propagador da ordem de Cister: um homem muito bonito e possuidor de grande energia que direcionava para sua fé e suas empresas. E com um lado místico muito desenvolvido, muito puro. Enfim, por que Jordi não podia ser virgem?

Em 12 de julho, quando as seleções da França e do Brasil se aqueciam minutos antes da final da Copa do Mundo de futebol, no Paquistão anoitecia e os kalash estavam em festa. Claire e Jordi haviam passado o dia planejando a iminente expedição, era hora de relaxar. Sentados na grama, vendo homens dançar, Jordi olhou de soslaio para a amiga. Como haviam se dado bem! Partilhavam muito tempo juntos, curtiam quase as mesmas coisas, e, o melhor, Claire sabia escutar.

Stèphane, Agnès e Shamsur logo trocaram as danças pelo jogo na TV.

— Você vem, Claire?

— Não, eu não sou muito de futebol...

Claire ficou com Jordi no meio dos homens que bebiam e fumavam haxixe. Em dado momento, várias mulheres kalash se agruparam em volta dos homens, que esgrimiram freios de bicicleta e começaram a batucar em barris transformados em tambores enquanto uns e outras proferiam cantos, uivos. Em seguida, a intensidade diminuiu, até se reduzir a um fundo de tambores e a um doce coro feminino. Um velho ergueu a voz. Em seu discurso, elogiou alguns habitantes dos vales, e um deles era Jordi.

— Claire! — disse. — Claire! Ele citou meu nome!

Jordi acabava de receber um afago público dos kalash. Ébrio de muitas coisas, aquele momento representou um auge em sua vida.

— Ele citou meu nome! — repetiu, enquanto os tambores ressoavam em surdina, o orador seguia discursando e as mulheres cantavam em sussurros.

Quando retomaram a dança, Claire se animou, sua *shalwar-kamize* ondulando harmoniosamente entre os tecidos dos camponeses sorridentes e entregues. Jordi parecia flutuar.

Ao terminar a festa, a partida ainda prosseguia. A França venceu. Campeã do Mundo. Stèphane não se mexia, queria ver os *bleus* erguerem a taça. Na televisão, os franceses se abraçavam, choravam. Jordi se deteve diante da tela observando a alegria desatada no país que o adotara, o lugar onde crescera e onde sua família vivia, e por um instante se sentiu perto, dividindo com a França algo verdadeiramente memorável: a vitória.

Dois dias depois, partiram para as montanhas.
Cruzaram com pastores e traficantes de ópio; comeram cabrito cortado por Jordi com uma faca de açougueiro; contemplaram montanhas de seixos e geleiras que Claire só havia visto em livros;

foram recebidos pelo xá de Khadzé; transpuseram tumbas e mausoléus ismaelitas perto de um afluente do Amu Darya e conversaram com membros de uma ONG especializada em desintoxicação de viciados em ópio.

Antes de voltar à Europa, enquanto passavam os últimos dias na casa do xá de Zebak, vários afegãos demonstraram espanto com os cabelos brancos de Stèphane. Tinha 29 anos, mas cabelos já tão brancos como os velhos.

— Hoje é meu aniversário — disse Claire.

Deram-lhe parabéns efusivos, o xá presenteou todo mundo com pedras semipreciosas. Jordi aproximou-se do ouvido da amiga.

— Não pense que eu me esqueci: seu presente está em Bumburet. Para mim, 2 de agosto é um dia especial.

XXXIV

O termo inglês *freak* alude a fenômenos anormais ao mesmo tempo que indica uma espécie muito específica de "monstro". Costumava servir para fazer referência às pessoas que tinham alguma má-formação ou anomalia física e que se exibiam nos circos. Mulheres barbadas, homens-elefante, gigantes... esses eram os *freaks*. Com o passar dos anos, a palavra começou a identificar também pessoas que eram tidas como "extravagantes", em especial por terem uma obsessão extrema ou estranha em relação a um tema concreto, no qual eram "especialistas" (Wikipédia). E daí nasceu uma palavra mais precisa que se tornou popular: *friki*.

> Os *frikis* se caracterizam por ainda não ser aceitos nem bemvistos pela sociedade. Seus gostos são normalmente considerados infantis, imaturos e impróprios para a idade da pessoa. Esses temas estão geralmente relacionados com o desenvolvimento e a manifestação da imaginação, criatividade e inteligência e não têm necessariamente relação com o nível de desenvolvimento socioemocional do indivíduo, dado que essas tendências podem ser vividas de maneira muito diferente e dependem de cada um. (Wikipédia)

Bernard Heuvelmans, o pai da criptozoologia, é um *friki* de manual. Ele teve um grande amigo cartunista, Georges Prosper Remi, conhecido como *Hergé*, o qual em 1958 atravessava uma grave crise pessoal. Certo dia, os dois se encontraram, não para falar de problemas, e sim do *yeti*, porque Hergé queria desenvolver uma nova aventura de seu personagem de HQ Tintim. Heuvelmans lhe deu assessoria sobre o homem das neves, e Hergé partiu para a criação.

Em *Tintim no Tibete*, Hergé reduz os protagonistas a três: o capitão Haddock, Tintim e o *sherpa* Tharkey. Em nenhum outro de seus títulos haverá tão poucos personagens. Eles partem em busca de Chang Chong-Chen, um amigo de Tintim. Nessa revista, Hergé se entrega aos grandes bosques, aos espaços imensos e brancos, cor que predominava em seus constantes pesadelos. Ao terminar a obra, o autor pensa: *Esta é minha melhor aventura. A minha favorita.* Pouco depois, os pesadelos se dissipam, e ele se divorcia de Germaine, de quem se separara quinze anos antes.

Ao falar de Jordi Magraner e sua aventura, há quem empregue a palavra *friki*, ainda que também haja bastante gente que o associe a Tintim.

FRANCK CHARTON: Seu equipamento sofisticado era o de um cientista, um caçador, um Tintim na Ásia Central.

MAURICE LÉVÊQUE (ex-delegado-geral da Alliance Française no Paquistão): Quando o conheci em Islamabad, ele me fez pensar em Tintim.

JEAN-PAUL THOMAS (naturalista): Era uma espécie de Tintim, um romântico movido pela exaltação do aventureiro que se move em condições extraordinárias. Um eterno adolescente.

De Tintim comenta-se com frequência, de maneira pejorativa, que era um *friki* e homossexual. Quanto a isso é possível discutir. Do que não resta dúvida é que Tintim é um dos nossos gigantes.

XXXV

Entre julho e agosto de 1998, a ofensiva talibã contra Cabul obrigou a AMI a retirar seu pessoal do Afeganistão. Como as demais equipes humanitárias, os voluntários foram se proteger na base de Peshawar.

Yves Bourny, o chefe da AMI no Paquistão, manteve várias e consecutivas reuniões com Gyuri Fritsche e outros colaboradores tentando identificar para onde deviam direcionar seus esforços. Os corredores afegãos estavam bloqueados pela guerra, e, além disso, a crise do Kosovo havia exigido o deslocamento de grande parte dos materiais e do pessoal da AMI para a Europa, destinando o mínimo à delegação paquistanesa.

— Deveríamos abrir o Paquistão. Ajudar as regiões onde se concentram os refugiados aqui — defendia Bourny.

Jordi era uma pessoa informada, mas se achava à margem dos debates sobre ajuda humanitária quando entrou na sede da AMI para apresentar seu plano a Bourny: um projeto médico nos vales kalash.

— ... é claro que para obter resultados é preciso desenvolver também a economia, isto é fundamental — afirmou. — Por exemplo, cultivando vinhedos. O vinho feito pelos kalash de forma tradicional faz parte da sua cultura, e muitos paquistaneses se aproximam deles para desfrutar desse vinho barato. Porque você sabe muito bem que os muçulmanos também bebem, evidentemente. E como alguns bebem, hein? Portanto, o vinho lhes trará dinheiro e...

Yves Bourny escutou a exposição de Jordi, que falava ordenada e apaixonadamente, transmitindo as ideias que vinha nutrindo havia meses e que concretizara no relatório que agora recitava.

Planos para os kalash:

— Sanear os *bashalis*.*

— Construir maternidades (2) com padrões adequados de higiene, para reduzir a mortalidade.

— Instalar banheiros e fossas sépticas dentro das casas.

— Desenvolver medicação natural e local (homeopatia...) por meio de uma farmacêutica europeia que estude plantas da região.

— Formar mulheres professoras.

— Elaborar material didático.

— Informar a população.

Gyuri não encarava isso com clareza. Bourny ficou pensativo. Esse Jordi era bem esquisito, sempre se entusiasmando com coisas estranhas, o barmanu, e por aí vai. Mas a verdade é que cada vez que conversavam se deixavam impressionar pelo conhecimento que aquela estranha criatura tinha da província. Nenhum dos seus conhecidos dominava a região melhor que ele. Nenhum.

— Deixe-nos pensar a respeito, e depois voltamos a nos falar — respondeu o chefe da missão.

Naqueles dias, Jordi visitou alguns colegas expatriados para pô-los a par de seu novo projeto, esperançoso com as boas vibrações que Bourny lhe transmitira. Durante uma das habituais festas da comunidade estrangeira, reparou numa garota atraente de cabelos curtos que, como ele, havia sido convidada. Na realidade, já a vira algum dia na AMI, onde ela trabalhava na área administrativa.

---

* Locais onde as mulheres "impuras" permanecem segregadas da sociedade kalash durante os períodos menstruais e na hora do parto. (N. do T.)

Marie Odile também tinha reparado nele. Como não chamaria a atenção aquele homem baixinho de grandes olhos azuis, irrequieto e que falava sem parar? Ele explicou algumas coisas sobre o barmanu, mas falou principalmente dos kalash, como se fosse seu representante ou lhe coubesse defendê-los.

— O que você está fazendo aqui? — perguntou Jordi a Marie Odile.

— O mesmo que você, imagino. Bebendo, me divertindo...

Jordi fechou os olhos histrionicamente. Tentou mais uma vez:

— Aqui no Paquistão, quero dizer.

— Não sei... queria trabalhar fora da França. Estava com vontade de sair de lá. Fiz uma formação de um ano, a AMI me propôs vir... Acho que não havia candidatas sobrando, e por isso tudo correu bem rápido.

— E veio parar em Peshawar... Mas que jeito de debutar...

— Não parece um país muito difícil.

— Uuuuuhh, quanta valentia! Quer dizer que para ir embora da França basta aprender administração?

— Bem, também aprendi a montar rádios, a atender emergências médicas... Sei até purificar água, fique sabendo.

— Você sabe montar rádios?

— Parece tão estranho assim?

Simpatizaram logo.

Longe da espetaculosidade, Marie Odile possui uma graça delicada. Naquela noite, usava um vestido discreto com motivos graciosos que imprimiam desembaraço a seu ar sedutor de princesa versátil. Hoje, as feições de Marie Odile beiram a dureza, mas conservam suficiente suavidade. Mora em Paris, no 19º *arrondissement*, perto do Petit Chicago, onde o sóbrio curso do Sena se vê com frequência alterado por conflitos de rua. É um bairro complicado. Marie Odile estuda para ser professora de Qi Gong, uma modalidade de arte marcial voltada para evitar golpes e que prescinde do ataque. Nada a ver com o estilo exibido por Jordi na briga que meses depois teve por causa dela.

— Gyuri vai com você aos vales dos kalash para conhecer o território e avaliar as possibilidades de desenvolver o seu plano – disse Bourny.

Maravilha! Menos mal que os humanitários estavam despertando, apesar de que, para que eles interviessem de verdade, agora ele teria de convencer o holandesinho metido a besta que o mandara calar sem sequer conhecê-lo. Nas reuniões posteriores, o holandês passara uma impressão bem melhor, mas Jordi frequentemente o flagrava examinando-o como a um inseto, e por isso, ao vê-lo, pensava em corujas.

Antes de partir, Jordi comprou algumas publicações recentes sobre pachtuns e pagãos na livraria inglesa de Peshawar, precisava ficar em dia, nada poderia lhe escapar. Viajaram para Chitral de jipe, o Lowari Pass ainda não tinha sido bloqueado pela neve. No início preferiu falar o menos possível com o coruja, mas Gyuri insistiu, sua língua coçava, de modo que acabou mergulhando na conversa e, contra qualquer prognóstico, simpatizou imediatamente com ele. Gyuri era holandês, mas também falava espanhol após haver estudado cinco anos e trabalhar nove meses na América do Sul. Ele morava com a família em Peshawar.

— Dois filhos e a mulher grávida outra vez, nada mau para os tempos que correm – respondeu Jordi. O jipe ziguezagueava pela terrível estrada bordejando abismos.

— E você? – quis saber Gyuri.

— Minha família está na França.

Gyuri parecia cismado com a inclinação sexual de Jordi. Tinha ouvido tantos boatos... precisava perguntar.

— Alguma mulher?

Por que sempre tinham de lhe perguntar essas coisas? Por que todo mundo logo quer saber da família, da namorada? Onde foi parar a sutileza? É foda!

— Tive uma — respondeu Jordi olhando para o novo precipício que se abria na curva seguinte. — Mas sofremos um acidente de carro, e ela morreu. Foi por isso que comecei a viajar.

— Sei...

A resposta lhe veio automática, sem refletir: apenas repetiu a mentira com que já havia enganado Ainullah. A ficção começava a ganhar peso, a se arraigar, estava se transformando em algo parecido com uma verdade, mas tudo bem, porque isso lhe poupava titubeios e explicações sobre sua intimidade.

O holandês não ficou lá muito convencido, ainda que desejoso de acreditar que ao menos tivesse havido uma mulher. Continuava desconfiando de que Jordi e o pequeno Shamsur tinham algo físico, mas e daí?, Jordi parecia um bom sujeito, coisa rara, um perfeito "puro-sangue", pensando bem, poderia até mesmo vir a se tornar seu amigo. Além do mais, na Holanda ser gay era bastante bem-aceito, não? E pouco lhe importava como Jordi se divertia, de quem gostava. Esse era um assunto particular. Ele se propôs a não tocar mais nesse tema. E, afinal de contas, Jordi tampouco ia lhe falar mais disso.

Nos vales, Gyuri foi apresentado a Abdul, a Khalil, ao universo kalash-nuristanês de Jordi. Os muçulmanos residentes os observavam em geral a distância. Jordi se mostrou implacável com eles. Ficava irritado com a ignorância e os discursos demagógicos dos mulás, e não ia disfarçar sua posição diante de Gyuri. Por quê? O assalto dos muçulmanos à cultura kalash, sua invasão lenta porém inapelável o deixava desgostoso demais para contemporizar, e, ademais, alguém tinha de denunciar a hipocrisia daqueles religiosos que passavam o dia falando de Alá e do céu enquanto acumulavam um pecado atrás do outro. Gyuri precisava entender como andavam as coisas para tomar partido, não podia ser de outra maneira.

Gyuri pensou que se Jordi continuasse a fazer críticas tão contundentes em público não sobreviveria muito tempo naquela sociedade muçulmana ortodoxa e radical.

De regresso a Peshawar, Jordi estalou a língua, franziu os lábios e notou que ultimamente seu amigo Khalil, o barbudo de franja a quem fora apresentado, estava fazendo coisas erradas.

– Ele pensa demais em dinheiro – disse a Gyuri. – Agora quer ganhar umas rúpias à custa dos kalash e tentou organizar suas mulheres como prostitutas. Acha que pode ser um bom negócio com os turistas paquistaneses. Isso não é correto.

Jordi expressou-se até moderadamente em vista da magnitude da acusação. Em vista do enorme desgosto que sentira ao descobrir as armações de Khalil. Se fosse outro, teria lhe dado uma boa sova, não podia tolerar a humilhação, e menos ainda de gente a que apreciava e que cada vez respeitava mais. Mas precisava se conter. Afinal, Khalil o ajudara muito, e os dois ainda estavam ligados por fortes laços. Como Shamsur. Pois, acima de tudo, Khalil era irmão de Shamsur. Como iria fazer qualquer coisa que pusesse em risco a relação com seu amado e insubstituível Shamsur? Aquele garoto era muito importante para ele.

Contagiado pelo entusiasmo de Jordi, Gyuri colaborou para ultimar um plano de ação pró-kalash que envolvia o respaldo da embaixada grega.

– Olhe lá, olhe lá, cuidado com os gregos – disse Jordi. – Não se trata de desprezar ajuda, mas que fique bem claro que os kalash não descendem de Alexandre Magno.

– E por que eles subvencionam regularmente os estudos de crianças kalash? Por que financiam projetos na comunidade? Por que gastariam esse dinheiro com uma gente com que não têm nada a ver?

– Porque isso lhes serve para manter o mito da ascendência grega nestas montanhas. O que é falso.

– Bom, contanto que ajudem...

— Concordo. Mas são ajudas muito pontuais, nada estrutural. Essa gente continua a viver das nozes e da erva que colhe. São miseráveis, você não viu?
— Se a AMI juntar forças com os gregos, os progressos serão notados, e é isso o que queremos, não é?
— Mmmm.
— O quê?
— É, meu caro, é.
Entregaram o plano ao secretário da embaixada grega no Paquistão, o qual lhes prometeu empenhar-se a fundo no assunto. Saíram do edifício meditabundos. Entraram na picape às portas de Peshawar.
— Por que você não vem jantar um dia lá em casa, antes de voltar para Chitral? — disse Gyuri ao ligar o motor. Jordi aceitou encantado.

Pouco tempo depois, conhecia Íris, sua esposa, e as meninas, Kris e Maartje. Como foi agradável para o aventureiro se sentir em família. Quantas lembranças o assaltaram. Que saudade de Fontbarlettes e das noites caseiras. Não que desejasse retornar, mas aquele calor jamais se esquece. Quando as meninas foram se deitar, eles passaram a noite conversando e falando de dinheiro, sexo e geografia.

Não muito distante de onde eles se confraternizavam, na mesma Peshawar, o terrorista Zubaydá completava um ano dirigindo abertamente a Casa dos Mártires, um albergue para membros da Al-Qaeda. Os talibãs recrutavam sem descanso tribos inteiras de pachtuns. O *pachtunwali*, o código tribal de honra e conduta, empolgava o país estendendo-se como uma lei. A honra pachtun se mantém mediante uma série de batalhas constantes que giram em torno do *zar* (o ouro), do *zan* (as mulheres) e do *zamin* (a terra).

Dinheiro.
Sexo.
E geografia.

XXXVI

Pouco tempo depois de ter alugado a Sharakat House, Jordi se deu conta de que a transação havia incomodado Abib Noor e seu pai, Hazar Khan, dois muçulmanos. A intromissão de um estrangeiro os deixara especialmente irritados e estavam pressionando Abdul para que despejasse o novo inquilino e lhes vendesse as terras que cobiçavam havia anos.

— Tome cuidado com essa dupla — avisou Abdul a Jordi ao cruzar com eles no caminho. Não se cumprimentaram.

Jordi sabia que ambos alimentavam os disse me disse sobre ele, difundiam suspeitas, se perguntavam em público o que Jordi fazia vivendo havia tantos anos em Chitral, ironizavam sua busca do barmanu. Bem. A verdade é que seu novo foco de interesse apontava para os kalash, e é claro que não seria de todo ruim refrear desconfianças desse tipo, mas como ocultar o motivo pelo qual era conhecido nos vales? Não podia. De algum modo, o barmanu justificava sua presença aos olhos cada vez mais inquiridores dos habitantes das montanhas. Se renunciasse a ele, o que lhe restaria? Todos aqueles anos soariam a uma enorme farsa, daria razão aos que não paravam de fustigá-lo, e, se desistisse de imediato do barmanu para se revelar um ativo defensor dos kalash, seria mera bucha de canhão.

Ainullah também percebia o cerco em torno de Jordi, captava cochichos de vizinhos, houve até quem ousou lhe perguntar diretamente o que seu chefe e ele traziam nas mãos. Às vezes, Jordi caminhava pela casa lamentando em voz alta o tratamento que recebia por parte dos muçulmanos mais radicais ou maldizendo a embaixada grega por demorar tanto a responder ao seu plano de apoio aos kalash, a respeito dos quais continuava a tomar notas para o livro que pretendia escrever. Dedicava a essas anotações a maior parte do tempo, de modo que era normal vê-lo entre concentrado e taciturno. Por isso, Ainullah ficou surpreso no dia em que Jordi abriu a porta exultante.

— Você quer conhecer Massoud? — perguntou Jordi, embora na verdade fosse uma ordem.

Ainullah ficou com a concha na mão, colado ao fogão, onde preparava uma sopa.

— Para quê?

— Para que nos deixe entrar no Afeganistão.

Jordi acabava de receber uma proposta de trabalho de Yves Bourny. Em encontros anteriores, Jordi havia sugerido a Bourny formas de penetrar num Afeganistão ainda muito complicado para a incursão das ONGs. As ideias do zoólogo e sua determinação e coragem na hora de enfrentar possíveis expedições se aninharam em Bourny, que não parara de imaginar formas de transportar material e medicamentos até o vale do Panjshir.

— Você terá de falar com Massoud e os talibãs — avisara Bourny.

— Vou falar.

Quando a AMI reabriu seu programa no vale do Panjshir em 1998, a ajuda humanitária tinha de viajar do Peshawar ao Tajiquistão para, de lá, pelas montanhas, alcançar Safed Shir. No mínimo quatro dias cada trajeto. Uma que outra vez se conseguia atravessar a linha de frente em Tagab com autorização dos talibãs locais, mas era difícil, de maneira que o envio de víveres e provisões passava um bom tempo interrompido, sem soluções alternativas. Seja como for, era necessário dar um jeito de reativar aquela rota. E quem dominava o terreno melhor que Jordi? Ele conhecia cada vale, cada comandante, cada pastor. E não era afegão, tajique, pachtun nem paquistanês, de forma que nenhum deles podia suspeitar que ele pertencesse ao outro bando. Com seu temperamento, poderia resistir à pressão daqueles chefes de vale que exigiam parte da carga como pedágio caso o comboio desejasse prosseguir. Por isso, os responsáveis da AMI consultaram Jordi para saber se era de fato factível cruzar o Hindu Kush até o Panjshir levando medicamentos. Ele se empolgou. Em poucos minutos tinha planos precisos para tudo.

– Eu conheço todos os negociantes de lápis-lazúli que vão e vêm entre Peshawar e o Panjshir com os burros carregados de pedras – disse ele a Bourny – e lhe asseguro que eles vão se interessar em nos ajudar. Pagaremos, eles farão negócio com o que estiverem transportando e no fim ainda levarão uma gorjeta... Isso é importante para os muçulmanos, não é? O *zakat*.

Dias depois, ele se dirigiu ao bazar de Peshawar, onde estabeleceu as condições com os negociantes que participariam da marcha.

Agora era preciso falar com Massoud.

Ele se encarregaria de tudo, que não se preocupassem. Finalmente dispunha de dinheiro, faria maravilhas. Finalmente dinheiro. Finalmente. Pegou uma folha de papel de um maço, com uma esferográfica traçou várias colunas e começou a detalhar o preço de remédios, gaze, esparadrapo, compressas e outros materiais de enfermagem. Pegou outra folha para orçar os custos da fazer banheiros, reparos diversos, costurar lençóis. E continuou a calcular o custo da comida, especificando que o *staff* ia necessitar sobretudo de "muito açúcar, algumas uvas, cenouras".

Quando Jordi acabou de montar um primeiro orçamento e combinou com Bourny a rota e as condições do comboio, conseguiu que um dos seus intermediários agendasse um encontro com Ahmed Shah Massoud, o homem nascido numa aldeia do Panjshir que desempenhara um papel preponderante na expulsão do exército russo do país.

Massoud estudara no liceu francês Istiqlal de Cabul até chegar à universidade, onde cursou engenharia antes de comandar grupos de milicianos armados com velhos fuzis. Com eles demonstrou seus dotes de estrategista, e seu carisma fez o restante. Por algum motivo ganhara o apelido de Leão do Panjshir. Os franceses não só apoiavam sua luta contra os talibãs, mas o mostravam como autêntico herói. Havia vetado o cultivo de ópio na região, proibira seus homens de fumar tabaco, e dizem que lamentava os boatos que o equiparavam em ferocidade aos piores líderes talibãs.

O debate a respeito de Massoud calou fundo na França, onde as discussões se reproduziam. O próprio Erik l'Homme foi visto num jantar atacando o Leão:

— Massoud é tajique... e fundamentalista muçulmano.

— Como você pode ter tanta certeza disso? — perguntou um amigo.

— Porque estive lá.

— E será que não pode haver um guerreiro diferente? Você ouviu dizer que ele recita poesia a seus soldados para educá-los?

— Considerar que Massoud combate o fundamentalismo talibã é um equívoco. Os mulás do Panjshir não são mais brandos que os de Kandahar, e as mulheres tajiques não são mais livres que suas irmãs pachtuns.

— Pois Jordi continua no Paquistão e com certeza não tem a mesma opinião que você.

Erik pigarreou. Jordi. Por que lhe davam ouvidos? Não sabiam, por acaso, que era um radical e um mitômano?

Jordi compareceu ao encontro em companhia de Ainullah. Massoud recebeu-os numa típica residência afegã de Malaspa, no Panjshir.

Jordi se notou mais nervoso que o normal. Era a primeira vez que se relacionava cara a cara com alguém a quem de fato admirava. Talvez a coisa mais parecida com isso que ele já havia sentido fosse a tremedeira de que fora tomado ao receber a primeira carta de Bernard Heuvelmans, o Senhor da Criptozoologia, embora as emoções que Massoud provocava nele pertencessem a uma esfera muito menos sofisticada, mais básica. A seus olhos, Massoud era um homem completo. Um guerreiro de verdade, e dos maiores. Alguém que de algum modo ele podia considerar um igual. Diante dele, Jordi compreendeu que o que sentia não era admiração, mas respeito.

Sentaram-se frente a frente, sem mesa no meio. Jordi se pôs mais ereto que de costume, os ombros altos, o queixo para cima, e explicou o plano que a AMI e a União Europeia pretendiam levar a cabo no Panjshir.

— A AMI está fazendo um bom trabalho ajudando as pessoas, eu os felicito — disse Massoud. — Mas diga-me uma coisa: você gosta dos afegãos? Do Afeganistão?

— Sim. Tenho amigos afegãos. O Ainullah — apontou-o — é afegão.

— Gosta dos nossos trajes? Do nosso gorro?

— Muito. Como pode ver...

Jordi tocou o seu *pakhol*. Satisfeito, Massoud falou sobre os ataques talibãs ao Afeganistão, e sobre a necessidade de arrancar aqueles cães de cima dele.

— Concordo — disse Jordi. — É difícil entender o que os punjabis e os talibãs estão fazendo com o Afeganistão. Eu moro em Chitral e já estou farto dos punjabis. A verdade é que estou esperando faz tempo que você ataque Chitral.

Massoud sorriu.

— Não temos apoio suficiente para penetrar em seus vales — respondeu. — Por enquanto você vai ter de esperar. Mas pode contar conosco para chegar ao Panjshir. Meus homens não o molestarão. Espero que esses cães tenham a decência de deixá-los passar.

Quando se despediam, já em pé, Jordi hesitou, *digo, não digo*. Caminharam até a porta. Estavam prestes a sair. Então Jordi parou, virou-se para o militar e perguntou:

— Podemos tirar umas fotos com você?

Ao se apertarem as mãos, Massoud disse:

— Até logo. Gostaria de voltar a vê-lo.

Ainullah se encarregou de obter o consentimento dos talibãs para a expedição. Maiwand, seu melhor amigo, era sobrinho de um comandante talibã, e conseguiu convencer o tio a interceder em favor dos planos da AMI.

— Parabéns, Ainullah. Não é qualquer um que consegue isso — disse Marie Odile.

O expediente já se encerrara fazia tempo, e na sede da ONG permaneciam os de sempre, conversando um pouco de tudo: junto com a francesa e Ainullah, o doutor Kayan, Jordi e Shamsur.

— Mas isso não é nada — disse Jordi. — Ainullah mobilizou o Panjshir inteiro, já estão nos esperando.

— É que eu sou de lá, o pessoal me conhece, não é tão complicado assim.

— E Shamsur, o que ele faz? — quis saber o doutor Kayan.

O semblante de Jordi se turvou ao fazer um gesto com a cabeça na direção do rapaz, que, quando ouviu seu nome, ergueu as pálpebras ao máximo.

— Shamsur não vem. É muito jovem. Tem de ficar estudando.

Shamsur fitava o rosto do doutor Kayan de olhos bem abertos, inexpressivamente petrificado, com aquele seu jeito de morder a língua. Ele não queria ir à escola, como dizer isso? Era nuristanês. As pessoas dessa terra não gostam de estudar. Amam a vida lenta, natural. É assim. Quantas vezes havia repetido a mesma coisa! Mas Jordi insistia em lhe inculcar o instinto acadêmico, apesar da derrota que sofrera meses antes, quando Shamsur sugerira que ele mandasse Ainullah ir estudar francês na Alliance em seu lugar. Jordi aceitara a ideia, e Ainullah frequentara as aulas durante quatro meses.

— Além do mais — acrescentou Jordi —, a missão é bastante arriscada, e não quero dar um desgosto aos pais dele. Supõe-se que é meu dever ensinar coisas a ele, não pô-lo em perigo.

— Meu caro, o risco não há de ser tanto...

— Você leu o artigo sobre o islã? — perguntou Jordi apontando com a cabeça para a mesinha ao redor da qual o grupo conversava. Sobre ela se destacava a capa da revista *Marianne*, com a manchete "Por que o islã avança?". Jordi abriu o exemplar, procurou um parágrafo e leu: — "Os cavaleiros do Profeta são mais numerosos que os cristãos pela primeira vez na história." — Ergueu os olhos. — "Essa superioridade está deixando muita gente confusa. Há quem acredite que chegou a hora de tomar o poder. De se vingar."

Enquanto falava, Jordi se lembrava de outra leitura recente, uma espécie de crônica em que um ex-professor de Cabul refletia sobre seu cotidiano opressivo: "Os talibãs não querem que o mundo conheça seus horrores. A informação não deve correr [...]. Há gente atacada ou até assassinada por cantar cantigas de ninar para os filhos [...] neste território da arbitrariedade e do absurdo", onde se praticava até o "racismo linguístico", numa tentativa de esmagar a língua persa porque os talibãs consideravam intolerável que ela fosse mais antiga que o árabe.

Não, Jordi não levaria Shamsur ao Panjshir, aquele buraco de horrores. E estava cansado de pressioná-lo com os estudos. Tinha (pelo menos) 15 anos, já era bem crescidinho. Se não queria estudar de forma regrada, dali em diante ele próprio se limitaria a lhe ensinar o que considerasse necessário, seria ele, Jordi, o seu único professor. O problema residia em que Shamsur faria enquanto ele estivesse fora, viajando.

— Shamsur — disse Jordi quando os dois ficaram sozinhos —, acho que você devia começar a procurar trabalho.

Em abril, como a embaixada grega continuava sem responder ao plano para os kalash, Jordi assinou sem vacilar o contrato como *manager* do projeto emergencial no Panjshir, garantindo uma renda regular importante. Trabalharia com Gyuri, que foi nomeado *chief of party* da missão. Antes de partir, Gyuri o convidou para jantar em sua casa. Começavam a ser frequentes as noites passadas com a família do amigo; ele comparecia muito feliz. Gostava do ambiente e considerava um privilégio ter a oportunidade de dividir um espaço familiar tão longe dos seus.

Quando Íris levou Maartje e Kris para dormir, as meninas imploraram que Jordi lhes contasse uma de suas histórias.

— Como não, belíssimas senhoritas? — disse Jordi já esfregando as mãos.

No quarto, contou a elas outra aventura no bosque, recorrendo ao suspense e às onomatopeias que deixavam as crianças ensandecidas.

— Um momento! — disse ele, pouco depois de começar.

Saiu do quarto e voltou com uma pequena câmera de vídeo.

— Graças a esta maravilha da ciência, eu vou filmando as pistas que o homenzinho deixa.

— Aí estão as pegadas do barmanu que você quase encontrou? — perguntou Maartje.

— Do qual eu perdi os rastros ao chegar ao riacho?

— É, esse mesmo, esse — responderam as duas em uníssono.

— Nesse dia eu saí sem a câmera... mas por isso é que desde então sempre vou com ela. — Jordi abraçou teatralmente o equipamento.

Em seguida, jantou com Gyuri e Íris, que de vez em quando se levantavam para cuidar de Imre, o bebê nascido em dezembro. Debateram a situação do Afeganistão, descreveram os acampamentos que montariam, a ajuda que a AMI ia fornecer. Jordi rememorou detalhes do seu encontro com Massoud.

— Você sabe que depois disso algumas pessoas vão vê-lo como a um amigo dele, não? — disse Gyuri.

— De Massoud?

— De Massoud.

— Bah, só estivemos conversando um instantinho. Não me interessa o que possam dizer os idiotas. Foi por isso que você não quis ir à reunião com ele? Por causa dos falatórios?

— Não, não... Eu sei que todo mundo teria gostado de estar com ele, mas essas coisas para mim... sei lá, não me agradam.

Para Jordi, era difícil entender semelhante atitude. Compreendia a repulsa do amigo ao excessivamente popular, na verdade até se identificava com esse sentimento, mas para ele a figura de Massoud se achava tão acima das demais, considerava tão evidente a importância histórica daquele guerreiro, que lhe custava entender como alguém podia desprezar uma oportunidade de se aproximar dele. Jordi perseguia precisamente essa força, essa chama, esse modo valente de enfrentar a existência. Enfim...

Após dar boa-noite ao casal, ele encontrou na rua um dos seguranças da casa de Gyuri. Sabia alguma coisa daquele sujeito, e, como ainda lhe restavam forças para conversar mais um pouco, perguntou-lhe como conseguira trabalhar para o holandês depois de ter estado no exército.

— Eles me desligaram — disse o homem. — Uma noite em que eu estava de guarda, vi dois oficiais transar com um cão.

— Transar?...

— É, isso. Enrabando o bicho, sabe como é.

O segurança fez um movimento plástico. Jordi ergueu as sobrancelhas, deu uma palmada.

— E aí?

— Detive os oficiais e pouco depois fui expulso. Mas quer saber o que me pareceu estranho? O cão parecia estar gostando...

Quando Jordi comentou esse episódio com Gyuri, ambos concordaram que o guarda devia ser alguma espécie não identificada de retardado mental.

XXXVII

O comboio de quarenta burros partiu na primavera rumo ao Panjshir. Guiados pelos mercadores de lápis-lazúli, Ainullah e Jordi atravessaram estreitos desfiladeiros e imponentes planaltos levando os medicamentos e ferramentas que deveriam ajudar a reconstruir o vale. Homens armados assistiam à sua passagem de pontos elevados, emboscados atrás de penhascos, alguns chegaram a cumprimentá-los. Pedras rolaram de uma encosta e soterraram dois burros. A caravana recuperou o material aproveitável e seguiu caminho alternando gargantas sombrias forradas pelo musgo com vastidões ensolaradas em flor entre as quais ziguezagueavam rios caudalosos, que eles transpunham graças, às vezes, a pontes instáveis de madeira rangente. Avançaram pelo alto de barrancos seguindo passagens tão estreitas que mais um burro despencou. De qualquer forma, as perdas foram mínimas se comparadas com expedições anteriores.

No Panjshir, foram recebidos por homens que Ainullah havia recrutado em Peshawar, os quais os guiaram até a extensão onde estabeleceram sua primeira base. Jordi e Ainullah acabavam de abrir um corredor humanitário que dali em diante seria utilizado pelo Comitê Internacional da Cruz Vermelha e pelas Nações Unidas.

Descarregaram fardos, levantaram barracas, acomodaram-se em dependências separadas e repassaram com os afegãos o melhor modo de distribuir a ajuda no vale e na região vizinha de Salang.

A velocidade da operação foi inaudita para os costumes locais, uma demonstração de eficácia. Em poucos dias, a base estava em pleno funcionamento, graças em grande parte ao protagonismo adquirido por Ainullah, a quem Jordi delegava muitas das iniciativas de campo, as discussões com os autóctones e a incorporação de novos colaboradores.

Formavam uma equipe perfeita. Atingiam cada objetivo com uma rapidez e uma facilidade que lhes proporcionavam enorme fama entre os afegãos da região, e, ao comprovar as possibilidades de sua atividade, e na certeza de que todas as suas contribuições eram positivas, em prol da terra e dos homens, Jordi se permitiu fantasiar.

Imaginou um país autônomo composto por Chitral, Gilgit, Nuristão, Badakhshan e o Panjshir. Teria o nome de Hindu Kush. Ele não parava de pensar em como fazer coisas pela gente do Hindu Kush.

– É possível, Ainullah, é possível. As pessoas nos apoiam, e eu tenho meus contatos. Veja só: o chefe da Fundação Aga Khan em Chitral, o representante da Equo no Afeganistão, Allan, o chefe da

ONG Madera, e um monte de líderes do Chitral e do Nuristão, sem falar no comandante Massoud Najomuddin Khan, o verdadeiro mandachuva do Badakhshan.

— Não sei. É difícil. Talvez — respondia Ainullah.

A verdade é que ali seu chefe era muito famoso. As pessoas o apreciavam. Por que não seria possível?

Jordi conhecia os chefes tribais e seus anseios, que não distavam tanto assim dos dele, ao menos era nisso que acreditava. Além do mais, estava demonstrando que era capaz de recuperar uma área devastada se lhe fossem concedidos os meios e a liberdade necessários. Como Rudyard Kipling sonhou com um homem que queria ser rei, Jordi sonhava consigo mesmo, ainda que de maneira mais realista e pacífica que aquele aventureiro suicida. Onde Kipling imaginara um reinado pela guerra, Jordi propunha um governo alentado pela ajuda humanitária.

De qualquer maneira, Ainullah se limitava a escutar, acompanhando silenciosamente seu chefe nas frequentes viagens a Cabul para coordenar a aquisição e a distribuição de provisões. E foi na capital que ele contraiu casamento com aquela que ainda é sua segunda esposa.

— Felicidades, Ainullah. Mesmo sabendo que isso vai lhe custar dinheiro. Mais uma boca para alimentar...

— Trabalharei dobrado. E você? Não se decide a casar outra vez?

— É claro. Mas minha próxima mulher não será francesa nem espanhola. Vou me casar com uma kalash. Vou me tornar kalash e a pedirei em casamento. Conheço uma garota muito bonita, chama-se Goul Baegom. Acontece que ela ainda é menor de idade, terei de esperar alguns anos.

— Uma garota? Vai me apresentar?

Goul Baegom lhe agradava, era realmente bonita. Pouco mais podia dizer a seu respeito. Certo, na Europa jamais teria se casado naquelas condições, mas isso não era a Europa, e tinha de provar à comunidade que estava falando sério, mais sério ainda. Se explicasse a Ainullah... ele era afegão, provavelmente entenderia... embora o rapaz sempre estivesse falando de amor. Não, para que complicar a vida? Com Ainullah, falaria de coisas que ele pudesse entender:

— A gente precisa fundar alguma coisa, Ainullah. A estirpe é o que faz você continuar, é o que dá sentido à vida.

— É verdade. Mas você vai ou não vai apresentá-la a mim um dia?

Na semana seguinte, Jordi o levou para ver Goul Baegom. Caminharam até o campo onde a menina cortava capim para o inverno. No meio do matagal, afloravam os adornos multicoloridos de suas primas e vizinhas que trabalhavam com elas. Jordi a cumprimentou cortesmente a uns dez metros de distância, obrigando-se a gritar um pouco. Perguntou por sua família, se haviam feito as reformas no *bashali*, para onde ela ia no período da menstruação.

— Não — respondeu a garota olhando-o nos olhos. Em seguida se abaixou e continuou a cortar.

— Esses broncos são um desastre — disse Jordi em tom cômico. — Acho que eu é que terei de vir dar um jeito no *bashali* deles.

Do campo vieram vozes femininas.

— Sim, sim, pode falar, mas não deixe que ele veja o seu cabelo.

— Você não se atreveria a se aproximar de tantas mulheres juntas.

— Menos papo e mais ação.

As mulheres riam lançando olhares travessos por cima do capinzal, até que Jordi e Ainullah se despediram.

— E então? O que você achou?

— Uma graça. Tem cara de europeia. Quantos anos?

— Uns 17. E vou ter filhos. É preciso ter descendência. Você sabe muito bem disso.

Ainullah pensou que Jordi estava repetindo com muita frequência essa história toda de descendência, de estirpe, como se estivesse obcecado. Normal, porque chegar à sua idade sem filhos era um bom motivo para, no mínimo, dar o que pensar.

Quando as mulheres kalash voltaram para suas casas, contaram que Jordi tinha ido visitá-las. A notícia correu pelos vales.

— É claro que o caça-barmanus está interessado em Goul Baegom — disse ao marido a esposa de Abdul Khaleq.

— Ela nunca se casará com ele — respondeu Abdul. — Não sabe nada dele. E seus pais respeitam suas decisões.

Jordi saiu para o quintal cercado do acampamento jogando migalhas de pão no chão, e meia dúzia de patos se aglomerou ao seu redor. Três afegãos observavam da porta.

— Entrem, entrem — disse-lhes Jordi.

Os curiosos tinham ouvido falar das aulas sobre patos que o chefe dava a quem quisesse escutá-lo e se animaram a passar um instante por lá. Jordi preencheu suas expectativas.

— ... embora nesta região vocês tenham muitos outros animais estupendos, alguns conhecidos e outros não. Para mim, é uma sorte poder andar por aqui. Esta natureza é diferente da do Paquistão, tem muita coisa para descobrir.

Quando os afegãos foram embora, Ainullah perguntou quanto tempo eles iam ficar no Panjshir.

— Não sei, já veremos — respondeu Jordi. E pôs-se a rever mentalmente suas contas.

Era como uma deformação. Ao olhar para a frente, para o futuro, os números se amontoavam em sua cabeça obrigando-o a somar, multiplicar, dividir. Recebia entre três mil e cinco mil francos por mês. Se permanecesse um ano economizando o máximo de dinheiro possível, ao voltar poderia continuar com a reivindicação dos kalash dispondo de meios incomuns até então. Um ano. É, naquele vale poderia muito bem resistir um ano.

A recuperação econômica lhe deu forças para, no final de maio, se sentar à mesinha de madeira onde costumava trabalhar e escrever finalmente um cartão-postal para Marie-Louise Marie France comentando que havia atravessado a zona talibã sem problemas, que os dentes o estavam incomodando, que a missão andava meio atrasada por causa da guerra, mas tudo ia bem e ele esperava que no outono pudesse pagar-lhe o dinheiro que lhe devia.

Marie-Louise Marie France lhe emprestara dez mil francos após outra das suas típicas emergências. Andrés estava havia alguns meses com dificuldades para lhe mandar dinheiro porque ele próprio atravessava uma situação precária. Discutira várias vezes com Philo, incomodada com o volume de dinheiro que o namorado enviava ao Paquistão. Percebia que Andrés estava vivendo uma aventura através do irmão, e que financiar Jordi era sua forma de participar de um sonho. Mas tudo tinha limite. Philo queria constituir família, e para isso era preciso um dinheiro que eles nem sequer tinham de sobra. Não se achavam em condições de ficar bancando a vida de outros.

– Já chega, Andrés. Seu irmão está explorando você – dissera-lhe Philo um dia.

E, embora tivessem voltado a discutir, aquela torneira de dinheiro deixou de manar como antes.

As entradas provenientes das associações tampouco davam para custear os salários dos Narradores da Tradição e a manutenção da Sharakat House, de modo que Jordi optara por sondar novas fontes de financiamento. Marie-Louise Marie France funcionou.

É, tinha passado uma fase dura.

Mas por fim estava dando a volta por cima. Logo poderia saldar dívidas. A bonança influenciou seu humor, quando, nos Correios, procurou desdramatizar tanto a sua situação pessoal quanto a do país em que vivia remetendo mensagens tranquilizadoras. Não queria deixar Andrés ainda mais preocupado. De qualquer forma, seu irmão respondeu num fax:

Eu disse à mamãe que a questão dos talibãs não influi em Chitral, que é um território autônomo. Espero não estar equivocado. O problema é que ela não é tão alienada como se imagina, e se informa de tudo pelo rádio ou pela televisão.

O que Jordi não esperava era encontrar um Andrés tão por baixo poucos meses depois.

Quero ir para a Espanha. Este ano larguei os aviões. Meus aviões estão à venda. Estou farto deste país de merda onde todo mundo é falso, onde não há projetos ideológicos interessantes. E isso nesta Europa de merda onde não se pode fazer nada porque tudo é controlado ou sob uma regulamentação que impede você de ser um homem livre. A gasolina especial vai acabar. O que é que eu vou fazer com o Ibiza e o 600?

XXXVIII

> Os ortodoxos não têm tempo para se estranharem.
> Há páginas do *Minha luta* que parecem capítulos do Corão.
>
> Karen Blixen, *Cartas de um país em guerra*

Após vários dias consultando os arquivos de Jordi em Fontbarlettes, Dolores me informou que seu filho Andrés viria jantar essa noite. Os estertores do inverno esfriavam o bairro após o crepúsculo, e Andrés apareceu envolto numa capa de chuva preta leve que se inflava ao menor golpe de ar, como a capa de um super-herói ou de algum oficial militar de antigamente. Beijou a mãe, trocamos um aperto de mãos e ele esfregou o cabelo muito curto, recém-cortado. Ajeitou os óculos redondos antes de se sentar à mesa ainda sem os copos e os talheres e cruzar as mãos em cima da toalha. A sala de jantar recendia ao cheiro da sopa de legumes que Dolores preparava. A televisão transmitia um informativo.

Andrés acabava de sair do seu trabalho na Markem-Imaje S.A. Contou que a empresa também exportava marca-textos, peças de reposição e tinta para o Paquistão. Enquanto isso, as notícias descreviam como os talibãs haviam invadido os vales do Hindu Kush. Porta-vozes da ONU falavam de "uma enorme crise humanitária", com aproximadamente dois milhões de desalojados, o maior movimento humano da história em tão pouco tempo. Falou-se de 52 talibãs eliminados em 24 horas e de um atentado em resposta que matou dez pessoas. Falou-se de um número indeterminado de pessoas que haviam ficado retidas numa espécie de zona fantasma, sem assistência nem defesa.

– Se você quer ir lá, não é o melhor momento – disse Andrés de olho no televisor.

Dolores trouxe copos e talheres para três.

– O problema é quando será um bom momento... – respondi. – Quando isso vai terminar.

Ele voltou a esfregar o cabelo.

– Eu acho que vale a pena viajar – disse ele. – Estive três vezes no Paquistão e sei em que vai dar essa história. Viajando a gente aprende muita coisa. Por exemplo, agora eu sei que daqui para a frente só viajarei pela Europa. Mas todo mundo deveria ir a esses países pelo menos uma vez, aprende-se muito. Conhecendo-os bastante, poderemos descobrir melhor os erros que estamos cometendo com os que vieram para a nossa terra. Até aí, tudo bem. O que não podemos permitir é que eles sejam tratados melhor do que nós, que estamos aqui.

– Andrés, meu caro, não acredito que seja assim. Fala-se muito nisso, mas...

– Mas? Os intelectuais e os políticos falam o tempo todo, blá-blá-blá, mas, quer saber?, eles não moram no bairro. Foi só dar uns direitos aí aos imigrantes para eles se sentirem os maiorais. Já acham que estão aqui antes mesmo dos que estavam realmente. E, se um dia se levantam com o pé esquerdo e querem pôr fogo num carro, eles põem. Você já os viu por aí. Viu o carro queimado? Foram eles que fizeram, esses animais, aqui isso é normal. E minha irmã me disse que outro dia você não pôde pegar o ônibus para retornar ao centro porque no fim de semana não há ônibus depois das sete da noite, ou coisa assim, não é verdade? Se os ônibus não passam, é porque os motoristas têm medo de entrar no bairro quando cai a noite, têm medo de que roubem ou queimem os ônibus e por isso mudaram os horários. E os bombeiros, que só entram com a polícia, porque os mouros começam a jogar pedras e a gritar "seus franceses de merda" para eles? Isso é Fontbarlettes, um dos bairros mouros de Valence. E os piores são os argelinos, que estão sempre procurando briga.

Dolores começou a servir a sopa. O noticiário da TV agora tratava dos esportes.

— Eu sei bem do que estou falando. Oh, e como sei... Philo (Philòmene é a mulher dele, a quem me havia apresentado dias antes, junto com sua filha de três anos, Émi) é caixa do Écomarché de Polygone, que é um bairro ainda pior que Fontbarlettes. Todos os mouros de Polygone a conhecem, porque olham direto em seu rosto quando passam pelo balcão, diante dela, exibindo os produtos que estão roubando. Os caras passam carregados, sorrindo para ela, que não sabe o que fazer. É pequena, mulher, e o chefe não a defende. Tem medo de que, caso proteste, eles lhe deem uma surra ao sair do trabalho. Os mouros o roubam diariamente, e o mais terrível é que várias vezes por ano assaltam o supermercado com armas. Ela me conta essas coisas, e então o que eu vou fazer?, digo que tenho vontade de exterminar todos eles, e começo a gritar, e ela se assusta, me diz que não fale assim. Mas o que você quer? O que é que eu posso fazer? O problema é que no ano passado houve um tiroteio entre os mouros, e a Philo viu um deles ensanguentado bem a seus pés. O sujeito morreu, e isso a deixou meio traumatizada. Sem falar nas brigas contínuas, com facas de açougueiro, até entre os próprios empregados do armazém. E os chefes, como têm medo dos mouros, nada fazem para resolver a situação. E é tudo uma rede, sabe?, porque então chegam outros clientes, veem essa gentalha sair sem pagar e dizem que ou todos pagam ou ninguém paga, e também querem sair sem pagar. Desse modo, a loja não é rentável, e os chefes de verdade, os que não aparecem no bairro, deram três meses para recuperar os ganhos, se não vão fechar. Todo mundo na rua. Desemprego. Philo está muito deprimida.

Andrés havia falado enquanto tomava a jato sua sopa, que estava quase terminando. Dolores continuava a sorver em ritmo lento, sem levantar a cabeça. Sentada do outro lado da mesa, estava mais perto de mim do que do filho e talvez não estivesse conseguindo acompanhar a conversa em detalhe. De vez em quando era preciso repetir as coisas, o ouvido a traía.

— Em quem você vai votar? — perguntei a Andrés.

— Meu voto não tem importância. Não confio em nenhum desses mentirosos. Mas, se votasse, ficaria com Le Pen. Com certeza o Jordi também votaria nele. Algumas vezes falava sobre suas ideias com o senhor Herbouze, que conheceu muito jovem, quando estava em Les Loups du Dauphiné. Eu mantenho contato com ele. Estudou o que está acontecendo e tem soluções.

Numa conversa anterior, Claire me garantira que Jordi era hipertradicionalista. Que defendia a unidade nacional. A caça. Que simpatizava com os movimentos de extrema direita. Que sem dúvida hoje votaria em Le Pen.

— Quem é Herbouze?

— O senhor Herbouze é um professor de filosofia muito bom, que teve câncer e está há alguns anos em cadeira de rodas, não pode andar. Mora em Bollène, perto de Avignon. Mas não deixa de pensar, diz coisas muito acertadas e também acha que entre as opções Le Pen é uma das menos ruins.

A história de Philo era desconcertante. Andrés tinha motivos para acumular ódio, e era fácil, quase lógico, ver as coisas por aquele ângulo. Lembrei que a impotência, no seu caso, havia adquirido uma dimensão temível quando, após cultivar durante anos o amor pelos aviões, após Jordi tê-lo ensinado a desenhar aviões e comprar no supermercado de Valence miniaturas de aeroplanos que Jordi montava para ele, após bancar com suas economias, em 1990, um teco-teco desmontado e pedir à empresa, dois anos depois, que lhe adiantasse o recebimento de sua participação nos lucros da companhia para poder adquirir finalmente um avião capaz de voar, descobriu que jamais poderia pilotá-lo por causa do maldito olho esquerdo.

— Estava quase cego desse olho, e me proibiram de pilotar — havia-me contado o próprio Andrés. — Fiquei arrasado. Não posso voar, só vou de copiloto. Mas uma vez deixaram os comandos comigo lá no alto e foi... estar livre lá em cima... longe dos problemas... Nem sei explicar.

Eu disse que compreendia perfeitamente seus sentimentos, mas que não acreditava que Le Pen fosse uma solução.

— Acho que não se trata de um problema apenas de raça. Acho que tem mais a ver com dinheiro, a riqueza e a pobreza, e é nisso que se deveria dar um jeito.

"Certa vez viajei num avião para Nova York junto com um negro norte-americano — disse. — Ele me perguntou em quem eu ia votar nas próximas eleições, e respondi que não o faria, que desconfiava dos políticos. Ele ficou indignado. Disse que os negros do seu país haviam lutado durante muito tempo, e milhares tinham morrido, para conseguir esse direito. Desde então eu voto em todas as eleições.

"Seu pai combateu na guerra espanhola contra alguém que defendia ideias parecidas com as do Le Pen" – disse.

Nós discutimos. Andrés afirmou que seu pai defendia outra coisa. Que neste momento ele certamente entenderia sua posição. Criticou a hipocrisia dos bem-pensantes, seu descompromisso com a realidade. Repetiu palavras como "mentira", "furioso", "merda", "enganação", "raiva".

– Não grite, Andrés, por favor. Não grite – disse Dolores.

O pedido da mãe o abrandou, como um bálsamo instantâneo. Baixou a voz, esfregou o cabelo. Procurou evitar o assunto e só quando me acompanhava de carro ao meu hotel fez menção com todo o cuidado ao que acabara de ocorrer:

– Eu gosto de falar dessas coisas. Preciso disso. Com Jordi havia muitas conversas desse tipo. Elas me fazem bem.

Dirigiu através das ruas frias e bem iluminadas de Valence. O interior compartilhado do carro era como que um convite a confidências.

– E se por acaso se descobrir que Jordi era homossexual? – perguntei.

– Nossa família não gosta de homossexuais. É um tema do qual não falamos muito. A descoberta de algum caso de homossexualidade na família certamente nos incomodaria. Mas não o renegaríamos se o fosse.

Na manhã seguinte, como num roteiro previsível, encontrei em uma das pastas de Jordi um envelope sem remetente. No seu interior, com uma orientação escrita a lápis "Para divulgar entre os nossos", dez folhas de papel sem assinatura e sem nenhuma espécie de logotipo resumiam um ideário neonazista com conselhos para doutrinação vazados na forma mais discreta possível, evitando os clássicos termos que sem dúvida alarmariam de imediato os meios de comunicação e a polícia. Toda uma lição de fascismo eufemístico que começava advogando a "interação da Raça e do Espírito" e prosseguia com frases assim:

> Identifiquemos alguns tipos ideais no seio do grupo étnico europeu. [...] Há uma massa, nem boa nem má em si, até adquirir definitivamente os valores de nossos inimigos. [...] Conservemos os albieuropeus como a aristocracia da etnia europeia e não confundida com ela. [...] Partamos do princípio de que os albieuropeus se opuseram aos renegados numa "guerra cultural". Trata-se, então, de uma guerra global que não pode ser interrompida, a não ser com o desaparecimento de um dos adversários. [...] Procriar uma família numerosa é o mais revolucionário dos atos. [...] Se não tomarmos concretamente, fisicamente, materialmente o que nos interessa, ninguém o fará e nós desapareceremos antes até que o restante da raça branca. [...] Não é possível condenar os nossos à pobreza ou à desqualificação por eles (os políticos) não terem cumprido seus deveres para com seu povo.

Quando acabei de ler aquilo, fui à cozinha, onde Dolores guardava a louça nos armários.

— Quero lhe dizer uma coisa sobre o Andrés.

— Ai, esse meu filho! Eu fico nervosa quando o vejo assim. Como ele se alterou na noite passada... Ultimamente deu para gritar demais, sabe?

— Acho que Herbouze tem algo a ver com isso.

— O professor de Bollène? Às vezes liga para ele.

— Diga a Andrés que não lhe dê importância. — Eu estava tremendo. — Sei que não é da minha conta, mas diga isso a ele. Herbouze é uma péssima influência. Eu encontrei umas cartas que não lhe fazem nenhum bem. Vejamos se você consegue convencê-lo a rechaçar a correspondência desse homem.

– Ai, ai, Andrés... Sim, a mim esse homem dá uma impressão estranha. Sempre que Andrés fala com ele, passa o dia todo nervoso. Ai, ai, ai.

XXXIX

No final do inverno de 1999, Philippe Bonhoure se deslocara de jipe até o vale de Chitral. Como chefe da missão da AMI no Afeganistão, queria conhecer o homem recrutado para liderar o comboio da ONG. Bonhoure ouvira falar de Jordi quando este dirigiu a Alliance Française em Peshawar e havia rumores de que ele tinha problemas com o ISI.* Dizia-se que por causa disso às vezes falava ao telefone em catalão.

Os veículos dos dois se cruzaram na estrada. *Bonhoure?*, pensou Jordi. Ele sabia que o mandachuva estava para visitar os campos e já o vira em fotos e em alguma reunião. Tinha de ser ele. Pisou no freio, deu meia-volta na primeira curva em que isso foi possível e começou a buzinar. O carro que perseguia reduziu a marcha até parar de vez. Jordi pôs a cabeça na janela e gritou:

– Você é Philippe Bonhoure?

– Sou. E você é Jordi, suponho.

Jordi sorriu, apontando o polegar para si mesmo.

– Vamos conversar ali mais à frente – disse o caça-barmanus. – Aqui estamos atrapalhando a passagem.

Acelerou até uma curva pronunciada onde os dois veículos puderam estacionar.

Queria explicar muitas coisas, mas não sabia se Bonhoure ia conceder-lhe o tempo necessário, tinha de aproveitar cada segundo, e assim, mal o da AMI desceu do jipe, Jordi começou a falar,

---

* Sigla de Inter-Services Intelligence, principal órgão oficial de inteligência do Paquistão. (N. do T.)

muito e depressa. Disse que estava à sua espera, desfiou em rede seus feitos e seus projetos, enumerou obstáculos, se parasse para pensar com certeza se perderia, quando se expressava elaborando as frases aos poucos parecia hesitante e sempre deixava escapar alguma bobagem, e portanto o melhor era mesmo falar, falar, falar, tudo fluía melhor, as ideias se encadeavam de maneira automática quando ele as expunha sem pensar.

    Bonhoure comprovou o que mais ou menos lhe tinham dito: Jordi conhecia bem a região e os principais atores políticos da Aliança do Norte, que defendiam o vale dos ataques talibãs. Embora também dispusesse de bons contatos do lado talibã.

    De qualquer modo, diziam-se muitas coisas esquisitas daquele sujeito, e a missão que lhe haviam encomendado era de envergadura. Apesar da boa impressão inicial, o homem já deparara com fiascos demais para se deixar iludir. Seria necessário aguardar resultados.

Agora, meses depois, Bonhoure contemplava a obra de Jordi no Panjshir constatando que sua contratação fora um acerto. Tinha criado duas bases a partir das quais a AMI podia dar apoio à maioria dos ambulatórios no vale e na região de Salang. E as bases funcionavam muito bem graças ao pessoal recrutado por Ainullah.

    Jordi alternava o controle das bases com pequenas escapulidas exploratórias que lhe propiciavam uma calma necessária, apaziguando sua sede de natureza selvagem. Como havia calculado, nesta vida baseada em ajuda humanitária, leituras e excursões ele encontrava um equilíbrio que também o confortava moralmente. Fosse como fosse, as pessoas continuavam a cochichar sobre suas extravagâncias.

    — Então esse é que é o louco do *yeti* – disse a Gyuri um europeu enviado junto com um grupo de observadores. O jipe de Jordi despontava ao longe.

— Dizem que ele é da velha guarda — acrescentou outro —, daquele tipo que ainda se mete em confusões.

— Que bela fama ele tem!

— Não sei, acho que ele está muito bem. E estável — respondeu Gyuri. A nuvem de poeira levantada pelo jipe se aproximava. — É possível que tenha tido algum problema anteriormente, mas somente uma pessoa muito estável poderia levar uma vida como a que ele leva com os kalash... e mesmo aqui, no Panjshir. Os problemas que os mujahidins e os talebs às vezes nos trazem não são nem um pouco triviais, e Jordi está demonstrando uma resistência e uma personalidade mais que equilibradas. Não sei se algum de nós teria tal garra e tal força. Nunca se incomodou de sair caminhando através do Hindu Kush durante semanas seguidas. É preciso ser muito sólido para fazer essa espécie de incursões. Eu, depois de três dias de *trekking* pelo Panjshir, já estou destruído mental e fisicamente.

O jipe parou a poucos metros.

— Vejam o que eu encontrei! Vejam! Isto, sim, é que é um tesouro! — gritou Jordi inclinando-se para pegar algo no banco do carona.

— De onde você está vindo? — quis saber o observador. Jordi estava longe demais para ouvir.

— Da província de Nangarhar.

— Por quê? O que perdeu por lá?

Gyuri encolheu os ombros. Jordi pulou do jipe com um saquinho levantado na mão, como se se tratasse de uma cabeça inimiga. Diante deles, puxou o laço do saquinho e mostrou o troféu.

— Uma rã — disse Gyuri.

— É uma espécie nova. Desconhecida! Incrível, não é?

Passou o dia exultante. A natureza correspondia aos seus esforços premiando-o com animais nunca vistos. A rã provava que ele tinha alcançado lugares bem remotos. Únicos. Esse achado, somado à certeza de estar fazendo o que tinha de fazer, lhe proporcionava uma confiança inusitada que se traduzia numa espécie de clarividência. Via o mundo. E o entendia.

Naquela tarde, nos acampamentos, observando o fluxo de despossuídos, relembrou a vida nas grandes cidades, e foi assaltado por uma avalanche de reflexões que logo necessitou expressar. Aguardou impaciente a hora de se retirar para sua mesinha para escrever:

> As pessoas se dão conta de que, a partir da sedentarização e da consequente posse de bens, o crescimento da população implica mais um gregarismo que um desenvolvimento da sociedade. O que é a sociedade?

Milhares de pessoas continuaram indo às bases para se abastecer de comida e medicamentos, para se vacinar. Hordas andrajosas de miseráveis faziam filas imensas implorando que fossem atendidas, deflagrando em Jordi pensamentos que ele não se cansava de anotar:

> Hoje pensamos que o que vier amanhã trará progresso e será mais moderno, mais evoluído do que o que já era bom. Grave erro. A vida se expressa em direções muito diversas. Pode haver evolução, mas também contraevolução.

Ao analisar os fatores que haviam levado a região à hecatombe, ele escreveu:

> Se o monoteísmo e a política estão tão próximos, é porque o monoteísmo não é de fato uma religião, mas sim uma ideologia política deificada.

Foi uma temporada de apogeu intelectual que combinava à perfeição a vida espiritual com a física, fazendo-o sentir-se útil, valioso e capaz.

De Chitral chegaram notícias por meio de um integrante da caravana de lápis-lazúli: Shamsur ia se casar. Um de seus irmãos tinha morrido e deixara uma viúva, que o rapaz se via forçado a desposar.

— Nos vales se comenta — disse o emissário — que Shamsur não queria, resistiu, e seu irmão Khalil lhe deu uma surra que esclareceu suas dúvidas.

Jordi sofreu um golpe. Não tinha calculado que Shamsur pudesse ser manipulado desse modo. Não queria imaginar como aquelas núpcias afetariam a relação que mantinha com seu protegido. Ninguém o afastaria dele. Esse casamento não seria um truque da família para separá-los definitivamente? Suas simpatias pelos kalash não eram bem-vindas. Estariam querendo se livrar do estrangeiro? *Muito bem. Que importa o estado civil de Shamsur? Vou resgatá-lo. Ele quer sair daqui, já repetiu isso mil vezes. Vou levá-lo comigo para Paris.*

Outra notícia: Marie Odile, sua querida princesa versátil, teve problemas com Attiq, um afegão que colaborava com a AMI. Marie Odile fora nomeada coordenadora do escritório da ONG em Peshawar, e os afegãos não aceitaram bem receber ordens de uma mulher. Apesar de Gyuri Fritsche ter insistido em que eles valorizassem o fato de ela trabalhar ali por pura solidariedade, a nova chefe teve problemas com vários empregados. Alguns começaram a se mostrar violentos.

Attiq era um desses afegãos veementes. Fã de tudo o que era ocidental, tomava uísque e frequentemente aparecia exibindo sua camiseta do filme *Titanic*, mas não tolerava que uma mulher decidisse como devia trabalhar. A relação com Marie Odile foi se azedando, até que uma manhã, quando a francesa ia estacionar o carro perto do escritório, Attiq surgiu na rua e começou a bater no carro com um taco de beisebol. Marie Odile conseguiu saltar do carro e se pôr a salvo. Primeiro chamou alguns conhecidos para protegê-la. Depois entrou em contato com Jordi.

– Assim que puder, vou dar um jeito nele – respondeu.

Transcorreram quinze dias, até Jordi poder tomar o rumo de Peshawar. Pisou o acelerador do jipe. Naquelas duas semanas havia se perguntado vezes sem fim até onde podiam chegar as barbaridades dos afegãos. Na época, o país resgatava as diretrizes para a propagação da virtude e a extinção do vício proclamadas em 1975. Jordi as havia relido – como se faltasse combustível para alimentar sua ira – e não conseguia tirá-las da cabeça enquanto ia fazendo uma curva atrás da outra. Não conseguia.

XL

Em 26 de setembro de 1975, o governo islâmico do Afeganistão deu a conhecer diretrizes para a propagação da virtude e a extinção do vício em um comunicado que recebeu o número 6.240. Um dos mandamentos relativos às mulheres impedia-as de "sair de casa com vestes provocantes. Sob pena de se castigar um homem da família. E os motoristas não têm direito de levá-las em seus veículos".

Foi proibida a música nos meios de comunicação, carros, hotéis, riquixás ou qualquer outro recinto considerado público. E todos os homens deixaram a barba crescer após ser anunciado que, se no prazo de um mês e meio algum homem fosse visto barbeado, seria detido e encarcerado até a barba se adensar.

Exigia-se o fim das brincadeiras com pombos e rolinhas. E as pipas, "que afastam as crianças da educação e provocam acidentes". As fotografias, os tambores, a costura e até tomar as medidas femininas, tudo isso voltou a ser proibido duas décadas depois, e Jordi repetia sem parar que eles estavam loucos, loucos, loucos, dirigindo por gargantas de uma beleza extasiante que milhões de pessoas jamais verão. Loucos. E apertando com força o volante, quase riu tentando controlar as lágrimas ao lembrar que aqueles filhos da mãe também haviam condenado a magia. "Os livros dos magos serão queimados e eles encarcerados até que jurem não voltar a fazer magia."

O nome do vice-ministro que assinou essas diretrizes é Maolawi Enayatullah Balagh. É um nome que todos deveríamos recordar. Maolawi Enayatullah Balagh. Um nome que nos torna piores, mais selvagens. Maolawi Enayatullah Balagh. Um motivo para ser feroz.

XLI

Jordi viu Attiq no jardim, aproximou-se a passos largos e desferiu um soco que fez o afegão perder o rumo. Em seguida transformou-se numa máquina de bater, e, quando Attiq caiu no chão, Jordi também pisoteou seu corpo, aquele saco desprezível, só queria destroçá-lo. Os artelhos descarregavam toda a fúria acumulada durante as duas semanas de espera e os dias ao volante alimentando a fúria e o descontrole. Cada vez que mandava o punho de encontro à carne ou a um osso, liberava anos de tensão. Attiq se recompôs e conseguiu devolver alguns murros. A briga não ficou empatada, Jordi encaixava ganchos demolidores, embora tenha havido uma leve troca de golpes antes que o pessoal da AMI interviesse, separando os dois.

Attiq deixou a ONG. Mas aquela fora uma autêntica briga selvagem, os membros da AMI temeram por Jordi, ele mais uma vez transgredira os códigos, havia feito o tipo de coisa que não se pode fazer com um afegão sem medo de represálias mortais. Porque, estando ali, onde alguém pode se esconder?, perguntavam-se os estrangeiros. Jordi começou a preparar um novo comboio para Panjshir. Junto com Ainullah, precisou renegociar com os talibãs para manter aberto o corredor humanitário.

— Ultimamente tenho visto muita gente estranha — disse Ainullah. — Acho que estão nos seguindo. Ouvi dizer que há agentes da CIA nas montanhas.

— Não esquente a cabeça. Além do mais, se houver mesmo alguém da CIA aqui, o que vai poder fazer? Melhor você parar de ficar imaginando muito, senão acaba vendo coisas onde não há.

As palavras de Jordi não o acalmaram. Talvez estivesse enganado quanto à CIA e quem os observava fossem os serviços de espionagem paquistaneses, embora isso não fosse nada tranquilizador, pelo contrário. A questão é que alguém os vigiava, disso ele tinha certeza.

Dias depois, no caminho que liga Badakhsan a Chitral, Jordi e Ainullah foram parados por três homens que se disseram policiais. Queriam falar com Jordi. Ele foi o único a descer do jipe. Ainullah e o motorista escutavam o interrogatório, que se passava a uns três metros do carro. Perguntaram-lhe de tudo.

— O que é que tem aí? Abra o porta-malas — ordenou finalmente um policial.

— Quem é você para meter o nariz nas minhas bagagens?

— Mandei abrir. Agora.

— Não.

Os policiais se entreolharam. Jordi recuou alguns passos com cuidado até a janelinha aberta de Ainullah e murmurou:

— Não se preocupe. Preparem-se.

Temos dois kalashnikovs e algumas pistolas, pensou Ainullah. *Se Jordi mandar disparar, estamos preparados.*

Os homens de Jordi empunhavam as armas mantendo-as sobre as pernas. Os policiais alternavam os olhares ora para Jordi, ora para os ocupantes do veículo, cujas mãos não conseguiam ver.

— Está bem — disse o que havia falado até então.

Com um gesto brusco sinalizou ao companheiro para se retirarem. E foi caminhando para o automóvel, até se situar a uns dois metros da janelinha do jipe.

— Ainullah — disse —, qualquer dia desses nos vemos.

Ainullah se assustou.

— Não vão fazer nada com você — disse Jordi enquanto a poeira do jipe esfumaçava a imagem da patrulha. — Calma, eu estou do seu lado.

Ainullah esfregou o rosto com as duas mãos. *Comigo? Isso não basta. Quem somos nós? Quem é Jordi para me defender desses carniceiros?* Naquele instante, Ainullah tomou consciência de que estavam atrás dele. Todo dia, toda noite, só pensava em fugir, na própria morte. Os medos até então latentes emergiram para atormentá-lo. Perdeu o sono. Não conseguia pensar em mais nada, somente no perigo que pairava. E, afinal, o que era mais importante que a própria vida? Pediu a Jordi para voltar ao Afeganistão e ficar lá trabalhando. Quando chegaram à sede da AMI, insistiu no pedido e implorou ao seu chefe que ele também deixasse Chitral.

— Aqui não é seguro, Jordi. Estão contra você.

Foi o que ele disse.

Ainullah vai dar o fora, pensou Jordi. Foi uma pontada. Curiosamente indolor. *Por que não me afeta? Gosto muito desse cara... Por que não sinto?* Na época, Jordi encarava a dor de outra forma, qualquer espécie de dor e de medo, como se a raiva lhe desse uma couraça. Perguntou-se até onde iria sua imunidade, que outras punhaladas ela toleraria. Até fisicamente ele sofria menos. Talvez estivesse atingindo um desses estágios em que o corpo e o espírito realmente se fundem. Assim sendo, até onde seu corpo seria capaz de resistir?

Pouco depois, durante uma saída com vários colaboradores e Marie Odile, o grupo pernoitou numa caserna da Cruz Vermelha. Marie Odile notou que Jordi estava com uma ferida de aspecto bem ruim no polegar, embora nele cortes e cicatrizes fossem frequentes.

— Você devia tratar isso — disse ela.

— Eu sei.

No dia seguinte, Marie Odile descobriu que Jordi havia cortado aquele pedaço de carne. Não chegara a amputar o próprio dedo, mas cortara um bom pedaço, como se fosse um filé.

Conviver com Jordi foi ficando cada vez mais complicado. Estava farto do Panjshir, só queria voltar para Chitral, não conseguia pensar em outra coisa, e, apesar de às vezes tentar reprimir o mau humor, não tinha jeito. O que ia fazer?, não sabia dissimular, embora estivesse consciente de que a agressividade e os menosprezos só tornavam ainda mais difícil seu dia a dia.

— Alguns colegas se queixaram de você — disse-lhe por fim Yves Bourny, o homem que o havia selecionado para aquela missão. — Dizem que você tem umas opiniões muito... pessoais.

— Muito pessoais, é? E daí? Olhe, Yves, para vocês eu sou um mercenário. Isso é claro para vocês, e eu sei bem disso. Então, qual é o problema? Faço o meu trabalho e só peço que me deixem em paz. Se os meus colegas (sublinhou a palavra, pronunciando cada sílaba bem devagar) querem que eu jogue cartas com eles e fique de risadinhas, diga-lhes o seguinte: vão se foder.

— Bom, eu já lhe dei o recado. Pelo menos leve isso em conta.

— Opiniões muito pessoais! — repetiu Jordi. — Se a organização pretende me usar para colar selos, distribuir comida e redigir relatórios, está muito enganada. Será que vocês não percebem o tipo de homem que eu sou? Fui contratado para guiar caravanas, e agora querem me transformar num burocrata... Sempre a mesma história.

— Tudo bem, tudo bem. Mas leve em consideração o que estou lhe dizendo, por favor.

As relações de Jordi com alguns membros da equipe da AMI ficaram cada vez mais tensas. Até que Bonhoure e Bourny concluíram que precisavam escolher entre eles e ele.

Os dirigentes da ONG promoveram uma reunião com vários responsáveis para avaliar o caso de Jordi.

— Mas como vocês podem confiar tamanha responsabilidade a um doido varrido como esse?

— Ora, ele é um aventureiro — disse outro, gozador.

— Com uma reputação de merda. Com quem esse sujeito ainda não brigou? Sem falar na história da pedofilia...

— Isso é só boataria.

— Certo, boataria, mas...

— Durante muitos meses não se teve nenhuma queixa dele.

— Temos de reconhecer que ele soube montar o acampamento, e que tem contatos que valem a pena.

— Uns contatos do cacete.

— É o homem-chave desta agitação toda, é preciso admitir.

— E em muitas coisas, um exemplo a seguir. Sua vida privada já é outro assunto...

— Está bem, está bem, mas o cara esbanja arrogância. Pensa que sem ele tudo desaparece.

— E não é assim?

— Dizem que na França ele tem contatos com grupos neonazistas.

— Ele se acha um deus. Alguém já ouviu dizer que ele quer criar um reino do Hindu Kush ou algo do gênero?

— Um reino?

— É, um reino.

Alguns começaram a rir. Outros redobraram as chacotas contra Jordi. A sala se alvoroçou, e assim terminou a reunião.

Bonhoure e sua equipe fizeram um balanço da situação: temos escolha? Podemos substituí-lo por um novato ignorante da conjuntura sem relações na região nem conhecimento da língua? Existe mais alguém como ele nos arredores? Temos escolha?

Jordi continuou a coordenar as bases do Panjshir até o dia em que ele próprio decidiu que estavam lhe impondo condições demais.

— Não quero que ninguém restrinja minha liberdade de ação — disse.

Sua saída foi à francesa.

XLII

O gigante, quando fala, ruge. Quando aperta a mão, espreme. Quando pisa, esmaga. Não é questão de má-fé, mas apenas de potência e envergadura. De qualquer modo, é certo que a inércia ao redor faz com que o gigante acabe agindo de maneira monstruosa. Normalmente sua excentricidade o marginaliza, e é fácil que a raiva ou a tristeza o induzam ao isolamento. Recolhido, ele contempla um mundo que flui alegremente sem ele e incuba a dor que os menosprezos lhe causam.

No retraimento fervilham a fúria, os desejos de vingança, a incompreensão. O gestual se torna grave, a voz, cavernosa, perdem-se os bons modos – afinal, não há ninguém para hostilizar –, e o gigante vai se transformando num bruto, num ogro, num ser intratável e arredio que tem tudo aquilo que para muitos um monstro deve ter.

XLIII

Quem serei eu quando deixar de ser a pessoa que acreditava ser e que passava por ser? E então a resposta mais correta à minha pergunta será: um ser humano. E é assim, pura e simplesmente, como um puro e simples ser humano, que se deveriam enfrentar esses seres humanos primitivos e obscuros.

Para mim, essa experiência foi uma espécie de revelação, e não só do mundo, mas de mim mesma. E devo acrescentar que foi uma sorte grande e inesperada, uma libertação. Este é o momento de mandar, finalmente, para o inferno todos os convencionalismos; eis uma nova classe de liberdade que até agora apenas em sonhos se tinha tido. É como sair de um mergulho e poder se esticar à vontade, como dar um salto e sair voando, como ter a impressão de ter deixado para trás a lei da gravidade. Pode ser que a pessoa se sinta meio enjoada, pode ser, afinal de contas, que tenha sido um pouco perigoso; a coragem é necessária, é sempre necessária quando se trata de reconhecer a verdade.

Karen Blixen, *Ensaios completos*

Minha mais bela obra de arte será a minha vida?

François Augiéras

O jornalista Éric Chrétien investigava o lendário urso Irkuiem de Kamchatka quando foi convidado para assistir ao documentário da Arte protagonizado por Jordi. O perfil daquele explorador se enquadrava perfeitamente na série que Chrétien estava elaborando, e então ele escreveu uma carta:

Dei início a um trabalho sobre os ursos seguido de uma série de reportagens consagradas aos franceses que escolheram um modo de vida anacrônico nos albores do terceiro milênio...

— Anacrônico — repetiu Jordi em voz alta, entre ofendido e orgulhoso, com o papel na mão.
— O que quer dizer isso? — perguntou Shamsur sentado na escada da Sharakat House.
— De outra época. Antigo, mais ou menos.
— Ah. E o que você vai responder a ele?
— Veremos. Vá se pentear, Shamsur.
— Já vou. Vai chamar Ainullah para vir ajudá-lo?
— Eu já disse que Ainullah ficou no Panjshir. É lá que está sua família, sua gente. Ele vai fazer coisas muito boas no vale... mas não pode estar em dois lugares ao mesmo tempo, e por isso não podemos continuar trabalhando juntos. E vá passar um pente nesse cabelo, você sempre sai de qualquer jeito...

Shamsur jogou a franja para o lado, como costumava fazer seu irmão Khalil.

É claro que aceitaria receber o repórter, pôr um novo foco em suas atividades. Embora desde a ruptura com Valicourt nenhum grande meio de comunicação tivesse se interessado por ele, o aparecimento de Chrétien demonstrava que seu trabalho ainda era capaz de chamar atenção. E o melhor: sem mediadores. Era gratificante sentir-se valorizado por si mesmo, constatar que nem tudo depende do amigo de um amigo que é presidente ou diretor de. Ficava mais uma vez provado que ali fora havia alguém escutando, alguém que apreciava a magnitude de sua empresa. Quem sabe com a ajuda daquele jornalista...

Deu alguns telefonemas e mandou mensagens para que pessoas influentes se inteirassem do interesse. A notícia chegou ao Museu de História Natural.

"Vamos ver se o espanhol vai longe desta vez", comentou-se nos corredores. Alguns se dirigiram diretamente a Valicourt para saber as novidades sobre aquele que já fora seu protegido, mas a cientista não soube lhes dizer grande coisa, a relação perdera intensidade. Em contrapartida, Valicourt deu uma resposta bastante inesperada:

– Jordi tem sorte. No último momento, quando parece que não poderá mais continuar, sempre surge alguém importante que lhe estende a mão. Porque é claro que, sem o apoio de personagens ou mesmo personalidades, Jordi não haveria consumado jamais seu sonho de explorador. Fui eu que possibilitei a ele conhecer Théodore Monod, Jean Chaline, ser convidado para a Language Origins Society de Cambridge... para mim, muito do crédito que ele tem foi obtido graças ao seu amigo Erik l'Homme, um rapaz sério que não espera reconhecimento algum da sociedade, ao passo que Jordi, sim, consciente de sua grande inteligência, necessita de reconhecimento. Não fosse por Erik e Yannik, ele nunca teria conseguido a façanha das missões de 1987 e 1988. Não passaria de um desconhecido. Mas sejamos sinceros, ou melhor, sejamos objetivos: o que ele deixa da sua vida? Uma obra? Uma descoberta?

Alheio a Valicourt e à França, Jordi continuou com seus planos. A carta de Chrétien o deixara animado, se bem que já não olhava o Ocidente com sua velha e nociva ansiedade. Evidentemente mantinha a esperança de ser coroado na Europa como pesquisador exemplar, mas já não analisava o Hindu Kush do exterior, agora desejava algo mais do mundo que moldava seus sentimentos, do seu entorno imediato. Ele já era parte dos vales, respirava o mesmo ar e era ameaçado pelos mesmos perigos que seus queridos pagãos. Eles o tratavam como a um dos seus, lhe confessavam medos e anseios, estavam dispostos a prosperar junto com ele. E como podia retribuir não só esse carinho, mas, sobretudo, a convicção de haver achado seu ambiente natural?

Com o beneplácito dos vizinhos, tornou-se kalash.

Degolou um bode macho diante do altar do deus Mahandeo e, enquanto os kalash oravam, derramou umas gotas de sangue na própria cabeça antes de untar outras partes do corpo com ele. Depois, recebeu um documento que o credenciava como mais um da comunidade.

Naquela noite, Jordi sentou-se na cama junto com Fjord. Inspirou e expirou fundo. *Será isto a plenitude?* Assumira responsabilidades para com outros, e isso lhe parecia bom. Sentia-se parte de alguma coisa, de um lugar. Repassou sua vida até aquela noite, as pessoas que amava, enquanto acariciava seu cão. Agora sim. Jordi era sem dúvida um homem das montanhas.

Ainda como membro da AMI, Jordi pediu autorização e apoio ao Departamento de Educação de Chitral para pagar os salários de outros quatro Narradores da Tradição kalash. Foram negados, que novidade! Insistiria. E, caso continuassem a lhe fechar a porta, ele próprio poderia financiá-los. Agora dispunha de rúpias suficientes para tentar a ampliação de projetos; afinal, para que serve o dinheiro senão para isso? Não que o incomodasse, mas o problema é que nunca tinha demais, sempre havia uma casa, um jipe, um projeto em que investir. Chamavam-lhe a atenção essa tendência sua ao desprendimento e a repugnante inconformidade que o invadia em momentos como aquele, no qual se sentia confortavelmente resguardado por um bela bolada de notas. Seja como for, o dinheiro vinha em muito boa hora.

Os sócios do GESCH, sempre entre trinta e quarenta, continuavam pagando suas cotas, e a colaboração com a AMI não só havia aumentado as economias de Jordi de forma considerável, mas também lhe permitiu ser sondado pelos laboratórios farmacêuticos parisienses Beaufour Ipsen International para rastrear flores e plantas curativas.

Em agosto de 2000, consultando sua conta-corrente, leu: 67.811 francos. Era uma das cifras mais altas que ele já administrara em Chitral. Finalmente poderia realizar um sonho. Subiu depressa a senda de Bumburet pensando em agendar o encontro com Chrétien para a primavera e chamou aos gritos o senhor Rahman. O velho chegou à sacada de madeira cinzelada com símbolos solares.

— Suba, Jordi, suba.

No interior da casa, Shamsur não estava. A mulher do velho ofereceu chá.

— Shamsur está trabalhando no campo, hoje só chegará mais tarde. Está cuidando muito bem da esposa, o irmão ficaria muito feliz e muito orgulhoso dele...

— Sei... Eu venho precisamente lhe falar de Shamsur. Quando nos conhecemos, você me disse que gostaria que Shamsur prosperasse, está lembrado?

— Claro. E estamos muito agradecidos por...

— Pois então, em breve vou passar uma temporada na França. E quero lhe pedir permissão para que Shamsur viaje comigo. É uma grande oportunidade.

XLIV

Antes daquele voo para Paris há um episódio obscuro, mal explicado por todos os que o conhecem. Dizem que, durante uma viagem de Jordi e Fjord a Peshawar, eles pararam para pernoitar numa aldeia. A noite era fechada. Jordi saiu para passear com Fjord, um caminhão o ofuscou, outros dizem que foi um automóvel, o fato é que ele tropeçou na escuridão e caiu num barranco. Uns dizem que ficou inconsciente e que Fjord o manteve aquecido com seu corpo, até que o próprio animal resolveu buscar socorro. Outros asseguram que Jordi, imobilizado pela dor, ordenou que o cão fosse procurar ajuda. Jordi afirmava que, dirigindo-se ao malamute, gritava: "Para o hotel! Para o hotel!"; todos, entretanto, são unânimes em exaltar a determinação e a inteligência de um Fjord que, de qualquer modo, parece ter-lhe salvado a vida.

Quando, já em Fontbarlettes, Ángel Magraner viu o irmão entrar todo ereto devido ao colete que usava desde então, quis saber do cão.

– Este ano ele ficou em Chitral. Está começando a ficar velho para tanto aeroporto, vão cuidar bem dele. Mandei que no Natal lhe dessem salmão para comer, como sempre lhe damos aqui.

Depois, Ángel pediu para ver o machucado. Jordi estava com as costas cheias de marcas e manchas roxas. Ángel não disse nada até ficar a sós com Esperanza:

– Deram-lhe uma surra, e ele inventou essa história para nos tranquilizar.

XLV

— Então? Como está se sentindo? – perguntou Jordi a Shamsur antes de participar de outra conferência na França.
— Bem.
— Não mexa nas cortinas, que as pessoas de fora se confundem.
— A França é boa para mim. As pessoas se portam bem comigo, a comida é boa... não sei o que mais se pode querer. Estou bem.
Jordi apertou os lábios, satisfeito, e lhe sacudiu os ombros com carinho enquanto dizia:
— Perfeito. Só falta mais uma conferência, e então poderemos ficar descansando uns meses.
A associação tinha feito um bom trabalho, conseguindo-lhe ainda mais palestras do que as previstas.
— Venha, vamos – disse Jordi empurrando suavemente Shamsur para se apresentar perante o público. Sentaram-se diante de uns cinquenta espectadores ao lado de um historiador grego e conversaram sobre o Hindu Kush e os kalash. Shamsur falou pouco. Seu papel consistia em estar ali, e por isso se entreteve olhando para os olhos das pessoas, que olhavam para ele. *Claro, não param de me olhar porque eu sou o habitante autêntico*, pensou.

Em Valence, Jordi matriculou Shamsur numa escola de francês por correspondência, e continuou a se aprofundar na história dos kalash e do barmanu bebendo um café atrás do outro até a madrugada. Preparou meticulosamente as várias conferências sobre paganismo que lhe haviam programado, surpreendendo-se com a esplêndida repercussão de suas ideias. O público se mostrava quase invariavelmente seduzido pelo modelo pagão.

Tinha lógica. As grandes religiões estavam indo mal, milhões de pessoas desacreditavam cada vez mais das ideias monolíticas propagadas por gurus muito inflexíveis, alheios à inclinação hedonista de uma sociedade ocidental saturada de papas e mandamentos. Fartos de artifícios, os novos seres humanos clamavam por uma vida mais natural, conectada com as montanhas, os oceanos, o sol. Era só descobrir a opção pagã para compreender suas imensas possibilidades. Tinha lógica, para Jordi.

– Estou entediado – disse Shamsur de frente para a televisão.

Estava vendo programas havia mais de três horas, já não tinha posição no sofá de Dolores. Jordi acabava de aparecer na sala de jantar carregando uma pilha de papéis que continuava a ler em pé.

– Vai amanhã ao Vercors – disse Jordi sem olhar para ele.

– Você vai comigo?

– Amanhã não posso. Mas depois da última palestra nós vamos passar o dia inteiro lá.

Shamsur voltou a olhar a TV sem registrar o que estava vendo. As vacas do Vercors eram espetaculares, muito gordas e com úberes enormes, ao menos se comparadas com as de Bumburet. Mas começava a ficar farto de contemplá-las.

– Vou dar uma volta – disse.

Percorreu apenas três ruas. Numa esquina afastada perto da estrada, queimou uma pedrinha de haxixe e fez um cigarro. Ao voltar para casa, cheirava escandalosamente a droga, mas Jordi não tocou no assunto. Estaria resfriado? No Paquistão, ele teria lhe dado uma tremenda bronca. Nas tardes seguintes, Shamsur continuou a sair para fumar haxixe. Jordi o flagrou diversas vezes, nunca o recriminou.

Shamsur passava muitas horas sozinho em Valence, e, por mais que Jordi detestasse que ele se drogasse, havia resolvido demonstrar uma tolerância incomum. Shamsur deduziu que, por ser seu anfitrião, Jordi se sentia no dever de permitir certas coisas ao seu convidado. E de fato havia algo nessa linha. Porém, acima de tudo, Jordi compreendia que Shamsur necessitava de válvulas de escape próprias para que o lado soturno do *banlieu* não o deixasse deprimido. O rapaz controlaria melhor o fastio e a incerteza no limbo narcótico, oxalá os baseados o ajudassem a mitigar a melancolia. Afinal, em Chitral ele fumava à vontade às suas costas.

Durante um jantar com amigos de Jordi, um deles puxou Shamsur para um canto.

– Você fuma, não é? – perguntou-lhe.

– Já sei que vocês, doutores, não recomendam mas todo mundo fuma.

– Não me veja como a um doutor, nós também fumamos. – Trocaram sorrisos. – E não estou falando de tabaco. Estou perguntando se você fuma... – o médico deu uma olhada em volta – de verdade.

Shamsur confirmou lentamente com a cabeça.

– Pode me conseguir algum?

– É claro. Mas, antes, dê-me o dinheiro.

– Eu já contava com isso, não se preocupe.

Através do doutor, outros amigos de Jordi se inteiraram do vício de haxixe de Shamsur, tratando de lhe encomendar remessas clandestinas. Shamsur tirou um bom dinheiro extra com as transações. Criou sua própria rede de doutores e empregados do setor de saúde. Jordi não percebia nada, ocupado em recuperar as forças para continuar a elucubrar. Como pareciam insignificantes dali as angústias e perigos padecidos no Hindu Kush... Como se os quilômetros transformassem o vivido em fantasia. Talvez por isso sentisse ainda mais saudade de lá. A saudade ganhava terreno a cada dia, animando-o a supor que tudo sairia bem, juntaria dinheiro e, para começar, tiraria a mãe de Fontbarlettes.

— Agora sério, mamãe: onde você quer viver os próximos anos, diga? – perguntou Jordi a Dolores, como já fizera mil vezes.

— Você já sabe: ao lado de seus irmãos.

Jordi, de novo, se aborreceu.

— Você não pode ficar aqui, mãe. Este bairro não serve para você, está ficando velha e qualquer dia arrancam o dinheiro do seu bolso ou entram na sua casa, e então? O que você vai fazer, sozinha? Não dá, você tem de se mudar.

— Eu morei a vida inteira aqui e não vejo nada de mau.

— Eu estou perto de caçar o barmanu, e quando isso acontecer vai ser um *boom* mundial, vou ganhar muito dinheiro e então vou tirar você daqui.

— Muito beeeem... Quer um pouquinho do bolo de ontem?

— Eu poderia levá-la para o Paquistão. Aquele oxigênio lhe fará bem.

— Nem pensar... Tudo o que você me conta de lá eu vi no Marrocos. E eu não ando para trás. Quero comodidade. Comodidade é bom demais. Eu sou como os conquistadores, sempre em frente.

— Comodidade? Estou falando em ficar melhor de verdade. O que adianta ter comodidade, mas estar sempre doente?

— Vai querer bolo ou não?

E assim ia Jordi, sonhando, ainda propagando a história daquele barmanu que lhe permitiria regressar a Chitral ao fim de poucos meses para, no mínimo, permanecer nas montanhas.

Após uma das conferências sobre homens-relíquia, Shamsur lhe disse:

— Por que você não esquece de uma vez o barmanu? Centenas de pessoas já foram caçá-lo e ninguém o encontra. Não dá o que pensar?

— Ele está lá – respondeu Jordi impertérrito. A palavra, como uma rocha: – Existe.

Essa era sua procura. Perseguia um mito? Pode ser. Mas isso não lhe importava tanto quanto haver encontrado uma razão para viver. E a certa altura da vida não interessa se o que você faz tem ou não tem sentido para os outros.

Ao regressar a Bumburet, Fjord tinha morrido.

— Não se sabe como foi — disse Jordi pelo telefone.

Ainullah o escutava do Panjshir, onde já se instalara. Sultão, o criado que agora vigiava a casa e se encarregava dos cavalos, havia encontrado o cadáver poucos dias antes do retorno de Jordi, e ele mesmo o enterrara.

— Onde ele está? — perguntou Jordi a ele. — Leve-me ao lugar onde o enterrou.

Caminharam alguns metros em direção ao rio, e foi o suficiente, porque bastou seguir a nauseabunda esteira de odor para alcançar a sepultura.

— Foi morto. Alguém o matou — disse Ainullah ao telefone. — Querem assustá-lo, que você saia daí.

— Não diga bobagens. Fjord já tinha certa idade. E chega, não quero mais falar disso.

Fjord tinha pouco mais de dez anos, mas levara uma vida exigente. Sultão pertencia à família de Shamsur, era um homem simpático, trabalhador, cumpria com seus deveres, nunca deu problemas, e Jordi não estava disposto a incentivar suspeitas. Fjord estava velho. Acabou.

De qualquer forma, as mudanças iam se precipitando. Em pouco tempo, o universo afetivo de Jordi se viu profundamente alterado. Shamsur havia crescido, o discípulo ansiava por liberdades novas, e seu inseparável Fjord não voltaria mais a desabar sobre sua cama ao anoitecer. Nenhum outro cão jamais o faria porque Fjord não teria substituto.

XLVI

Uma manhã de março de 2001, Jordi se levantou, saudou o sol, barbeou-se com o barbeador elétrico, comeu um pedaço de pão com mel, tomou chá e montou em um de seus cavalos, estava a fim de cavalgar um pouco. Atravessou Krakal gritando para as crianças se afastarem, às vezes elas passavam correndo na frente das patas do cavalo ou se comportavam com temeridade. À beira do caminho, junto a um homem que retesava arcos, Jordi viu um grupo especialmente numeroso de kalash conversar em voz baixa.

– O que está acontecendo? – perguntou de cima da montaria.

Eles falaram de quilos de dinamite e tanques disparando tiros por ordem do governo talibã afegão. Depois de mais de 1.500 anos de história e de terem sido declarados Patrimônio da Humanidade, dois dos budas gigantes de Bamiyán tinham sido desintegrados. O governo decretou que aqueles budas eram ídolos e, portanto, contrários ao Corão.

XLVII

Tratar com uma mulher em terras estranhas, mesmo para um rei vinte vezes coroado, era inevitavelmente perigoso.

Rudyard Kipling, *O homem que queria ser rei*

Não existem os fatos, só o complicado vaivém do coração, o lento aprendizado de onde, quando e a quem amar. O restante é só falatório e histórias para os tempos vindouros.

Annie Dillard, *Holy the Firm*

— Abib Noor e seu pai me fizeram outra oferta pela casa – disse Abdul. – É muito dinheiro. Mas eu não vou vender. Esta casa é a fronteira com os muçulmanos, a última casa kalash. Se eles a comprarem, continuarão a descer e por fim se apoderarão de tudo.

O inverno estava terminando. Jordi e Abdul, sozinhos, bebiam licor de abricó no escritório da Sharakat House.

— Não param de avançar. Conseguiram tirar os kalash que moravam no terreno de cima e agora construíram esse estábulo aí do lado... – disse Jordi apontando com o polegar por sobre a cabeça. – Precisavam colocá-lo ali? Como se não houvesse terra...

— Foi o Abib Noor que alugou para você, não foi? Pois agora é seu.

— Aluguei para não dizer a ele que vá para outro lugar. Tento levar as coisas numa boa, para que veja que não quero problemas... mas, se continuar assim, qualquer dia eu queimo esse maldito estábulo.

— Você é muito burro.

— Não se podem permitir certos abusos. E o que faz o governo, hein? Uns safados. Não é possível, Abdul. Olhe só as estradas para chegar até aqui. E a água... não temos telefone...

— Dizem que vão estender os fios em breve.

— Não é normal, Abdul, não é normal! Quem olha pelos kalash?

— Athanasious quer fazer alguma coisa...

Embora partilhando muitas opiniões de Jordi, Abdul havia se obrigado a contemporizar. Era uma estratégia de sobrevivência. Frear a tempo, domar a língua. Proibido esquentar a cabeça.

— Athanasious é um enganador, um orgulhoso autoritário, um nacionalista grego que manipula como bem entende o mito idiota de que vocês descendem de Alexandre. Descendentes de Alexandre! Essa é uma heresia histórica e uma impostura intelectual. Entendo que sirva para fazer publicidade e para atrair turistas, mas esse negócio de Alexandre é mentira. Mentira, isso sim, enquanto o governo grego lhe manda uma fortuna.

Abdul puxou o *pakhol* para a frente até quase tapar as sobrancelhas. Recostou-se na cadeira. Deu um gole no licor e fez uma careta entre triste e espantada.

— Você tem de ficar de olho em Abib Noor, e não no grego.

Nenhum dos dois falou, mas ambos sabiam o que Abib Noor andava dizendo pelo vale a respeito de Jordi e Shamsur, e Abdul continuou a pensar nisso enquanto descia a senda, bêbado, a caminho do seu hotel. Deu um tropeção e caiu sobre um dos fios de água que regam a senda. Não era a primeira vez que isso acontecia. Como em outras ocasiões, deu de rir até ficar com tosse.

Nos dias seguintes, Jordi tentou estreitar laços com Abib Noor. Quando quis comprar dele capim para os cavalos, Noor pediu um preço exorbitante. Certa manhã, ao voltar de um passeio, Jordi encontrou cavalos desconhecidos no estábulo que havia alugado, e teve de guardar os seus em outro local. Pouco depois, Abib Noor acusou Jordi e Shamsur de pegar madeira daquele estábulo sem permissão e de cortar árvores para lenha, atividade condenada por lei. Por fim, o muçulmano redigiu uma nota em que denunciava as relações homossexuais de Jordi e Shamsur, especificando os problemas que tal situação podia criar no vale. Fez cópias e as distribuiu entre os habitantes de Bumburet.

Jordi se arrependeu de ter se contido como nunca até então. Diariamente maldizia Abib Noor. *Eu devia ter cortado as asas desse filho da puta muito antes.* Imaginara formas variadas de lhe quebrar a cara, as pernas, de lhe dar uma autêntica lição, mas entendia que o contexto jogava contra ele, e assim, após a última investida daquele desgraçado, se trancou no escritório dizendo que ninguém o incomodasse, deu um murro na parede e se sentou para escrever uma carta, que intitulou *Insultos, problemas, ameaças e propaganda contra mim.* Nela, esclareceu sua relação com Abib Noor desde o início, assegurando que o muçulmano chegara a organizar reuniões com o objetivo de atacá-lo "porque eu sou, segundo ele, estrangeiro e kafir". Quanto a Shamsur:

> Shamsur Rahman é como meu irmão mais novo, e Abib Noor nos acusa de homossexualismo [...]. Está nos criando má fama e açula as pessoas contra nós [...]. Não respeita as leis da cidade [...]. Nada disso é verdade.

Entregou a carta à polícia junto com um dos panfletos difamatórios redigidos por Abib Noor. Na carta, exigia que as forças de segurança cumprissem seu dever, sublinhando que, se algo lhe acontecesse, elas seriam as responsáveis.

XLVIII

Esperanza Magraner: Papai era muito reservado em relação a sexo, lá em casa não se falava no assunto. Minha irmã e eu só podíamos sair se voltássemos antes do anoitecer. E, quando minha irmã já era maior de idade, não tinha permissão para se encontrar com rapazes sem que eu estivesse junto. Isso em 1969! Para meu pai, o sexo só podia ser praticado no casamento, nunca fora dele, como se tivesse medo de doenças e da desonra. Acho que essa educação deixou marcas no Jordi... como em todos nós.

Erik L'homme: No fundo ele era homossexual. Um reprimido, embora nem Yannik nem eu nunca tenhamos recebido nenhuma proposta dele. Falava livremente de sexo, isto sim. Dizia que seu modelo era a Antiguidade. Sempre comentava que, do ponto de vista histórico, da filosofia, aprovava-se o prazer da companhia masculina e feminina.

Claire G.: Ele podia ser bissexual, como os romanos. Aquela cumplicidade com Shamsur e Ainullah... mas tenho certeza de que não era exclusivamente homossexual. Após uma noite com Marie Odile, encontrei a lata de lixo cheia de camisinhas...

Marie Odile: Nunca falamos de sexo, e nunca percebi nele um comportamento homossexual, mas não, eu não tive relações com ele.

Junaid Ali (alpinista): Em Chitral, o homossexualismo é normal entre muçulmanos. O próprio Siraj Ulmulk, todos os príncipes... já entre os kalash não é assim.

GYURI FRITSCHE: Bem, na antiga sociedade grega, ser homossexual ou gostar de menino era comum. Considerava-se uma coisa normal numa relação entre professor e aluno. E, na cultura afegã-paquistanesa, entre os homens também é considerado bastante normal fazer sexo com rapazes. A razão é que, se você é heterossexual e quer ir para a cama com uma mulher sem ser casado, isso poderia representar o fim da sua vida e da vida dela. Por isso, os talibãs são conhecidos por essas práticas, sobre as quais eles próprios fazem piadas.

ERIK L'HOMME: Há leis diferentes. O que é penalizado aqui, lá é normal. E vice-versa.

ABDUL KHALEQ: A verdade é que uma vez Jordi voltou de Peshawar com um rapaz afegão. Depois de cinco dias morando juntos, o rapaz, que não sabia escrever, veio me pedir que redigisse para ele uma denúncia contra Jordi por lhe ter proposto sexo. Eu lhe disse que não fizesse isso, que seria uma vergonha para ele, e em seguida fui falar com Jordi. Ele me disse que o garoto havia lhe cobrado mais dinheiro do que o combinado para trabalhar para ele, e que por isso o mandara embora e agora o rapaz se vingava dessa maneira. Que necessidade eu teria de trazer um afegão se quisesse alguma coisa?, perguntou-me ele. A verdade é que muita gente já me pediu drogas, álcool, mulheres e homens... mas Jordi nunca pediu nada disso. E não tinha por que fazê-lo. Uma vez nós dormimos juntos no Clube Americano de Peshawar, e ele não me propôs nada.

GYURI FRITSCHE: Acho que Jordi era pedófilo. Mas procurava guardar isso consigo porque tinha consciência das implicações sociais. Quando eu comecei a pensar mais profundamente no assunto e a confrontar as diversas teorias, tive de reconhecer que bem poderia ser esse o motivo de seu assassinato. Falei com alguns amigos dele, que admitiram saber de algo, e estou me referindo a gente que vira coisas, nada de informações de segunda mão, deram exemplos concretos. Um desses exemplos foi contado por um grande amigo de Jordi, que certamente não tinha interesse algum em deixá-lo em má situação.

Gabi Martínez: Que exemplos? Que amigo?

Gyuri Fritsche: Abdul. Ele também tinha resistência a acreditar nos boatos, até que houve uma ou duas coisas que o fizeram mudar de ideia. Uma vez um rapazinho veio se queixar do que Jordi lhe havia feito. Abdul deu-lhe um dinheiro para que se calasse e segurou a informação. Outra vez, ao passar diante da casa de Jordi, olhou pela janela e viu Jordi com Shamsur na cama.

Shamsur: Jordi era como um irmão mais velho para mim. Nunca me propôs sexo.

Jalili Ainullah: Comigo? Que é isso, ele nunca tentou nada. Algumas pessoas diziam que gostava de meninos, mas eu nunca dei atenção. De qualquer forma, tratava-se de uma escolha pessoal de Jordi. Eu gosto de mulheres, é a minha escolha. Jordi nunca forçou ninguém a se envolver com ele. Dói-me falar dessas coisas. Ele nunca disse: "Eu gosto de homens." E teve vários casos com mulheres.

Gabi Martínez: Com quem?

Jalili Ainullah: Bem, eu não sei. Mas ao menos tinha muitas amigas.

Abdul Khaleq: Eu não vi Jordi e Shamsur na mesma cama. O homem que lhe contou isso deve ter-me interpretado mal.

Andrés Magraner: Outra hipótese sobre por que mataram o meu irmão é a pedofilia. Segundo várias informações, inclusive na Internet, Jordi era pedófilo, também com o malogrado Wazir

Ali Sha. Diz-se que o pai de Wazir talvez tenha matado Jordi por ele ter abusado de seu filho. Alguém me disse que pouco antes da sua morte o jovem Wazir, que já havia passado um bom tempo com meu irmão, não queria voltar para Krakal, ou seja, a casa de Jordi. E que seu pai o repreendeu dizendo que ele devia voltar com Jordi, que era um homem bom. Mas então por que haveria de matar o próprio filho?

Yves Bourny: As fofocas às vezes são suficientes para sentenciar que alguém deve morrer.

— Lembrem-se disso! Se algo me acontecer, será responsabilidade de vocês! – gritou Jordi para os guardas.

XLIX

No verão de 2009, fiz 27 chamadas telefônicas para a embaixada espanhola no Paquistão. Em cada uma delas fiquei esperando vários minutos, até que a linha caía, exceto em duas ocasiões. Na segunda vez que atenderam, consegui falar com Juan José Giner, delegado no Paquistão havia quase três décadas. Giner conheceu Jordi. Não quis falar sobre ele nem sobre seu assassinato, nem sobre a repatriação do corpo jamais consumada. Afirmou que o que tinha de dizer à imprensa já registrara no próprio dia. A imprensa não havia registrado praticamente nada.

Quando lhe pedi assessoramento para entrar em Chitral, ele me recomendou que desistisse. Quando, semanas depois, escrevi solicitando uma entrevista com ele na minha chegada a Islamabad, ninguém respondeu. Quando, meses depois, pedi o nome do embaixador espanhol no Paquistão durante o ano de 2002, negaram-se a me informar.

O texto postado naqueles dias na página da web da embaixada espanhola rezava:

> Existe um elevado risco de terrorismo e violência sectária em todo o território do Paquistão. Os ataques, incluindo atentados suicidas, dirigem-se em sua maioria contra as forças de segurança paquistanesas, ainda que também contra locais frequentados por estrangeiros. Inúmeras regiões do país são igualmente cenário de enfrentamentos armados entre a militância talibã e o exército paquistanês.
>
> Aumentou consideravelmente a ameaça contra cidadãos estrangeiros, principalmente ocidentais, e registram-se cada vez

mais sequestros de estrangeiros, especialmente na Província Fronteiriça do Noroeste (NWFP) e no Baluquistão.

O exército paquistanês acabava de terminar sua contraofensiva no vale de Swat, vizinho de Chitral, quando solicitei um visto no consulado do Paquistão em Barcelona. Levaram um dia para expedi-lo. Afirmaram que Chitral estava em paz, embora me obrigassem a apresentar um aval bancário para garantir que poderia arcar com os custos de uma possível repatriação.

Na época, alguns camponeses e habitantes das montanhas fugidos de Swat começavam a retornar para suas casas, enquanto os talibãs escapavam sobretudo para o Waziristão do Sul. Não se contemplava a possibilidade de que eles atravessassem as montanhas em direção a Chitral, uma rota extremamente difícil, além de vigiada pelos Chitral Scouts.

Na França, Esperanza foi entrevistada pelo telefone da embaixada paquistanesa em Paris. Ela se decidira a viajar comigo para providenciar a lápide no túmulo de Jordi, apesar de dizer à mãe que estava indo de férias para algum lugar pacífico, não queria preocupá-la. Transcorreram vários dias, e Esperanza teve uma segunda entrevista com a embaixada.

Dispúnhamos das passagens aéreas, reservas de hotel para as primeiras noites em Islamabad e Chitral. Esperanza passara a ferro as duas *shalwar-kamiẓe* e as calças tipo bombachas que seu irmão Andrés havia utilizado em viagens anteriores, com a intenção de que eu as vestisse.

Faltando três dias, a embaixada comunicou a Esperanza que não lhe concederia o visto. Ela não poderia voar ao Paquistão.

— Dizem que andam sequestrando muitas francesas e que eles já estão fartos de pagar resgates — contou-me ela resumidamente por telefone.

Fiquei com medo. A viagem sem ela assumia uma dimensão muito diferente. Sua ausência me transformava num intrometido, sem raízes nem amigos lá, com máquina fotográfica, caneta esferográfica e bloco de notas, querendo saber de um estrangeiro assassinado. De qualquer modo, eu não poderia jogar fora um trabalho de tanto tempo. Adiar o projeto significava sair da bolha em que vivia, cheia de expectativas, temores e ilusões, abandonar a aventura que, estava hiperconsciente, eu vinha vivendo. Além do mais, um adiamento arruinaria todos os cálculos econômicos que eu havia feito, condenando-me durante meses a uma delicadíssima situação financeira. Pelo menos foi como eu interpretei.

Não podia não viajar.

Além de tudo, como renunciar à aventura? Eu fazia parte dela e me regalava com a palavra e seus ecos. Aventura. Ela tem o poder de multiplicar, faz você se sentir maior, mais forte, melhor.

Entender Jordi era muito fácil.

Cat Valicourt escreveu: "Não é o momento de viajar para Chitral, nem, muito menos, de tentar compreender o assassinato." Claire G. perguntou: "Você quer mesmo ir?" Dolores Magraner implorou: "Não vá, lá só há morte, não vá, não vá." Andrés Magraner avisou: "Aquilo está cheio de minas. Há pastores que pisam em uma nas montanhas, e embora apenas fiquem feridos, ninguém vai ajudá-los por medo de explodir também." Gerardo Marín, um dos meus editores, meu amigo, disse: "Imagino que vá ser bom para o livro... mas tenha cuidado." Erik l'Homme sugeriu que eu esperasse que diminuíssem os combates, que continuavam a se dar nas montanhas próximas. Elsa, minha mulher, afirmou: "Diga o que eu disser, você vai de qualquer jeito..." Meus pais se preocuparam quando acidentalmente tive de lhes contar meus planos pouco antes da data estabelecida para o voo.

No aeroporto Charles de Gaulle, Esperanza me entregou a roupa de Andrés junto com um *pakhol*, lembranças para alguns amigos, e me desejou sorte.

L

Como Satã, rebela-se contra sua decaída condição com a ira da autoafirmação firme, irrenunciável [...]. Como ele, é adepto do discurso da liberdade, não da obediência [...] onde quer que se encontre, explora o discurso da liberdade e da independência de que é adepto ao ponto dessa demagogia em que seus padrões ideológicos se transformam na mentira em si mesmos.

BEL ATREIDES, introdução ao *Paraíso perdido*

À medida que o tempo passava, nossa necessidade de lutar pelo ideal aumentava até tornar-se possessão indiscutível, cavalgando com esporas e rédeas sobre nossas próprias dúvidas. Quiséssemos ou não, tornou-se uma fé. E nós nos tornamos escravos dela.

T. E. LAWRENCE, *Os sete pilares da sabedoria*

À beira do precipício, Jordi pôs um joelho em terra apoiando a culatra do rifle sobre a coxa no alto. Usava roupa de camuflagem, botas, binóculos, os óculos infravermelhos no surrão. Parecia uma escultura, recortado contra o vazio e as encostas distantes. Não era a época adequada para exibições pseudobélicas, mas Éric Chrétien havia iniciado sua reportagem sobre o "anacrônico" caçador de barmanus e havia que fazer um pouco de teatro. Além do mais, não ia se amedrontar nem alterar seus procedimentos só porque uns valentões o estivessem acossando.

Trabalhou com prazer com Chrétien, mas, como sempre nos últimos tempos, voltou para casa sem tirar da cabeça os números aterrorizantes de sua conta-corrente, que andava de novo no vermelho após ele haver quitado suas volumosas dívidas e a viagem à França com Shamsur. Por isso, quando, uma semana depois, encontrou debaixo da porta um envelope da Beaufour Ipsen International, apressou-se a abri-lo, rasgando-o de qualquer maneira: a empresa confirmava o interesse em contratá-lo, só faltava estipular quando e como faria chegar sua assinatura. Trabalharia para o departamento B21, supervisionado por *monsieur* Chollet, e receberia 300 euros por mês em troca de um protocolo de pesquisa sobre as terapias tradicionais desenvolvidas com plantas autóctones, em especial da região do Nuristão. *Se sou representante da B21, tudo muda, tenho uma fonte de recursos e um empregador definido, não sou turista. Logo, posso pedir um visto anual de múltiplas entradas.*

Contaria também com uma passagem anual de ida à França e de volta.

— Embora Chollet pudesse pagar mais. Trezentos euros é pouco, insuficiente — disse Jordi a Khoshnawaz, o Narrador da Tradição do vale de Rumbur. As crianças saíam em correria de uma escola kalash. — Precisamos de mais dinheiro para manter os Narradores, e é evidente que o governo não vai nos ajudar.

— Percebe-se o trabalho — disse Khoshnawaz. — As crianças demonstram mais respeito pelas festas religiosas e pelos ritos. Devemos tentar preservar essas aulas.

Pouco depois, Jordi achou que os kalash iam receber ajuda de uma nova ONG dirigida por Athanasious Lerounis, o grego. A pseudo-boa-nova vinha manchada pela traição.

— Não posso acreditar, Gyuri. Vão executar nosso projeto. A embaixada grega roubou nosso projeto! — alertou Jordi ao amigo.

— Então foi por isso que eles pediram que nós não mandássemos mais ninguém — disse Gyuri.

— Somos uns idiotas. Quando me viu prometendo que íamos respeitar o acordo... Idiotas. Só tiveram de deixar passar o tempo e agora nos apunhalam pelas costas soltando o dinheiro para essa ONG grega. Que vergonha. Espero que pelo menos nos deem uma mão com o que pedirmos.

Logo descobriram que a ONG não ia levar muito em conta suas solicitações e que tampouco investiria nos Narradores, e assim, na noite em que jantaram na casa de Gyuri, havia muito o que criticar.

— A AMI podia ter se esforçado mais para conseguir que esse dinheiro viesse para nós e não para Lerounis — disse Jordi. — Mas não, claro, estão sempre duvidando. O que será preciso fazer para que esses seus chefes vejam alguma coisa claramente? Ou será que o problema é que quem propôs o plano fui eu, porque esses caras nunca confiaram mesmo em mim?...

— Jordi, Jordi, mandar não é fácil. E lembre-se de que esses mesmos chefes são os que continuaram contando com você, apesar dos boatos que corriem.

As crianças brincavam no quarto.

— Que boatos?

— Não sei... você deve saber...

— Saber o quê? O que é que eu sei?

— Um dia chegou um franco-afegão que dizia trabalhar para a embaixada do Afeganistão em Paris e começou a nos acusar de estar sendo manipulados por você. Dizia que você estava a soldo dos serviços secretos paquistaneses.

Jordi ficou enfurecido. Como era possível? Por que não o deixavam em paz de uma vez? Como se fosse um reflexo, uma forma de demonstrar o que verdadeiramente lhe interessava, passou a enumerar suas expedições, a explicar os planos que tinha para quando localizasse o barmanu, chegou a comentar que havia pensado nas pessoas a que ia recorrer no dia em que o capturasse.

— E uma delas será você.

— Eu?

— Vou precisar de um médico que cuide da criatura durante o translado.

— Sei. Sinais vitais, essas coisas.

— Não estou brincando, Gyuri. Não vai ser fácil.

— Por quê? – perguntou de repente uma voz infantil. Num canto da sala de jantar a pequena Maartje estava ouvindo tudo.

— E você, o que está fazendo aqui? Não estava no seu quarto? – disse Gyuri, já se aprontando para acompanhar a menina de volta para a cama.

— Por que o quê? – quis saber Jordi.

— Por que não vai ser fácil levar o barmanu?

— Uf... é preciso mobilizar muita gente, não se esqueça de que o barmanu pesa um bocado.

Gyuri pegou a filha nos braços.

— Vamos dormir. Isso não são horas de ficar falando em monstros.

— O barmanu é um monstro?

— Não, querida, não é – disse Jordi dando um olhar reprovador para Gyuri. – Mas, mesmo que o seu pai ache que é, eu vou chamar você também quando chegar a hora. Tenho uma lista telefônica de todas as pessoas para as quais vou ligar quando encontrar o barmanu. Tenho até pensado na isca...

— O que é isca?

— Uma coisa que a gente bota para atrair o bicho que deseja capturar.

— E qual será a isca?

Gyuri olhava para Jordi entre ameaçador e divertido.

— Charly.

— Sua amiga?

— É. Os barmanus gostam muito das meninas.

— Ele as come?

— Vá, vá brincar no quarto, garotinha — repetiu Gyuri, carregando a filha pelo corredor. — Os adultos vão jantar daqui a pouco, aproveite esse último momentinho antes de ir para a cama.

Gyuri encostou a porta do quarto das meninas enquanto se virava para Jordi, espetando a têmpora com o dedo indicador, como se faltasse um parafuso ao amigo.

— Por que você precisa de uma isca humana? — perguntou Íris, que tinha acompanhado a conversa enquanto punha a mesa.

— Você conhece essa lenda paquistanesa em que uma mulher explica ao marido que o barmanu é um tremendo amante? E então o marido, cego de raiva, mata a mulher. Isso é porque os barmanus adoram sexo. Quando sentem cheiro de mulher, ficam doidos...

Dava para ouvir as meninas brincando no quarto.

— E por isso você pensou na Charly Govaerts?

— Foi.

— Rapaz, nada mau... — disse Gyuri.

— Pensei em amarrá-la a uma árvore da mata. Nós nos escondemos em algum lugar por perto, para esperar o barmanu descer, e então, quando ele der as caras, zás!

Gyuri e Íris olharam para ele com o sorriso intrigado de um espanto interessado. Hesitavam. Não queriam acreditar no que tinham ouvido. Quando Jordi começou a rir, foi um alívio.

Dali em diante, a fantasia de Charly sendo usada como isca de barmanus serviu para animar muitas noites, desatando gargalhadas como as de Gyuri, Íris e Jordi, que, naquela noite, não paravam de rir, e no calor da boa hora o holandês recordou ao amigo que ele ainda tinha de ensiná-lo a fazer uma de suas inesquecíveis *paellas*.

— Está bem, qualquer dia desses — respondeu Jordi exultante.

Para Gyuri, Jordi encarnava a felicidade, sempre comendo e bebendo de tudo. Ele fazia do se sentir bem e ser feliz e viver profundamente a vida uma parte fundamental de sua identidade. Demonstrava uma devoção quase mística pelo *carpe diem*, isso sem dúvida tinha relação com seu desejo de viver conforme os kalash e os elementos fundamentais que nos definem como seres humanos: a camaradagem, o amor à diversão, à música, à dança, à cultura, proteger os pobres, o meio ambiente, o amor em geral.

— Vamos fazer um brinde — disse Gyuri.

As crianças acabavam de sair do quarto. O pequeno Imre se agarrou a uma das pernas de Jordi e, como de costume, se sentou em seu pé para fingir que cavalgava. Depois de algumas balançadas, Jordi lhe fez a clássica sessão de coceguinhas nas virilhas com os dedos do pé.

— Você gosta, não é? Assim vai acabar passando mal — disse Jordi enquanto o menino se contorcia de rir em cima de seu pé.

Gyuri via os dois brincando. Uma velha ideia lhe ocorreu, mas foi demasiadamente fugaz e incômoda para se deter nela. Não conseguia imaginar Jordi tentando alguma coisa com seu filho.

Puseram as crianças para dormir e jantaram lembrando os episódios no Afeganistão e maldizendo os gregos. Foi agradável. No final da noite, Jordi se decidiu:

— Eu sei que para essas coisas nunca há um bom momento, mas será que vocês poderiam me emprestar algum dinheiro? É que logo vou à Europa e, bem, estou muito duro...

— Talvez você possa arranjar um emprego — disse Íris. — Eu soube que estão precisando de gente na ACNUR.*

Íris tinha um cargo administrativo no órgão.

— Bem... mas se estou lhes pedindo dinheiro agora é porque é urgente. Se arranjar o emprego, melhor, claro.

Gyuri lhe emprestou dois mil dólares, que Jordi prometeu devolver.

---

* Sigla de Alto-Comissariado das Nações Unidas para os Refugiados. (N. do T.)

LI

Seja como for, tenho de conduzi-los ao seu destino.
Dessa forma justificarei minha vida.

PATRICK WHITE, *Terra ignota*

Em junho de 2001, grupos de muçulmanos arrasaram vários vinhedos kalash com paus e pedras, exclamando que o vinho tentava sua juventude. A polícia intercedeu em defesa dos agricultores:
— Vocês é que precisam controlar seus filhos para que não venham beber. Além do mais, não digam bobagens. Todos sabem que muitos muçulmanos estão cultivando uvas para vendê-las mais caro aos kalash para que eles possam continuar produzindo vinho. Deixem essa gente em paz. Fora daqui!

> As autoridades defenderam que o vinho faz parte da cultura kalash e que não se pode proibi-los de produzir [...]. Desde a chegada de Musharraf na primavera temos alguns probleminhas, mas as autoridades resolvem porque não querem desavenças nos vales. Isso serve de vitrine para sua imagem de tolerância e abertura às minorias. É falsa e hipócrita, mas, por ora, salva os kalash. Mas por quanto tempo? (Carta a Andrés)

Aquela noite o licor de abricó voltou a correr na Sharakat House. Foi um jantar inesquecível para Abdul. Ele e Jordi se atracavam aos copos diante da mesinha com restos de comida. Ambos se inclinaram para a frente como se fossem confessar segredos. A débil luz nacarada de uma lâmpada nua acentuava as sombras de seus rostos.

— Esse pessoal pode atacar a qualquer momento, e vocês são muito poucos, Abdul, estão indefesos.

— E o que você quer que façamos? Mas é verdade... o futuro me preocupa. Se a situação se complicar, para onde poderíamos ir? E como? Não temos dinheiro nem lugar. Como conseguiríamos passagens para tanta gente?

Jordi se pôs de pé arrastando cuidadosamente a cadeira. Falou com arrebatamento, as faces adquiriram um tom escarlate, os punhos pretos.

— Eu consigo. Só é preciso falar com a ONU; para eles é muito fácil, lá dentro existem muitas nações e eles estão recolhendo entre todas elas um monte de dinheiro para os refugiados de vários países. Por exemplo, estão ajudando os refugiados afegãos. Quando souberem da situação de vocês, vão tirá-los daqui, com certeza.

— Até quando?

— Durante anos, para toda a vida. Levarão vocês para outro lugar.

Jordi sonhava em acabar para sempre com os problemas dos kalash. Como gostava de Abdul! O grego, a ONG e outros podiam ajudar com coisas pontuais, mas Jordi queria resolver tudo de uma vez por todas, queria que vivessem sem a sensação de perigo.

— Vou falar com Musharraf! — gritou Jordi. Pervez Musharraf era o presidente do Paquistão.

Abdul concordou com a cabeça, devagar, levemente contagiado pelo ímpeto do seu amigo. Às vezes, ele achava que as ideias de Jordi eram possíveis. Outras vezes, que não.

— Vou levar você para falar sobre os kalash por toda a França, pela Europa, por todo lado — disse Jordi. — Você vai ser o embaixador.

LII

Os estudos sobre a vida animal revelaram que a solidariedade se atinge pela busca de alimento. São famosas as incursões de caça dos leões, por exemplo. Os pelicanos também se agrupam para conseguir comida. Mas a solidariedade não abrange apenas indivíduos de uma mesma espécie. A fome fez com que em algumas regiões lobos e hienas caçassem juntos, e conta-se que os neandertais saíam com grupos de leopardos-das-neves para matar iaques. Talvez em algum lugar das montanhas, leopardos e *yetis* continuem associados. A natureza demonstra que os laços insólitos são mais possíveis quando se trata de sobreviver.

Por outro lado, o pacto é tido como um sinal de fraqueza.

> A sociedade diminui as resistências do indivíduo. Torna-o menos apto à luta pela vida. O rebanho é mais vulnerável que o animal solitário.
>
> RAYMOND FIASSON, *L'homme contre l'animal*

LIII

Naquele ano, o hoteleiro Siraj Ulmulk subiu aos vales kalash pela primeira vez em muito tempo para assistir à realização das festas com que os pagãos dão as boas-vindas ao solstício. A sufocante geografia local deixava-o um tanto agoniado. E a verdade é que aquela gente nunca havia lhe demonstrado muito apreço... para não dizer nenhum. Mas de vez em quando era preciso fazer movimentos, sempre servem para alguma coisa, quando menos para estar em paz, ainda que seja mais consigo mesmo que com os outros.

Ulmulk tinha alguma ideia das atividades de Jordi na região, apesar de não vê-lo havia anos, e quando se encontraram ficou surpreso com que o zoólogo só falasse dos kalash, sem sequer mencionar o barmanu. Sentiu-se meio decepcionado, as histórias rocambolescas sempre lhe agradaram, achava graça nas descobertas. Mas parecia que aquele francês, ou ele disse que era espanhol?, com o tempo devia ter-se tornado mais sensato e agora dava de apoiar os kalash. Apesar disso, olhando bem, talvez não fosse assim tão razoável. *Não foi uma boa mudança*, pensou Ulmulk. *Seria melhor voltar ao barmanu.*

Em agosto, Jordi recebeu a visita de Esperanza e Andrés. Foi um agradável parêntese. Dançaram em festas noturnas depois de Jordi sacrificar cordeiros, percorreram os vales falando e falando da família, falaram de projetos, do inverno que Shamsur voltaria a passar na França. Esperanza achou o irmão mais magro.

— Buf, você não imagina a falta que sinto de chocolate, do peixe e dos embutidos.

Esperanza soltou uma gargalhada, e ficou surpresa por havê-lo feito graças ao irmão, porque, então, Jordi já não brincava como de costume. Falava mais devagar, e muitas vezes ficava pensando um bom tempo antes de se expressar, era como fazia agora. Jordi sentiu de fato um pouquinho de felicidade genuína ao descobrir que um associado do GESCH lhe mandara de presente o telefone via satélite que tanto almejava.

No início de setembro de 2001, Jordi embarcou com os irmãos e Shamsur num avião da PIA rumo a Paris. Quando aterrissaram, no dia 10, os aparelhos de televisão do aeroporto reportavam o assassinato de Massoud. Jordi ficou grudado diante de uma tela. Dois supostos jornalistas tinham conseguido chegar até o Leão do Panjshir e tinham detonado uma carga de explosivos em nome de Alá. Como sua morte afetaria a região? E agora? Quem deteria aqueles selvagens?

Precisou se acalmar. Tinha vários meses para pensar. Da França, de uma cômoda arquibancada, observaria o curso dos acontecimentos. Não havia pressa. Calma.

No dia seguinte, enquanto tirava a mesa do almoço em Valence, o telejornal do meio-dia começou a repetir sem parar uma série de imagens, como se fosse uma gravação. Jordi, Dolores e Shamsur na sala de jantar, Esperanza diante de uma tela de sua loja, o mundo inteiro, todos pareciam presas de hipnose. As imagens eram bastante parecidas. Umas, protagonizadas por dois aviões que explodiam de encontro a cada uma das Torres Gêmeas de Nova York. Nas outras, as torres desmoronavam, deixando uma geometria de poeira onde segundos antes dominavam o concreto e o vidro.

Os Magraner, cada um deles, pensaram no preço que os Estados Unidos estavam pagando por suas ingerências na Ásia Central, embora pensassem, sobretudo, no Paquistão. Em como as coisas iam mudar. Jordi também se perguntou: *Por que isso ocorre pre-*

cisamente agora? Por que quando os kalash mais precisam de mim eu estou tão longe de lá?

Durante os meses posteriores, Jordi tentou se concentrar nas conferências e debates que o GESCH havia programado para ele, mas se mostrava titânico o esforço para escapar à avalanche de sentimentos que o acometiam. Todas aquelas palestras, todos os atos careceriam de sentido se não retornasse ao Hindu Kush para concluir sua obra. *As coisas não podem ficar pela metade, eu não sou do tipo que desiste. Além do mais, os vales permanecem como reserva pacífica, lá não há perigo. Afinal de contas, o problema dos Estados Unidos não é com o Paquistão.* Enganou-se totalmente e, quando a tolerância com as próprias mentiras mostrava-se excessiva, ele se agarrava novamente à segurança que tinha em sua destreza para superar problemas; ou ao seu ideário romano, imaginando-se mártir: "O indivíduo não conta à margem de sua função no grupo... ante a necessidade, deverá sacrificar tudo o que aprecia, incluída a sua pessoa." Pois agora, sim, embora sem perder o orgulho quase régio, ele compreendia, sem dúvida que compreendia!, a dimensão daquelas frases magníficas que continham palavras como compaixão, ajuda, solidariedade.

O perigo de morte emergiu com uma força até então insólita. E cabia a ele decidir se queria correr ou não o risco. Tornou-se ainda mais duro, trabalhava cada vez mais, se é que isso era possível, escrevia o tempo todo. Quando falavam com ele, custava-lhe muito responder. Parou de se irritar quando contrariado. Esse retraimento de Jordi coincidiu com o despontar de Shamsur. Ver-se capaz de se sair bem num país estranho, tão longe dos seus, infundiu nele segurança e uma nova fortaleza. O rapaz percebia fisicamente sua transformação, o ventre duro como uma rocha, os braços autênticas clavas, o coração batendo em ritmo inalterado. E aquilo não era nada ruim. Ser duro. Sentir-se capaz.

— Se eu voltar e tiver de lutar, matarei os americanos. Sou muçulmano — disse Shamsur uma tarde na casa de Valence enquanto Dolores lhe servia um pouco de leite no copo de chá. — Obrigado, mamãe.

Afirmativa arriscada na casa dos Magraner. O tilintar da colherinha de Shamsur mexendo o açúcar pareceu se amplificar. Ninguém respondeu ao seu comentário. Afinal, ele era um mouro, o que se podia esperar dele? Jordi abriu a boca para replicar, mas preferiu tomar um gole do café. *Pense bem no que vai dizer.* Devia ser cuidadoso ao falar com Shamsur. Ele descendia de uma estirpe guerreira e honrada, e as relações entre os dois haviam se deteriorado bastante nos últimos tempos. Jordi tinha consciência de que Shamsur voltara a acompanhá-lo à França porque desejava uma permissão de residência e também para se afastar de certas responsabilidades familiares que o vinham asfixiando, embora já estivesse há muitos anos suportando o temperamento do caça-barmanus que, além do mais, já não o mimava como de início. É, precisava tratá-lo com todo o cuidado. Porém, mais uma vez, não conseguiu se conter.

— O que você tem? Viu bem onde está?

É que não podia dar a causa de Shamsur por perdida.

— Na França.
— É, na França. Um país civilizado. Aqui não se sai por aí matando gente. Você tem é de se concentrar nos estudos e esquecer os americanos.
— Sei. E como vou me esquecer?
— Estudando para voltar a Shekhanandeh e liderar os nuristaneses na recuperação de suas terras e seus direitos. Esqueça o restante. Esqueça.
— Não comece, Jordi. Sempre com essa mesma história de "quero que você seja um grande homem"! Um grande kafir do Nuristão! Eu não sou um grande homem, nem quero ser. Só quero que me deixem em paz...

Shamsur se levantou e saiu de casa batendo a porta. Dirigiu-se a um parque ali perto. Para onde ir? Subir o Vercors ou ficar perambulando por Fontbarlettes?

— Ei, você aí, seu moleque de merda. Onde pensa que vai?

Dois jovens muçulmanos pularam do banco onde estavam instalados e caminharam em sua direção. Perigo. Bastava olhar para eles.

— Que é que há? Não sabe que gente da sua cor não se cria por aqui?

Disseram algo assim, na realidade Shamsur não entendeu bem, mas estava claro que os caras estavam provocando. Shamsur começou a gritar em urdu:

— Ah, não é americano nem inglês?

Isso ele entendeu.

— Eu sou do Paquistão!

A dupla disparou um solene repertório de gestos, saudações, caretas.

— Puxa, desculpe aí, mano. É que eu nunca tinha visto um paqui tão louro e com essa pinta... Você é paqui, sério?

Conversaram amistosamente. Os franceses puxaram um baseado já preparado e fumaram os três. Quando essa mesma dupla de muçulmanos cruzou outro dia com Shamsur, convidaram-no a acompanhá-los. Levaram-no a um subterrâneo onde armazenavam armas e disseram que, se em algum momento ele quisesse qualquer coisa, não hesitasse.

Quando chegou em casa, pediu a Jordi que fosse até seu quarto e lhe contou o encontro.

— Desgraçados!

Jordi teve vontade de esmurrar a parede. Saiu do quarto e contou tudo a Dolores.

— Está vendo como você precisa sair deste bairro? Vou conseguir o dinheiro, mamãe, mas enquanto isso você vai para um lugar melhor, entendido?

— Como você é chato, meu filho! Deixe de bobagem, eu estou muito bem aqui. Quando você vai a Paris?

— Quinta-feira. Mas, mamãe...

— Veja se me traz alguma coisa bonita de lá. Aquilo, sim, é uma cidade, muito bonita, não? Mas, quer saber?, eu também não iria para lá. Já sou daqui, não esquente a cabeça comigo. Você tem é de se preocupar consigo mesmo, isso sim.

Jordi e Shamsur estiveram várias vezes em Paris, a cidade fascinava o rapaz. Ao descobri-la na viagem anterior, ele passara três noites insone, coisa muito rara nele, mas é que a força que aquele colosso irradiava não o deixava dormir. Na rua, pedia para entrar em toda parte, beliscar todo tipo de comidas, embora não comesse quase nenhuma porque não era de comer qualquer coisa — "tenho um paladar refinado", aprendera a dizer com ironia — e porque era preciso economizar. E quanta gente de cores e trajes diferentes... De qualquer maneira, não perguntava muito para não passar por ignorante, ou assim interpretou Jordi, que em Paris costumava aprimorar sua faceta de guia exemplar, pondo Shamsur a par da vida nos bairros, da história de alguns lugares, levando-a a locais que o deixassem o mais boquiaberto possível.

— Precisava ver a cara dele no Moulin Rouge — disse Jordi a Claire e Alexandre após um de seus intensos *tours*. Como tantas vezes em que ia a Paris, Jordi se havia instalado na casa de sua amiga.

— Vocês entraram? — perguntou Claire limpando os lábios. Tinham acabado de jantar.

— Que nada. Não quero que ele tenha uma coisa...

Shamsur ficou vermelho, mas teve coragem para responder:

— Fale por você. Eu passaria é ao ataque.

— Uuuuuhh!!! — exclamaram os anfitriões.

Shamsur acabou dormindo numa poltrona, estava cansado, e os adultos tinham enveredado por uma daquelas clássicas conversas noturnas sobre natureza e animais que lhe davam sono, um rumor familiar pontuado por um que outro arroubo mais fervoroso de Jordi, que era quem na realidade conduzia a maior parte da conversa. Para Claire, o tom de voz e as palavras de Jordi serviam para despertá-la como uma injeção de cafeína. As eruditas exibições do espanhol continuavam a impressioná-la, sobretudo seus discursos sobre peixes e anfíbios, e sua sagacidade para desenvolver teorias sociais. Com ele, Claire voltou a sentir a liberdade suficiente para expor suas ideias sem as reservas do politicamente correto, farta das consecutivas restrições que, por exemplo, fizeram tantos cientistas praticamente suprimirem do vocabulário termos como "raça".

— Acontece que os antropólogos estão traumatizados pelas possíveis consequências de pronunciar essa palavra — disse Claire na noite daquela quinta-feira. — Atualmente é como se todos os homens fossem biologicamente uma mesma coisa, como se todos devessem pertencer à mesma espécie. Como se a possibilidade de que surja um espécime de outra ordem estivesse fora de questão. Sequer se cogita de tal hipótese.

Jordi tampouco era capaz de entender como as convenções haviam chegado ao ponto de promover a autocensura na comunidade científica, e se emocionou ao falar disso. Com Claire ficava quase sempre empolgado. Talvez por isso ela não partilhasse dos comentários que muita gente fazia sobre Jordi. Alguns afirmavam que ele andava desesperado, que devia estar passando o diabo no Hindu Kush, que sem dúvida precisava de dinheiro. Conversando com ele, porém, Claire continuava a não vislumbrar esse suposto desespero. Observando-o, escutando-o, o que ela realmente percebeu foi fúria.

Shamsur encontrava certo prazer em vê-lo irritado. Durante uma homenagem a Jordi em Saboya, Shamsur se aproximou do organizador e alfinetou:

— Tudo está muito bem, mas Jordi e eu não encontramos o barmanu.

Apesar de que na Europa ele tentava se acalmar e controlar os arrebatamentos, Jordi se encrespou. Shamsur, Shamsur, o que ia fazer com ele? Aquele rapazinho, aquele homem, já não se contentava em ser acompanhante, ousava participar por sua conta... criticando-o.

Jordi prolongou a estada mais que o habitual. Os telejornais informavam que Osama bin Laden, o líder do grupo terrorista Al-Qaeda que havia reivindicado a autoria dos atentados às Torres Gêmeas, estava escondido nas zonas tribais do noroeste paquistanês. Enquanto isso, o ISI estreitava laços com o partido islâmico radical El Jamiat e ao mesmo tempo se mostrava disposto a colaborar com os Estados Unidos na caça e captura de talibãs, procurando fazer um impossível jogo duplo.

Nos Estados Unidos, a inércia revanchista e a necessidade de oferecer à opinião pública os responsáveis pela carnificina do 11 de Setembro fizeram com que, em 7 de fevereiro de 2002, o presidente George Bush decidisse negar o status de POW (*prisoner of war*, prisioneiro de guerra) e o acesso à justiça aos membros da Al-Qaeda, aos talibãs e a outros suspeitos de terrorismo que haviam sido capturados.

> Foi um passo atrás para os Estados Unidos e para a humanidade – escreveria o analista político Ahmed Rashid anos depois. – O fato de a primeira potência da Terra promover uma *guerra ao terrorismo* sem respeitar as regras de guerra que ela própria havia assinado, negando a justiça em casa, debilitando a Constituição norte-americana e pressionando seus aliados a fazer o mesmo, pôs em prática uma devastadora negação dos instintos civilizados.

Os contendores igualaram-se pelo lado mais obscuro. Os emboscados nas montanhas encontraram razões insuperáveis para ser definitivamente selvagens. Nunca foi tão simples transformar-se em monstro.

– E é para lá que você pretende voltar? – perguntou sua irmã Rosa. Jordi fora à sua casa de L'Eliana, a poucos minutos de Valência, junto com Andrés, Philo, Dolores e Shamsur para passar os festejos de São José.

– Em Chitral não há nada, é uma região turística – respondeu Jordi.

Corria a manhã, e Jordi estava deitado no sofá da sala de jantar com uma *shalwar-kamiẓe* celeste que Rosa achava *très chic*. Dolores prestava mais ou menos atenção à conversa enquanto os demais batiam papo na varanda.

– Você não tem medo de voltar para lá do jeito que as coisas estão? Ponha o Shamsur num avião e fique aqui na França – sugeriu Rosa apontando com a cabeça para o nuristanês.

– Tenho de voltar. O irmão de Shamsur está olhando os meus cavalos, as galinhas, os coelhos, a horta...

– E os empregados?

– Mandei embora antes de viajar, mas já tenho dois novos apalavrados para quando voltar.

— Kalashs?

— Não. Afegãos. Foram recomendados por gente de confiança.

— De confiança? Como você pode ser tão ingênuo? Vão preparar uma bela armadilha...

— Que é isso, Rosinha? Não, está tudo bem.

— Não está vendo o perigo que corre!

— Veja só, há umas coisas que eu não posso contar, mas não tenha medo, vocês aqui correm muito mais risco, com tanto terrorismo e decadência ao redor. E vão acontecer coisas bem mais graves ainda...

Continuaram conversando. Jordi acrescentou que ao retornar ia acolher um menino kalash que ele pensava educar para que no futuro ajudasse seu povo.

— Ah, não, mais um Shamsur... — ironizou Rosa.

— Shamsur não é um kalash autêntico.

Na quarta-feira, 20 de março, os Magraner "franceses" e Shamsur despediram-se de Rosa. Jordi foi o primeiro a abraçá-la. Depois, os demais. Então, Jordi fez algo incomum: correu novamente para a irmã e voltou a abraçá-la. Apertada a Jordi, Rosa se comoveu de uma forma diferente, aquele segundo abraço a deixara emocionada. Apertou-o com mais força. Notou nele uma tristeza profunda. Sentiu que não era uma despedida normal, como se Jordi quisesse reter sua imagem, seu olhar. Teve um mau pressentimento.

Em Valence, Andrés tentou persuadi-lo mais uma vez:

— Os que mataram Massoud eram camicazes disfarçados de jornalistas. Já não se pode confiar em ninguém, nem numa criança de oito anos nem numa mulher grávida. Você tira um ano de descanso, espera para ver como as coisas evoluem e então resolve.

Jordi comprou vários aparelhos eletrônicos, entre os quais uma câmera de vídeo de última geração, encaixotou o necessário e em abril deu um par de beijos e um forte abraço na mãe. Entrou no carro. Enquanto se afastava, foi dando adeus com a mão para Dolores. É sua última lembrança dele.

LIV

Não podia haver honra num êxito seguro, mas era perfeitamente possível livrar-se de uma derrota certa. A Onipotência e o Infinito eram nossos mais dignos inimigos; na realidade, os únicos que um homem de verdade podia enfrentar, pois eram monstros forjados por seu próprio espírito [...]. Para o homem perspicaz, o fracasso era o único objetivo. Devíamos acreditar firmemente que não havia vitória senão a que consistia em engolfar-se na morte enquanto se lutava e se clamava pelo fracasso, pedindo, num excesso de desespero, que a Onipotência nos golpeasse com mais força ainda; que, com esses mesmos golpes, temperasse nossos seres torturados, transformando-os em armas da própria ruína.

T. E. Lawrence, *Os sete pilares da sabedoria*

Mas onde existe o perigo também se desenvolve aquilo que salva.

Friedrich Hölderlin

Jordi foi visitar Gyuri e Íris pouco depois de chegar ao Paquistão. Necessitava do calor de uma família, que a desconexão não fosse tão brusca.

— Ah, *mon ami*! — exclamou Gyuri ao vê-lo. Os dois se abraçaram. *Mon ami*. Gyuri nunca imaginara que iria se alegrar tanto por se reencontrar com aquele ser extravagante... que já chamava de amigo. — *Mon ami!* — repetiu.

Jantaram juntos. Jordi contou uma de suas histórias antes de as meninas irem dormir, deu-lhes boa-noite e, novamente a sós com o casal, resumiu seu inverno europeu. Eles o acharam especialmente preocupado.

— Vou pegar o barmanu. Desta vez ele não me escapa.

— Quantos cães você tem agora?

— Três. São bons rastreadores. Mas desta vez há outra coisa — disse Jordi levantando-se da mesa. — Vejam só como eu voltei muito bem preparado.

Abriu a mala que havia deixado num canto da sala de jantar e voltou brandindo sua nova câmera de vídeo.

— O que acham?

Gyuri e Íris estavam petrificados.

— Mui... — começou Gyuri. — Mui...

— Muito bonita, Jordi — completou Íris. — Se o barmanu soubesse que você ia gravá-lo com isso, até iria ao barbeiro.

Gyuri nem sequer sorriu, chegou até a se aborrecer com a brincadeira de Íris. Acreditava que o dinheiro que lhe haviam emprestado era para sobreviver, e de repente Jordi aparecia com uma câmera de vídeo de luxo. Nem ocorreu a Jordi mencionar a dívida de dois mil dólares, a câmera provava que ele investira adequadamente o dinheiro, ou não? De fato, por essa Gyuri não esperava. Ele calculou que o equipamento devia ter custado mais ou menos dois mil dólares. Sentiu-se usado, mas não reclamou.

— E o que me diz da ideia de trabalhar na ACNUR? — perguntou Íris, que, enquanto ele estava na Europa, lhe havia mandado mensagens refrescando aquela possibilidade. Jordi franziu a testa.

— Pode me adiantar algo concreto? Que tipo de trabalho eu poderia fazer? Quem iria comigo?

— Como eu disse na última carta, lhe confiariam a chefia de uma subdelegação no Afeganistão.

— E o dinheiro?

— Por volta de nove mil dólares mensais.
— Nove mil?! – interveio Gyuri. – Que mixaria!
Jordi forçou um sorriso.
— Obrigado, vou pensar no assunto – respondeu, sabendo que não ia dedicar um só minuto à possibilidade, nem mesmo se preocupou em fingir, sua forma de se expressar denunciava que ia recusá-la.
Gyuri não estava acreditando. Ali estava um sujeito que, pelo estilo de vida, pelos projetos que pensava desenvolver com os kalash, necessitava imperiosamente de dinheiro... um sujeito que estava ganhando de bandeja um emprego excelente... e que resolvia não aceitá-lo! Um gesto assim só estava ao alcance de poucos. Ali estava alguém que resolvera não se conformar com o que sentia só pela metade e que continuava tentando viver autenticamente fiel às coisas que o apaixonavam. Era preciso reconhecer que aquele cara era genial. A história da máquina de filmar incomodava um pouco, mas, tudo bem, *mon ami*, tudo bem... Que sujeito!

Em meados de abril, as tempestades de neve mantiveram fechado o Lowari Pass, impedindo a chegada de Jordi a Chitral. Descartara o avião por estar fora do orçamento, e de qualquer modo a neve não lhe teria permitido voar. Viveu dias enervantes de espera – "uma odisseia", escreveu no diário – desejando ver seus amigos kalash, perguntando-se como estaria a Sharakat House, imaginando as dificuldades que naquele inverno a ajuda humanitária grega teria encontrado para alcançar "essas três mil pessoas e sua democracia". A impotência e a ansiedade repercutiram em sua relação com Shamsur. As discussões se sobrepunham, cada vez mais ferinas, seguidas de longos silêncios.
Correu a notícia de que Osama bin Laden tinha sido visto no vizinho Dir.

Quando chegou a Bumburet, organizou a casa, subiu no jipe rumo ao vale kalash de Birir. Ia em busca de seu novo discípulo.

Dois jornalistas que vagavam pela província lhe falaram pela primeira vez de Wazir. Os repórteres haviam simpatizado com aquele pastor de 12 anos durante uma viagem a Birir.

— Gostaríamos de levá-lo para a França — comentaram eles com Jordi. — É um garoto muito esperto, não deveria ficar aqui, menos ainda com as coisas do jeito que vão... mas não há como arranjar um visto para ele. Pensamos que talvez você pudesse lhe dar uma ajudinha, ensinar francês, educá-lo um pouco. Quando o panorama mudar, quem sabe até você mesmo não possa levá-lo para a França? Mais ou menos como fez com esse garoto lourinho.

Não lhe pareceu má ideia. Shamsur estava demasiadamente desgastado, e a perspectiva de educar um novo discípulo o estimulava, lhe dava uma nova expectativa, uma segunda oportunidade. Mas, antes de se pronunciar, queria ver o garoto.

— Vou visitá-lo quando regressar — disse ao ouvir a proposta.

Bem, já havia regressado.

Desceu de jipe até Ayun e pegou a temível estrada para Birir, uma sucessão de curvas sem proteção onde o solo frequentemente se solta. O caminho é um rastro de túmulos em memória dos que despencaram.

Atravessou arroios pedregosos escalando veredas mais apropriadas ao gado até chegar à casa de frente para o rio, incrustada numa encosta na qual passa a estrada.

Samsam, o pai de Wazir, preferiu conversar na casa de seu irmão Irfan, uma joia de madeira engastada numa colina. De sua balaustrada se dominam as montanhas que, escaladas, abraçam o vale. As matas são espessas, e a falda um milharal em festa, nesse recanto tão lindo, tão remoto, atravessado por um rio largo e manso.

Serviram chá com muito leite, o acontecimento merecia.

— Meu filho sabe ajudar com as vacas e as ovelhas, é um bom pastor. Gosta de pescar, de jogar futebol e basquete... mas acima de tudo é um bom aluno. Aprende tudo muito rápido, de verdade. Esses jornalistas disseram que, se for para a Europa, ele poderá ser doutor.

— E você o que acha?

— Que ele será o que quiser, se tiver ajuda.

— Não se preocupe. Eu vou estar com ele. Terá bons professores na França.

Samsam não sabia muita coisa sobre Jordi, tinha-o visto umas duas vezes e suas referências se baseavam em boatos, mas o estrangeiro lhe dava uma boa impressão... e a verdade é que também não se apresentavam muitas oportunidades como esta ao longo de uma vida.

— Ficamos muito felizes com que aceite educar nosso filho — respondeu.

Hoje, Samsam possui a expressão apática e desconcertada do sofrimento. Em meio a todas as rugas prematuras do rosto, as que se mostram entre as sobrancelhas evidenciam a magnitude de sua incompreensão. Às vezes, moscas pousam em seu rosto sem que ele tente espantá-las. Tem 45 ou 46 anos – "não só eu, aqui quase ninguém sabe bem a própria idade" – e quatro filhas cuja educação, seja qual for a que elas escolham, ele está disposto a pagar. Nem ele nem a esposa, Tsran, sabem ler e tampouco escutam notícias, porque não há cobertura no vale.

Este ano, o calor extremo e prolongado causou uma lamentável colheita de uvas, todas pequenas e secas, impossível produzir vinho daí. Em Birir, o cuidado de armazenar água acabou contaminando as reservas dos poços e o cólera se propagou. As cem famílias kalash e as cem muçulmanas de Birir vão ter de coletar muita lenha e muita erva para arrumar as rúpias mínimas que lhes permitam superar o inverno.

– É verdade, Wazir era um bom pastor – diz Samsam, e esta é a única vez em que ele sorri. – Era meu único filho varão. O filho é o mais importante, ajuda de outra maneira. E agora ele se vai...

LV

Ao instalar Wazir no jipe, Jordi tomou plena consciência de que estava descumprindo pela primeira vez em quinze anos uma espécie de norma privada. Até então, todos os empregados e discípulos com que convivera tinham sido muçulmanos. Wazir ia se tornar o primeiro kalash a dividir a casa com ele. Enquanto dirigia, tentava avaliar as consequências daquela iniciativa, a alegria dos kalash, o amargor dos muçulmanos, mas não dedicou muito tempo a especular. A estrada já era suficientemente perigosa, e, além do mais, quem pode fazer algum prognóstico sobre o futuro?

Wazir revelou-se um aluno tão bom quanto lhe fora prometido. Era difícil deixar de comparar seus rápidos progressos com a preguiça e a displicência de Shamsur, a quem de qualquer modo Jordi continuava se sentindo irremediavelmente ligado. Desejara fazer de Shamsur um rei, e, embora fosse compreendendo que não chegaria a concluir esse projeto, as ilusões e o carinho depositados no nuristanês ao longo de tantos anos o uniam a ele de maneira contraditória. Observando o empenho de Wazir, foi tomado por uma onda de fúria em relação àquele lerdo mal-agradecido que nunca fora capaz de entender o quanto teria podido conseguir se apenas seguisse seus conselhos e colaborasse com só um pouquinho de perseverança. Ao mesmo tempo, admirava a forma obstinada como Shamsur reivindicava uma vida bucólica, por mais que o pressionassem.

Mas o que representava Shamsur? Que lugar ele ocupava em sua vida?

— Shamsur.

Pronunciar seu nome o projetou a uma vida interior, já demasiadamente distante. A outras expectativas. Ao barmanu. Na época, o barmanu e Shamsur pertenciam aos sonhos de juventude, às mais belas e inconsequentes aspirações. Não os abandonaria em definitivo, faziam parte do seu universo, sempre resta uma esperança, mas concentraria as energias em outros dois objetivos: os kalash e Wazir — este, sim, um menino kalash — marcavam de certa forma o adeus à épica e o regresso à terra. Afinal, defender os kalash implicava também grandes doses de heroísmo, só que essa glória, se alcançada, se inscreveria num registro mais comum, menos mítico do que capturar o barmanu. Com os kalash e Wazir, Jordi sentiu que aterrissava na arena onde diariamente os homens se defrontam.

Ao trocar a caça pela luta, ele estava optando também por um estilo de vida bem mais sedentário. Imaginou que desse modo inaugurava seu período particular de maturidade.

Shamsur seguia frequentando a Sharakat House e auxiliava nas tarefas domésticas, que Jordi lhe pagava bem. Mas faltava amiúde ao trabalho. Era fácil encontrá-lo deitado perto do rio ou no meio do mato fumando haxixe, o que multiplicava as brigas com Jordi.

— Assim você vai ficar com a bunda quadrada — disse-lhe Jordi ao encontrá-lo como de costume sentado numa pedra defronte à casa. — Venha, suba e coma conosco.

— De onde você está vindo?

— Não lhe interessa. Vai subir ou não?

Entraram na casa. Wazir estava em sua cama folheando um livro com ilustrações.

— Acabou? — perguntou Jordi dando uma olhada nos cadernos dos deveres escolares. Wazir fez que sim com a cabeça. Shamsur se lançou sobre ele e começou a despenteá-lo.

— Deixe o garoto em paz — interveio Jordi.
— É o meu irmãozinho, não é, seu anão?

E voltou a lhe despentear o cabelo. Wazir resistia, divertido, devolvendo-lhe golpes carinhosos.

— Você já tem irmãos. — Jordi agarrou Shamsur por um ombro e o puxou para trás. — Vá brincar com eles.

Shamsur tropeçou, quase caiu. Semicerrou os olhos, brincalhão, e disse:

— Bem, é verdade. Wazir é um irmão diferente. Não é muçulmano.

— Ah, você é muçulmano? — perguntou Jordi.

Shamsur se calou, desconcertado.

— E por que não deixa crescer a barba, já que se sente tão muçulmano? — perguntou Jordi.

— Eu me barbeio porque gosto. — O tom de voz de Shamsur havia mudado. — Creio em Alá porque é o meu Deus, e no profeta Maomé. E faço a barba porque gosto.

— Olhe só... Você é um kafir vermelho. Gente de primeira.

— Ei, pode parar, pode parar. Você está falando dos meus antepassados. Eu sou muçulmano.

Wazir tentava desenhar um leopardo-das-neves na pequena mesa de canto do escritório.

— Grande garoto — disse Jordi, penteando-o com os dedos.

— Deixe o garoto tomar um pouco de ar — disse Shamsur. — Vai acabar apodrecendo trancado dentro de casa. Não conhece ninguém em Bumburet.

— Está ruim assim pra você, Wazir? — perguntou Jordi.

— Não, está ótimo. Eu gosto de estudar. E fico bem com Shamsur.

— Está certo, está certo — interveio Shamsur. — Mas de que você gosta mais: de estudar ou de ficar bem com Shamsur?

Wazir sorriu em dúvida. Seu olhar ia de Jordi para Shamsur.

— Já chega — disse Jordi escondendo Wazir com o corpo. — Você já está começando a me encher, garoto abusado.

— E o que isso quer dizer?

Agora, os olhares de Wazir e Shamsur confluíram para o mais velho. *Quem esse moleque pensa que é?* Precisava traçar limites. O rapazinho conhecia muito bem seus pontos fracos e estava se aproveitando da estima que nutria por ele. Tinha de parar com isso, impedi-lo de perder totalmente o respeito por ele.

— Que você está despedido.

Por que se sentia tão dilacerado ao discutir com Shamsur? Por que relampeavam tantos bons momentos vividos ao seu lado, escalando montanhas, brincando com Fjord, revirando-se na cama? Não importa. Acabou. Era preciso enfrentar a tristeza da separação, mas ao menos na prática a ausência dele não mudaria nada. Jordi já dispunha de dois bons trabalhadores. Lá estava Sultão, que, além de se ocupar dos cavalos, dava uma mão ao outro empregado, Mohamed Din, com as hortas e na poda dos matagais.

Shamsur passara a ser novamente o foco das atenções. Franziu os lábios.

— Muito bem. Adeus.

Foi embora sem acreditar que a demissão fosse mesmo para valer. *Esse bobão fanfarrão vai acabar cedendo.* Passaram-se três dias. Sultão e Mohamed Din estavam indo bem, não faziam a menor falta as ajudas ocasionais de um Shamsur cada vez mais deprimido por ter perdido as graças de seu eterno protetor. Começou a passar muitas horas nas proximidades da estradinha ou sentado na grama, olhando a casa.

— Ele está triste de verdade — disse Sultão ao seu colega Mohamed Din, enquanto levavam os cavalos ao bebedouro.

— Está arrasado.

— Dá pena.

Os cavalos enfiaram o focinho na água.

— Ele bem que procurou. É um vagabundo e um incompetente, você mesmo já disse isso mil vezes...

— É, mas não sei...

Horas depois, Sultão foi atrás de Abdul. Pediu que o ajudasse a convencer Jordi a readmitir o rapaz. E assim o fizeram. Jordi voltou a contratar Shamsur.

Comemoraram o reencontro num dia de muita neve. Mataram dois frangos, compraram vinho e brindaram ao futuro.

Passadas poucas semanas, Jordi despediu Sultão. O argumento foi que ele havia estragado uma vasilha de prata lindamente lavrada e que, além disso, já mentira várias vezes para ele. Mas a verdade é que Sultão e Shamsur tinham continuado a não se dar bem, reacenderam velhas rixas, e Shamsur tanto fez que Jordi acabou mandando embora o seu rival.

— Como alguém pode ser tão malvado. — Mohamed gostava dessa palavra, sempre que podia a empregava. — Tremendo traidor.

— Segure daí — ordenou Abdul. Juntos, os dois colocaram o tronco na pequena represa onde Abdul armazenava seus salmões. — Agora quero ver se escapam.

Sentaram-se ofegantes na beira do rio.

— Shamsur e Sultão não se davam bem — disse Abdul. — O que eu não entendo é por que ele intercedeu por Shamsur.

— Por pena, eu já lhe disse. E olhe só como ele agradece... Já não se pode confiar em ninguém, nem menos ainda nesse pessoal mais jovem. O que andam ensinando a esses demônios? Que malvado! Não sei o que o Jordi tem na cabeça... espero que me arranje logo um ajudante. Quando vinha para cá, eu o vi falando com Asif.

— O afegão?

— É.

— Para contratá-lo?

— Não sei, mas estavam conversando muito sérios. O que é? Você não gosta do Asif?

Abdul não respondeu.
– Precisamos de alguém, não é?
Abdul se pôs de pé. Foi seguindo apressado pelo mato. *Jordi está louco*. Entrou na Sharakat House pulando a cerca que dava na estradinha, subiu ao escritório e bateu à porta. Ouviu uma cadeira mover-se e a porta se abriu.
– Você vai contratar o Asif? – perguntou ainda da soleira.
– Já contratei.
– Não faça isso, Jordi.
– Por quê?
– Ele é afegão. Não o contrate.
Abdul repetiu várias vezes.
– Não faça isso, não se pode confiar nos afegãos.
– Ainullah era afegão.
– Há sempre uma exceção.
– Entendido. Algo mais?
Abdul limpou a frente da *kamize*, deu meia-volta e desceu os degraus até a saída. *Que sujeito mais chato esse Abdul*. Exagerava com tantos escrúpulos, o que Asif tinha assim de tão ruim?, como se Ainullah não tivesse demonstrado suficientemente que a origem não importa. Além do mais, Jordi apreciava a tranquilidade que envolvia aquele magricela mal saído da adolescência, suas boas maneiras e a forma de falar precisa e inteligente. A juventude e a desenvoltura de Asif serviriam para equilibrar o jeito mais sisudo do veterano Mohamed Din, cozinheiro e responsável pela logística, que morava numa casa próxima com a família e com quem Jordi mantinha uma relação boa, porém muito superficial.

Mohamed Din era um refugiado proveniente do Nuristão. Tinha a pele morena e a compleição enxuta típica dos homens daquelas regiões. Ao se casar com uma jovem de Shekhanandeh, herdara um pedaço de terra que passou a cultivar sem se relacionar mais proximamente com ninguém, dedicado à família. Dizia-se que ele havia matado um homem no Nuristão. Vá se saber... Em Bumburet, sempre se comportou com moderação e cortesia. Era um homem caseiro.

Isso mesmo, Asif aliviaria sua circunspecção. Despachado, mas sem ser invasivo, logo demonstrou que sabia usar as ferramentas e as palavras. Era sarcástico, tinha certa centelha intelectual. Não se percebiam nele os lastros emocionais que sem dúvida pesavam sobre Mohamed Din, e esbanjava força e vigor.

Jordi lhe designou como quarto de dormir a pequena construção anexa às cavalariças, defronte ao portão de entrada. Até o escritório e os aposentos de Jordi e Wazir era preciso percorrer um pequeno trecho de terra, vencer a peça que incluía a cozinha, subir a escada e atravessar a varanda, de maneira que todos desfrutavam de bastante independência.

Quando Khalil tomou conhecimento da contratação de Asif Ali, também não a aprovou.

— Por que você contrata gente de fora do vale? Só deveria pôr a seu serviço gente do lugar.

Asif era um pathan afegão. Tinha chegado com a família três anos antes, mas sua mulher e seus filhos foram embora no fim daquele inverno, ele ficou sozinho e foi quando Jordi lhe deu trabalho.

Asif e Wazir representavam dois mundos malvistos pelos muçulmanos de Bumburet. Os afegãos tinham fama de ladrões e mentirosos e, especialmente desde o 11 de Setembro, sua presença provocava mais desconfiança ainda entre os habitantes locais. Os kalash eram infiéis. E agora o afegão e o infiel conviviam na casa do estrangeiro. Jordi pensou que as duas presenças se compensavam mutuamente, como se uma contrabalançasse a outra, demonstrando que a convivência entre credos tão díspares era viável.

Escolheu um momento delicado para os experimentos sociais. Pelos vales começaram a surgir veículos não identificados, com homens que ninguém nunca tinha visto.

— Os americanos estão atacando o Afeganistão, e eu ouvi dizer que há agentes da CIA patrulhando as montanhas — disse Abdul Khaleq.

— Pouco me importam os americanos.

— Tome cuidado, Jordi. Depois do 11 de Setembro as coisas mudaram muito. Os terroristas saíram da toca.

— Mas Chitral continua em paz, não? — Abdul deu de ombros. — Os Chitral Scouts sempre nos deram proteção. Fique tranquilo, Abdul. Este é um lugar calmo, nada a ver com Dir, Swat e tudo o mais em torno.

— É, nisso você tem razão.

LVI

— O que está acontecendo em Swat nos deixou sem turistas, mas aqui, como está vendo, não há novidades – disse Babu Mohamed no jardim atapetado de trevos do hotel Mountain Inn. Nem o notável furúnculo do lado esquerdo da testa nem a considerável mancha no meio da *shalwar-kamize* lhe tiravam o ar sedutor e a elegância. Tinha uma barba não muito comprida, bem tratada, quase totalmente grisalha. O cabelo, branco e bem curtinho em seus 63 anos. Babu acabava de me mostrar "o quarto do computador". Foi dali que Jordi mandou durante anos os seus e-mails.

– Espero que goste do hotel. Só não terá companhia, você é o único hóspede. Posso ver o número que lhe deram no registro?

Eu lhe estendi o papel recém-carimbado na delegacia, um trâmite obrigatório para quem chegava.

– Duzentos e trinta e três. Você é o visitante 233 que vem este ano a Chitral. Tem ideia do que isso significa para uma região turística como a nossa? Logo começarão as neves, e não vamos receber quase mais ninguém. No máximo, outras vinte pessoas virão antes que o ano termine.

Babu me acompanhou pelo alpendre até o último dos 23 quartos do hotel. Localizava-se à beira do barranco por onde segundos antes havia subido um homem que, ao alcançar o jardim, se ajoelhou e começou a rezar. Continuava ali. A poucos metros da fachada se erguia de repente a montanha em cuja encosta, não se sabe como, alguém havia gravado WELCOME TO CHITRAL SCOUTS em letras tão descomunais que podiam ser lidas do sopé. O posto dos Chitral Scouts ficava a poucos metros do hotel, na parte alta do Grão-Bazar.

Meu apartamento se compunha de uma sala de visitas, banheiro e quarto, decorado com uma fotografia emoldurada de meninas kalash. Era assinada por Hervé Nègre, que eu conhecera na casa de Esperanza em Lyon. Hervé viajava aos vales desde 1976 e se tornara kalash do clã Mutimiré. Passara trinta anos fotografando uma série de kalash, sempre os mesmos, testemunho de como envelheciam, mas, quando nos encontramos, fazia um bom tempo que ele não ia a Chitral. Esperanza sugeriu que me acompanhasse. Além de fotógrafo, Hervé é curandeiro, faz massagens com plantas, pratica a magnetoterapia, garante que sonha "coisas antes que elas ocorram". Pediu um prazo para saber o que os sonhos lhe diziam. Ao fim de alguns dias se desculpou dizendo que tinha muito trabalho acumulado e que não estaria disponível nas datas da viagem. Também é verdade que nós não nos demos lá muito bem. Não sei até que ponto ele se relacionou com Jordi, Esperanza assegurava que os dois tinham se dado estupendamente bem, mas a verdade é que eu não achei nenhum texto em que ele fosse mencionado, nem, na hora de rememorar histórias, Hervé foi capaz de revelar grande coisa sobre ele.

No jardim, Babu mandara servir chá só para um. Ele não ia beber, estávamos no Ramadã. Pôs os óculos para examinar as fotografias que eu trouxera. Ao identificar Jordi, estalou a língua sorrindo. Da montanha vinham lufadas de vento morno que agitavam as copas das árvores. Quando largou as fotos, Babu tirou um rosário e começou a girá-lo na mão.

— Em Chitral — disse ele —, cada ano acontecem de dez a quinze assassinatos, mas não têm relação com estrangeiros. Muitos são questões conjugais, homens que degolam as mulheres, embora ultimamente também tenha havido casos de mulheres que envenenam os maridos. Os demais costumam ser por causa de terra, discussões que acabam sendo resolvidas à bala. O mais normal é matar com um tiro. Para alguém matar a facadas, tem de ter coração ruim.

Um amigo de Babu se aproximou com um jornal, tirou um caderno e entregou o restante ao meu anfitrião. A foto de primeira página representava uma das longas filas que eu vira nos dias anteriores em Islamabad e Rawalpindi, nas quais milhares de pessoas tentavam conseguir sacos de farinha e açúcar subvencionados pelo governo durante o Ramadã.

Babu e seu amigo folheavam seus pedaços de jornal conversando intermitentemente, pouco. De vez em quando trocavam frases que incluíam a palavra talibã. O sussurro do vento e o farfalhar das folhas nas copas convidariam, em outras circunstâncias, a dormir. As velhas sandálias de Babu estavam cobertas por uma camada de sujeira tão negra como o interior de suas unhas. Soou uma página de jornal. Uma abelha zumbiu. Buzinas no Grão-Bazar.

Saí percorrendo aquela via paralela ao rio, que descia cinzenta de terra e lama. Homens encravados em suas lojinhas me observavam abertamente enquanto fumavam narguilés e giravam rosários. Não vi mulheres naquele ninho de sunitas. Eu vestia a *shalwar-kamiẓe* de Andrés, me achava magro como a maioria, minha barba já estava bem espessa, mas me senti mais estranho que em qualquer outro lugar.

Um grupo de jovens encabeçado por um adulto com barbicha de muezim entrou na única loja kalash da cidade, as *kamiẓes* manchadas de suor seco. Repreenderam o vendedor por não ir à mesquita. O homem ouviu-os preocupado, alegou que precisava atender a clientela. Os pregadores sorriram beatificamente em uníssono e se retiraram de forma automática. Aquela atitude gelidamente afável, o simulacro de empatia próprio de um manual robótico, me fez estremecer.

— Você é kalash?
— Não. E não me dou bem com os kalash.

À noite, no último quarto do Mountain Inn, o vento ululou fazendo bater as janelas protegidas por mosquiteiros. Eu já dormi outras vezes em montanhas. Mas nunca nesta, pensei. Quem o matou queria matá-lo, pensei. Mas por que não acabaram com ele antes? O assassino deixou o tempo passar para ver se alguém o salvava? Ou esperava que sua vítima se rendesse, que fosse embora dali para outro lugar qualquer? Talvez tenha morrido porque não tinha mais remédio. Talvez o próprio Jordi clamasse pela hora do sacrifício, o fim lógico e inconfessavelmente previsto de sua aventura, embora, sendo um pagão sincero, jamais haveria de se ver como mártir. O triunfo, a divindade deveriam lhe chegar em vida. Como entender isso? Como entendê-lo?

"A história do homem que foi em busca do *yeti* é dessas que não se esquecem. Todos com quem falei garantem que foi um crime passional", tinha me dito em Islamabad a correspondente de imprensa Ethel Bonet, recém-chegada ao país.

Demorei a dormir. Perscrutava cada barulho, cada pico de luz. Algumas crianças gritaram. Dizem que a voz das crianças na noite tranquiliza e traz calma, como se com elas nada de mau pudesse ocorrer. Não nesta história. As crianças, de alguma forma, fazem parte do terror.

Abdul Khaleq, o velho amigo kalash de Jordi, o dono da Sharakat House, veio de manhã bem cedo me pegar. Mostrou-se cordial, mas meio arisco na primeira conversa. Não sabia onde pôr os olhos e só relaxou quando subiu no jipe que nos levaria a Bumburet. Antes, paramos na marmoraria na periferia de Chitral. As talhadeiras selecionavam pedaços de pedra levantando nuvens de pó que flutuavam por sobre o vale quando o responsável nos mostrou suas amostras. Decidi com Abdul, não foi complicado.

– Sim – disse Abdul. – Esta. Metade branco, metade escuro.

Escolhemos um retângulo de puro mármore jaspeado por uma cadeia de sombras ziguezagueantes como relâmpagos. Anotei num papel a inscrição desejada pela família Magraner, paguei com meu dinheiro – tão baratinho! Ai, Esperanza, por que nos preocupamos? – e o encarregado assegurou que em poucos dias poderíamos passar para pegar a lápide.

LVII

Eu contra meu irmão,
eu e meu irmão contra nosso primo,
eu, meu irmão e nosso primo contra os vizinhos,
todos nós contra o forasteiro.

> Provérbio beduíno

De início [escreveria o repórter] ele me pareceu um aventureiro bastante excêntrico, sentimental, de temperamento visceral. Um caráter forte, loquaz e talvez sombrio. Conhecendo-o melhor, dei-me conta de que também era hipersensível, muito hospitaleiro e generoso, simples e espontâneo. Apreciei muito sua franqueza, suas relações diretas, seu caráter tão íntegro.

Franck Charton esteve em Chitral em 2002 com o objetivo de fotografar as festas de primavera kalash e entrevistar o famoso caçador de barmanus. Pelo visto, o rótulo continuava funcionando no exterior. Charton também concluiu que as pessoas gostavam de Jordi, consideravam-no um autêntico kalash, e, apesar de perceber que ele necessitava de dinheiro, não achou que isso o deixasse angustiado.

Estava equivocado.

Em fins de maio, Jordi voltou a se ver contando cada centavo que entrava em sua conta-corrente. O B21 e as associações haviam cumprido sua parte, e, mesmo assim, ele beirava a bancarrota. Como chegara àquilo? Vejamos: tinha de manter Wazir, os empregados Mohamed Din e Asif, a casa, os cavalos, e continuava bancando os Narradores da Tradição, além de custear os veículos necessários para viajar pelas montanhas. E julgava tudo imprescindível, não queria renunciar a nada, por vaidade, mas também para não prejudicar aqueles que haviam confiado nele.

Reviu sua agenda. Estava tentado a recorrer a Andrés... Não, não podia, não devia. E então? Também não dispunha de tanta gente disposta a confiar. Implorou um empréstimo urgente à sua querida mestiça Marie-Louise Marie France, que lhe forneceu 457,35 euros no dia 28 daquele mês.

Com parte desse dinheiro comprou, além de comida e utensílios básicos, lápis para os alunos dos Narradores. Não podia se esquecer deles. Devia isso à comunidade. O pouco que tivesse dividiria com sua gente, era um deles. Pouco depois de regressar à Sharakat House, recebeu a visita de Mir Azam Khan, o chefe de polícia de Ayun.

— Foram fazer queixa de você.

— Quem?!

— Disseram que você levou lápis para os meninos de Birir e que você não pode ajudar apenas os kalash; os muçulmanos também têm direito às suas ajudas.

— Eu dou lápis a quem tenho vontade. Não acredito que os meninos kalash tenham muito mais vantagens que os muçulmanos. Mas o que é isso?! Você agora vem me recriminar por levar lápis para os meninos?

— Você sabe que as pessoas estão passando necessidade nos vales, não há dinheiro, falta comida. Elas têm de se virar para viver e ficam vendo você distribuindo presentinhos por aí...

— Mas o que você está dizendo?! Será que estamos todos loucos?

— E não é só isso, Jordi... seria melhor se você saísse dos vales por um tempo. As coisas estão se complicando, você é estrangeiro...

— O que é que você está sabendo?

— É para a sua segurança.

— O que lhe disseram? Como você sabe se eu estou seguro ou não?

— Escute o que estou dizendo. Vá embora.
— E para que serve a polícia? Para que você está aqui?
— É só por uns meses. E, quando a situação melhorar, você volta.

Jordi teve febre de tanta raiva. De impotência. Não podiam mandá-lo embora assim depois de tanto tempo. Era um deles, aquela era sua casa. Estavam ouvindo? Sua casa. O lugar onde havia transformado tantos desejos em realidade. Estavam ouvindo? *Mas já entendi. Está insinuando que querem me matar.*

De volta à Sharakat House, ao fechar a porta se viu tremendo. O medo ficava para trás, nada nunca o intimidara a ponto de fazê-lo estremecer daquela forma. Era a fúria que agitava seus nervos e o impelia ao descontrole. Porra. Porra. Desgraçados. Seus putos de merda. Amaldiçoou o quanto pôde, aos gritos, dando socos no ar, parando várias vezes para respirar fundo, até que apanhou papel e a esferográfica e, num ritmo entrecortado pelos insultos e pelas respirações profundas, redigiu uma carta dirigida a três de seus colaboradores:

> Hoje eu recebi uma interessante visita do chefe de polícia de Ayun [...] os muçulmanos dos três vales estão se queixando de mim [...]. Talvez queiram que eu pague aos mulás [...]. Comunico que estou interrompendo todas as minhas ações em favor dos kalash. A partir de hoje, 13 de junho do ano 2002, tudo está parado. Por favor, comuniquem aos outros professores que não poderei mais pagar nenhum salário.

Em seguida, escreveu o relatório que fazia anualmente para o GESCH. Fez do relatório número 4, publicado em 23 de junho, uma quase monografia sobre os ataques aos kalash. Já com uma letra frenética, denunciou que as autoridades estavam reclamando dinheiro às ONGs para, em tese, ajudar os kalash, mas somente em tese. Sem se deter, com as palavras brotando aos borbotões, explicou as pressões que Abdul Khaleq vinha sofrendo por lhe ter alugado a casa e como a indignação entre os pagãos vinha aumentando. "Por que não podem alugar suas casas? Somos uma subclasse de homens?", escreveu.

"Somos."

E acrescentou que o DCO* emitira uma ordem proibindo os jovens estrangeiros em visita aos vales de se dirigir às moças kalash.

> Acreditamos, esperamos que não se trate de ordens do governo central, mas apenas um abuso de poder por parte do DCO [...]. Tudo está orientado à conversão. (Carta informativa do GESCH.)

Sufocados pela impotência, pelo medo e pela falta de alternativas, os kalash passaram a sacrificar bodes e bois com a esperança de que os deuses os protegessem. Os irmãos Khalil e Shamsur asseguraram ao DCO que zelariam pela segurança de Jordi, não havia razão para tanto alarme, se no vale nunca acontecia nada.

No princípio, Jordi tentou se abstrair. O jornalista Éric Chrétien continuava com a ideia de ampliar sua pesquisa sobre o caçador de barmanus, muito oportuna por sinal. O barmanu ressurgia bem a tempo de enganar o desassossego, era muito bom poder contar com um aliado com que se refugiar em sua eterna e fraternal quimera. Poderia se refazer em torno do barmanu. Mais uma vez se refaria.

— Éric, você pode me fazer um favor? — perguntou ao repórter.

— Claro.

Falou-lhe de suas necessidades como pesquisador, o próprio Éric era testemunha da precariedade dos meios de que dispunha.

— De modo que, se você não se importa — concluiu —, eu gostaria que desse um recado a uma antiga colaboradora minha. Peço-lhe um instrumental importante e gostaria de me assegurar de que essa mensagem lhe chegue sem problemas.

---

* Sigla de District Coordination Officer, autoridade responsável pelos programas, projetos e estratégias de governo em âmbito local. (N. do T.)

Através de Éric, Jordi pediu a Cat que lhe enviasse óculos infravermelhos do exército Thomson TRT Défense e anestésicos capazes de abater pesos equivalentes a um gorila com o respectivo fuzil de injeção.

— Para eu lhe mandar óculos! É inacreditável! — disse Valicourt em voz alta ao ler o pedido.

Os dois ainda se correspondiam de vez em quando, mas a relação havia se esfriado, era preciso muita cara de pau para ele reaparecer assim: pedindo. Sem falar de que a quem ocorria especular em penetrar aquelas matas infestadas de talibãs... Claro que ela não iria mandar óculos coisa nenhuma. Que sujeito mais inconveniente!

— Senhor, eu já lhe disse: não posso lhe dar só 150 euros. A quantidade mínima exigida pelo banco para receber cheques é de trezentos.

— E eu repito que não tenho esse valor, mas quero sacar o dinheiro que resta na conta. Esse dinheiro é meu, você tem a obrigação de me dar. É meu!

— Lamento, senhor.

Não havia nada que fazer. Sem se despedir, rasgou o cheque na frente do gerente da agência, jogou os pedacinhos no chão e seguiu em direção ao computador do Mountain Inn para implorar um último esforço ao seu irmão Andrés. Ao enviar a mensagem, na barra de tarefas do computador leu: 2 de julho.

— Sei, já sei – disse.

Babu olhou para ele espantado.

— Como?

— Nada, nada. Até logo.

É, ele já sabia, era 2 de julho, como não saber com aquele maldito calor. Quando entrou em casa, tirou a camisa e se instalou no canto mais fresco do escritório. Bem quietinho. Quantas horas teria permanecido assim, os neurônios disparando com o suor e, junto com eles, fantasias que tampouco resolviam alguma coisa. No final lhe restava a realidade de sempre, o apoio de toda a vida. Andrés, Andrés, Andrés. A quem iria recorrer senão ao irmão? Depois de tantos conhecidos e pseudoamigos e cientistas que diziam respaldá-lo... o que havia mudado desde o início?

Ensopado de suor à sombra, tentou se conscientizar de que devia abandonar aquele país à deriva. Ao final de algum tempo encontrou forças para ir ao escritório, pegou um lápis e escreveu: "Estou sufocando. Acho que depois desta missão vou embora daqui, para a Europa ou para o Afeganistão, porque no Paquistão é impossível." Rogou ao irmão um último esforço: *Por favor, estou a ponto de me acabar.*

Andrés lhe enviou um punhado de euros que aliviaram levemente as urgências. Em seguida telefonou e escreveu a amigos e doadores de suas associações solicitando ajuda econômica ou proteção de algum tipo, um de seus colegas europeus tentou até que um general renomado no Afeganistão intercedesse por ele. Sem sucesso. Ao mesmo tempo, empreendeu uma rodada de visitas. Foi cumprimentar Athanasious Lerounis. O grego ficou surpreso com a cordialidade da conversa depois das inúmeras desavenças que haviam tido. Também foi ver Bibi, uma kalash ocidentalizada que pretendia fomentar o turismo na região e ia com frequência à Suíça, os dois tinham se dado bem. Mais de uma pessoa teve a impressão de que ele estava se despedindo.

Em vista de que ninguém poderia ajudá-lo e de que sua situação piorava dia a dia, em 13 de julho se sentou para redigir uma carta moralmente destroçado. Cada linha tinha um quê de suplício, de infinita decepção. Estava assumindo a própria derrota, e, já entregue, por que meias palavras? "Estou na merda!", escreveu.

Restavam-lhe 9 mil rúpias, mas tinha de consertar o carro por 110 mil e chegar ao fim de setembro. *Quero chegar a setembro! Quero?* Apesar de tudo, resistia a desistir.

Suava, suava como um animal. Pingos de suor caíam no chão do escritório. Havia atingido um ponto em que era o caos ou o heroísmo.

– Mude o foco – disse a si mesmo apertando os anéis contra a palma da mão. – Você perdeu tudo. Está morto. Deixou de existir. Não tem futuro. Assim, se der a volta por cima, será a maior vitória. Ganhará vida nova.

Pediu a Esperanza trezentos euros e que lhe localizasse um associado do GESCH, *monsieur* Dupont. "Se preciso, procure-o em seu local de férias, diga-lhe que é para o seu amigo do Paquistão, que se encontra em grandes dificuldades." Em seguida, recorreu às maiúsculas, esperava que os funcionários dos Correios ou os policiais que lessem aquela carta – o que ele dava por certo – entendessem que estava lhes implorando que permitissem acelerar o trâmite.

ACHO QUE O CORREIO É CAPAZ DE COMPREENDER A SITUAÇÃO, NÃO PODEM DEIXAR DE ATENDER A UMA PESSOA EM PERIGO NUM PAÍS ESTRANGEIRO COMO O PAQUISTÃO.

Após mandar a maldita carta, um problema na fiação deixou a Sharakat House sem eletricidade, de modo que nem sequer conseguiu trabalhar naqueles dias. Só restava esperar. Escapar dos cobradores e esperar.

Chegou outra transferência de dinheiro da família, Abdul emprestou-lhe o que podia, e ele reuniu rúpias suficientes para ir a Peshawar, onde desejava acertar alguns assuntos que facilitassem as coisas no futuro. Antes de sair, explicou o problema com a fiação elétrica a Khalil e pediu que ele o consertasse durante sua ausência.

– É claro que eu vou pagar – respondeu Jordi ante a humilhante pergunta de um Khalil perfeitamente sabedor da sua debacle.

— Não fique chateado — disse Khalil. — Eu também necessito de dinheiro, como quase todo mundo no vale. O 11 de Setembro afetou a todos nós.

No caminho para Peshawar, Jordi se deteve no Hindu Kush Heights. Fazia mais de uma década que não visitava o hotel de Siraj Ulmulk, os laços que o uniam ao milionário permaneciam quase nulos, a família de Ulmulk havia oprimido historicamente os kalash e o restante da região. Mas Jordi estava desesperado.

— Preciso muito da sua ajuda. A administração de Chitral e a polícia recomendaram que eu saísse de Bumburet.

— Por quê?

— Não sei. Queria que você me ajudasse.

Siraj Ulmulk guardava com carinho a imagem de Jordi rodeado de cães. A última vez que o vira não ficara nada satisfeito ao percebê-lo tão integrado àqueles infiéis dos kalash, mas mesmo assim simpatizava com sua forma peculiar de viver e de perseguir seus objetivos, e então concordou, ia lhe estender a mão. Ulmulk consultou alguns amigos com cargos importantes no governo, e um deles confirmou que a vida de Jordi estava em risco.

— Quem quer matá-lo? — perguntou o hoteleiro.

— Temos informação, ele deveria ir embora.

Ulmulk resolveu não dar crédito ao confidente. Jordi parecia feliz, Chitral era um lugar pacífico, e Ulmulk sabia que o exagero era cultivado como um bem nacional, matar não significava necessariamente matar... A questão é que não esclareceu nada a Jordi.

Foi batendo a todas as portas possíveis de Peshawar. Tentava obter empréstimos, mas a quem pedi-los? Não conhecia aqueles rostos. Sua agenda era um borrão de telefones riscados, e naquele momento não restavam expatriados de sua confiança na cidade. Também procurava um comprador para vender seu carro, e tampouco apareciam candidatos.

O que ele não esperava era cruzar com Shamsur. Encontraram-se na rua a poucos metros da entrada de uma ONG.

— O que você está fazendo aqui? – perguntou o nuristanês. – Arranjou trabalho?

— Não. E você, o que está fazendo?

— Vim visitar uns amigos. Mas é estranho vê-lo por aqui. Ainda mais com o calor que está fazendo! Qual o seu interesse em vir agora a Peshawar?

O que Shamsur estaria insinuando? Quem estava pensando que era? Ele ainda o considerava um garoto, o havia educado, o apresentara a Paris. Quem pensava que era para falar com ele daquele jeito? Jordi o agarrou pela gola da camisa e o atirou furiosamente ao chão. Shamsur se levantou rapidamente, lançando-se sobre Jordi. Foi uma das brigas mais lamentáveis.

— Vou embora! Não quero mais saber de você! Não quero voltar a vê-lo! Acabou! – disse Shamsur quando os dois se cansaram de lutar.

— Isso mesmo, vá embora de uma vez! E não volte... Não volte! – respondeu Jordi.

Despedido? Ora. Já o havia despedido outras vezes, e duas ou três horas depois ele aparecia pedindo perdão. Atrevido, Shamsur alisou a roupa e disse:

— Tudo bem, parei com você. Dê-me meu dinheiro que desapareço.

Jordi lhe entregou mil rúpias. E depois ficou sozinho no meio da rua. Sem dinheiro. Sem Shamsur. Num lugar onde não tinha mais amigos. As duas horas seguintes foram um preâmbulo do inferno. Perambulou desnorteado pela cidade de repente intangível, gasosa, onde tudo se mostrava volátil e inconsistente. Estava flutuando? Várias vezes se sentou na calçada, arrancou pedaços de capim de um chão do qual depois não mais se lembraria. Chorou às escondidas, amaldiçoando-se por sua impotência, por sua incapacidade de suportar longe daquele mal-agradecido que desejava expulsar de dentro de si, não voltar a vê-lo, realmente, não voltar... mas não podia suportar a ideia. Às duas horas Jordi regressou em busca de seu querido Shamsur. Foi até a sede de duas ONGs, a restaurantes que Shamsur conhecia. Foi encontrá-lo assistindo a uma partida de gamão na loja de produtos comestíveis de um amigo.

— Shamsur, perdoe-me, perdoe-me. Eu ando muito cansado, não consigo dormir. Faz muito calor. Estou aqui porque em Bumburet não há eletricidade e preciso trabalhar, pedi a seu irmão que ajeitasse a luz. Pergunte a ele. Voltarei dentro de alguns dias. Não fique irritado, por favor, não fique irritado.

— Está bem, está bem... A gente conversa quando você voltar a Bumburet.

Estava claro que Shamsur não queria esticar a conversa. Jordi ansiava por continuar falando, por explicar-se melhor, mas não queria atormentar o rapaz, parecer chato, nem despertar ainda mais rejeição do que aquela que notava que Shamsur sentia por ele. *Vá embora, vá embora*, repetiu a si mesmo, *vá logo*. E foi.

E então? Para onde iria? Como Peshawar parecia distante agora que ele só precisava de consolo, de amparo, de uma sensação familiar. Procurou uma cabine telefônica e ligou para Gyuri.

No domingo 28 de julho, Gyuri, Íris e seu filho Imre jantaram com Jordi num antigo restaurante da parte velha de Peshawar. Os holandeses notaram o amigo extraordinariamente deprimido.

— Você está bem? — ouviu-os perguntar-lhe.

Fui longe demais sozinho, teria respondido, qualquer coisa assim, artística, genial. Naquele desmoronar se aninhava uma força grandiosamente artística, às vezes podia ver-se de fora, magnífico em sua queda. Não respondeu, nem os amigos insistiram.

Depois dirigiram-se à casa do casal, onde Jordi contou a Gyuri que fora convidado a abandonar os vales. Que havia recebido ameaças de morte. Que a polícia não podia garantir sua segurança.

— Estou pensando em procurar um trabalho de guarda noturno na França, não importa onde, a questão é ganhar dinheiro suficiente para continuar escrevendo os livros em que estou envolvido.

— Livros?

— É. Sobre os kalash e os nuristaneses.

— Você vai embora?

Vou embora? Nada seria mais fácil, dispunha da passagem aérea grátis de volta, paga pelo B21. Mas evidentemente não havia feito uma única mala. Na Sharakat House tudo continuava no mesmo lugar. E, apesar das diferenças com Éric Chrétien, ele havia planejado uma incursão ao lado do repórter às partes altas de montanha, onde a partir de setembro e durante seis meses os dois ficariam à espreita do barmanu disfarçados de pastores equipados com câmeras de vídeo, telescópio e seringas hipodérmicas. Por isso queria mais dinheiro: necessitava comprar um rebanho de cabras. Por isso pedira os óculos infravermelhos a Valicourt. No jantar, sorriu ante os rumos que tomava sua imaginação. Sua insensatez. *Vou embora?*

— Por ora preciso pagar os salários dos meus empregados – respondeu. – Depois, se a situação não mudar... então não sei, Gyuri. É tão complicado...

Paraíso perdido

Rechaçados desse modo, nossa última esperança
é o crasso desespero: há que exasperar
o Vencedor Todo-Poderoso, que gaste toda a sua ira
e isso não termine: isso nossa cura
não ser mais.

Miséria minha! Como então esquivar
a cólera infinita, o infinito desespero?
Qualquer caminho é o Inferno; o Inferno eu;
e no poço mais profundo um poço ainda maior
se abre vasto ainda e ameaça devorar-me,
fazendo que pareça Céu o Inferno que já padeço.

... Mais quebrados que isso,
que seria senão morte e extinção?
Que temer então? Onde resta dúvida?

LVIII

Abdul abriu a imponente porta de madeira da Sharakat House, desabitada desde a morte de Jordi. Usava-a como despensa ocasional e para guardar feixes de erva e trigo. Em sequência foi me mostrando as cavalariças; a parreira que Jordi havia trazido de uma viagem a Quetta, no Baluquistão, e que ainda resistia com vida; o quarto que fora de Asif; as dependências de hóspedes de teto baixo e chão irregular que deixavam à mostra canos para alimentar uma arcaica estufa.

Quando subimos as escadas até a varanda, as montanhas afegãs surgiram, esplêndidas, apesar das nuvens ameaçadoras. De um lado, o Zinor. Do outro, o Shawal. Os temíveis e lendários corredores até o país vizinho. A seus pés, como que suavizando um soberbo espigão rochoso, erguia-se na vertical o conjunto de casas mais emblemático de Shekhanandeh, como uma fortaleza de outra era, como uma fantasia de Tolkien. Jordi tinha uma varanda com vista privilegiada para as casas e as montanhas de onde desceriam os homens que o matariam.

Ouvia-se o rumor do rio para além dos milharais e dos campos de ervilhas. Abdul enfiou a chave na porta do que fora o escritório de Jordi. No úmido interior havia apenas uma cadeira de ferro de frente para a janela fechada.

– Eles o mataram aqui – disse Abdul. – Mas não nesta cadeira. A cadeira a tenho eu. Khalil e Shamsur levaram tudo, menos a cadeira, porque estava coberta de sangue.

Caminhamos pelo quarto vazio, ele me mostrou a porta que dava para o banheiro e ligava o escritório ao quarto onde dormiam Jordi e Wazir.

— Depois você troca de roupa — disse Abdul. — Isto está cheio de pulgas. Fazia muito tempo que ninguém entrava aqui.

Fechou a porta, e nós nos sentamos num banco da varanda.

— Jordi tinha posses, uns vinte milhões de rúpias — disse Abdul pegando uma pequena navalha cuja lâmina começou a passar distraidamente pela nuca. — O pessoal dos vales é pobre, e aqueles tempos foram especialmente difíceis... embora, bem, aqui sempre haja problemas com isso, com dinheiro. Eu mesmo tive de vender a geladeira e o gerador para obter um empréstimo no banco, e até hoje estou pagando com as nozes e as ervilhas que a minha família colhe. Cheguei a vender o kalashnikov.

— Mas você ajudou o Jordi. Ele lhe devia dinheiro, não é?

Nós dois coçamos uma perna ao mesmo tempo.

— É. Acho que lhe ofereceram alguma coisa na ONU, e ele estava pensando em aceitar. Dizia que pagariam bem e que ele poderia me devolver o dinheiro. Não deu tempo.

No restante do dia, Abdul me mostrou seu povoado, Krakal, mantendo conversas esporádicas com moradores. Foi assim que ficamos sabendo que no dia anterior haviam atentado contra o ministro de Assuntos Religiosos em Islamabad. E que um vizinho fora executado pelos talibãs do outro lado das montanhas.

— Você não disse que aqui nunca acontecia nada?

— Isso aconteceu no Afeganistão — Abdul fez um sinal com a cabeça para as montanhas —, e esse homem deve ter feito algum mal. Se não fosse assim, não o teriam matado.

Ao entardecer, fomos visitar o cemitério kalash. Depois de atravessar uma ponte reforçada de madeira sustentada por cabos de aço, chegamos ao bosquezinho onde está enterrado Jordi. Todos os caixões haviam sido profanados, menos o dele. Os ossos humanos se espalhavam em meio a madeiras quebradas. Era o resumo sinistro do horror a que está submetida aquela comunidade.

— Nós sempre nos despedimos dos nossos mortos com as coisas que em vida foram importantes para eles, deixando os caixões à vista, em cima da terra. Mas faz uns vinte anos os muçulmanos começaram a saquear nossos túmulos, e agora nós enterramos os mortos dentro da terra. Estamos caminhando sobre eles.

Como os kalash não identificam os locais de inumação, quando a terra e as folhas cobrem a marca das pás o rastro se perde. É verdade que algumas culturas preferem entregar os corpos de seus mortos à natureza, pura e simplesmente. Os mongóis, por exemplo, permitem que os lobos devorem os seus. Mas trata-se de ritos ancestrais, atos voluntários naturais, ao passo que os kalash são obrigados a perverter sua tradição.

— Como vocês deixam que lhes façam isso?
— Já denunciamos.
— E não se pode fazer nada?
— O que vamos fazer?

Dias antes, o hoteleiro Siraj Ulmulk havia refletido exatamente sobre essa questão:

> Por que os kalash se permitem ter esse cemitério? – perguntara-se. – Eu protejo o meu hotel. Eles não podem pôr um guarda para cuidar de seus túmulos? E, se não, esse grego aí. Se quer tanto ajudar os kalash, por que em vez de um museu que custou uma fortuna ele não investe no cemitério? Os mortos são muito mais importantes para uma cultura do que esses prédios bonitos. Por que o governo deveria se preocupar? Os lugares são das pessoas, e são elas que devem zelar por eles.

— Por que vocês não contratam um guarda? — perguntei a Abdul.
— Com que dinheiro?
O túmulo de Jordi ficava no final do cemitério, bem de frente para a montanha. Para prevenir o vandalismo, protegeram-no com uma série de vigas frágeis, e, apesar de uma delas estar quebrada, o caixão continuava aparentemente sob a terra, um perfeito retângulo coberto de folhas.

Abdul reservara para mim o quarto mais luxuoso do seu hotel: uma cabana com banheiro separado do prédio principal por uma área gramada. Construído em madeira, a cabana se situava a poucos metros do rio, com seu inevitável rumor de fundo. Jantamos juntos num cômodo anexo à cabana. Um dos filhos de Abdul nos serviu arroz, ensopadinho de legumes, pão recém-assado, água mineral e licor de abricó. Enquanto bebia o álcool, devagar, mas em bom ritmo, Abdul foi contando histórias de Jordi, do vale.
— Os muçulmanos dizem que eu sou kalash e que não deveria estar aqui. Eu me livro deles com belas palavras. De que outro modo? Nem lutando nem nos gabinetes eu teria possibilidades.
Alguns goles já o deixavam com o semblante distorcido. De vez em quando lançava olhares repentinos para a porta, para a janela. O rumor do rio sempre ao fundo. Eu me assustei quando alguma coisa bateu na cabana pela parte de trás, a que dava para o rio. Abdul se aprumou todo, abriu a porta, cuspiu e gritou:
— Uh-uh!
Voltou a fechar a porta.
— Cães — disse ele. — Sentiram o cheiro da comida e vieram ver se conseguiam algo. Você tem medo? — suponho que desse na vista.
— É normal. Mas não acontece nada. Os talibãs não têm nada contra os kalash. Acham que somos inocentes.
— Como você sabe?

— Porque alguns deles estiveram de férias aqui no hotel e me disseram. Eles me disseram que estavam em Dir e em Swat, mas que não tinham nada contra nós. — Abdul comeu uma colherada de arroz. — Eles também bebem e fumam, sabia? Acho que os Estados Unidos deviam intervir e tirá-los de uma vez.

Nas noites seguintes, repetimos o jantar no anexo da cabana. Acho que, junto com o grego, eu fui o único ocidental em Bumburet naqueles dias. E não parava de fazer perguntas. Perguntas que em minutos se expandiriam feito o eco pelo vale, alcançando ouvidos demais. Isso era o que eu pensava, e com o passar das horas fui me sugestionando. Vivia tenso.

Três relâmpagos precederam a primeira chuva em muitos meses. Antes de escurecer, a água começou a cair.

— O verão está acabando — disse Abdul com o copo de licor na mão. A chuva metralhava a cabana. — Que pena. Eu prefiro o calor. — Estalou a língua e puxou o *pakhol* para trás, descobrindo ainda mais a testa. — A investigação sobre o assassinato de Jordi foi lamentável. Não existiu. Olhe, antes de Jordi, só me lembro de outro assassinato de estrangeiros. Foi em 1982. Mataram um casal de suíços em Birir, parece que por dinheiro, mas naquele caso houve uma investigação pra valer: a polícia encontrou os quatro assassinos, quatro guias muçulmanos. Enforcaram os quatro. Você acredita que este vale é grande a ponto de ninguém saber o que houve com Jordi?

Desta vez seu rosto se transfigurou sem necessidade de beber. Permanecemos calados.

— Se as notícias correm tanto assim, alguém há de saber onde está Bin Laden — disse eu.

A chuva se sobrepunha ao fragor do rio.

— Parece que está morto. Tinha um problema renal, faz cinco anos foi a um médico daqui mesmo... Se você pensar bem, desde então só se divulgam fitas cassete e vídeos anteriores àquela consulta. Estou certo de que ele morreu. Estava muito doente. Eu sei por alguns afegãos...

O repique no telhado acelerou. Precisei – precisei – fazer-lhe uma pergunta:

– Por que você me pôs neste quarto separado do restante se não há mais nenhum hóspede no hotel?

– É o único que tem banheiro. – Sorriu. – Não se preocupe. Eu vendi o kalashnikov, mas ainda conservo um revólver. E, além disso, de noite um segurança patrulha o hotel. Também carrega um revólver, dos bons, e tem ordens para disparar caso veja alguém. *Antes de perguntar, atire*, essa é a minha ordem.

Caía um dilúvio, ou era isso o que fazia pensar o estrépito da água de encontro às tábuas.

– Jordi tinha seguranças?

– Quando as coisas se complicaram, eu ofereci um, mas ele não quis. Tinha o pessoal dele, os cães... E sempre trancava o quarto por dentro.

Nós nos despedimos com pressa, Abdul correu todo encolhido até seu quarto no outro extremo da área gramada. Segui o rastro de sua lanterna até que ele desapareceu na casa.

– Eu durmo tranquilo, durma você também – dissera-me ele.

Não consegui. Como Jordi dormiria? Que pressões o angustiaram durante os meses finais? Sentiu-se só? Até que ponto só? Não vivia cercado de amigos?

A chuva amainou ao fim de uma hora. O rio voltou. Alguns cães uivavam.

Tinham sido muitos meses acumulando medo para agora não abrigá-lo em sua forma mais severa, retorcida, sobressaltando-me ante qualquer estridência, ante uma mudança no fluir das águas do rio ou ao intuir passos do lado de fora. Durante horas, procurei adivinhar se alguém estava se aproximando da cabana. As batidas nas madeiras, supus que dos cães, me causavam espasmos de pavor. Em dado momento, escrevi estas linhas: "Como Jordi procurava pelo *yeti*, eu procuro por Jordi. Somos uma cadeia de sonhos e esperanças. Onde acabaremos?"

Dormi aos solavancos, entre intermitentes interrupções do sono. Às 4:47, olhei pela última vez a hora no telefone celular, antes de apagar.

Retornei com o canto dos galos. Ao despertar, senti o alívio de tê-lo feito. Como na infância, os medos noturnos ficavam reduzidos a fantasias. O sincero desejo de agradecer por ver de novo o sol me invadiu.

LIX

Semelhantes aos deuses; aspirando a sê-lo, tentam, morrem.
John Milton, *Paraíso perdido*

Livre quem caiu.
John Milton, *Paraíso perdido*

Acionou o interruptor, uma, duas, três vezes. A luz não acendeu. Não estava acreditando. Tinha insistido tanto com Khalil na necessidade de ter eletricidade quando voltasse...

— Já venho — disse ao pequeno Wazir, que eu havia recolhido dias antes da casa dos pais. — Continue a fazer seus deveres.

Desceu a senda para Krakal de punhos cerrados, lançando olhares para as árvores, examinando a escuridão para ver se localizava Khalil. Foi encontrá-lo jogando baralho na grama com Shamsur e dois amigos.

— O que está havendo com a minha luz?! Eu não disse que ia precisar dela quando voltasse? Paguei 17 mil rúpias por seus últimos biscates e continuo sem poder trabalhar! É sempre a mesma coisa! Sempre igual, Khalil, sempre igual!

Como você mudou, Jordi, pensou Khalil. *Está falando rápido, sem controle.*

Khalil se levantou com sua sobriedade característica.

— Não consegui consertar. Houve problemas. Outro dia eu conserto.

— Como outro dia? Quero que conserte agora mesmo.

— Calma, calma. Você está muito nervoso.

— Khalil!

Khalil deu meia-volta e começou a se afastar. Jordi não conseguia acreditar. Será que teria de ir atrás dele e lhe partir a porra da cara? Não estava acreditando. Enquanto Khalil se afastava, Shamsur interveio:

— Não se aborreça, meu irmão teve muito trabalho esses dias.

O tom amável de Shamsur ajudou a aplacar sua raiva. Esperava reconciliar-se com ele e ficou mais sossegado ao percebê-lo tão disposto a fazer as pazes. Ai, Shamsur, Shamsur... Ao menos ainda lhe restava seu garoto querido, o homem que era para ser um rei. Combinaram jantar juntos.

— Shamsur, eu vou voltar uns dias à cidade. Preciso de dinheiro e parece que tenho uma boa oportunidade de trabalho por lá.

Em 30 de julho, Jordi tinha pagado os salários de Asif Ali e de Ghulam Sakhi, um ajudante ocasional. Outro de seus eventuais empregados, Rahmat Ullah, cobrou o dele naquela mesma manhã. Era 1º de agosto. Jordi queria ir embora sem dívidas.

— Amanhã vou deixar Wazir com os pais e parto em seguida – acrescentou. – Você não quer ir comigo?

— Não posso. Estou com um filho doente, vai ser operado.

— Você não me contou... Ora, não há de ser nada. Nada. Vou falar com Abdul.

Quem diria, Jordi descendo a senda em busca de Abdul, de um colega, de alguém confiável que lhe servisse de apoio naqueles dias. Ele, sempre tão orgulhoso de sua autonomia e independência, ansiando pelo calor de alguém próximo... Necessitava de apoio. Quando pediu a seu amigo kalash que fosse com ele, especificou que ia procurar emprego nos escritórios da AMI.

— Minha mulher está para dar à luz – disse Abdul –, lamento. Mas não se preocupe, com certeza você vai encontrar um bom trabalho.

Jordi regressou com Shamsur, compraram duas garrafas de vinho. Ainda clareava quando venceram a ladeira que leva à Sharakat House. Os cães saíram para recebê-los. Wazir os cumprimentou da varanda e desceu aos saltos os degraus até a cozinha, onde Asif tateava na penumbra depois de cuidar dos cavalos.

– Continuamos sem luz – disse Asif.

– Teremos de acender umas velas – respondeu Jordi.

Acenderam um par de candeias. Jordi abriu as garrafas de vinho, ficou com uma e entregou a outra a Shamsur, que foi logo bebendo enquanto cozinhavam dois pombos. Asif não bebeu nada. Jordi, Wazir e Shamsur jantaram. Shamsur falou e bebeu até ficar bêbedo.

– Você não gosta mais de vinho, é? – disse ele a Jordi.

– Tenho trabalho. Se quiser, acabe com a minha garrafa.

Shamsur ficou com a garrafa de Jordi no quarto de dormir anexo à cozinha. Jordi e Wazir subiram para o escritório. Lá dentro, acenderam velas.

– Venha, Wazir. Venha estudar – ordenou Jordi.

O menino pôs uma vela e um monte de papéis quadriculados sobre a pequena mesa de canto, cada um representava uma letra do alfabeto ocidental, e começou a formar palavras. Shamsur continuou bebendo sozinho no andar de baixo. Dali a pouco, Jordi desceu para lhe perguntar se podia ir no dia seguinte bem cedo pegar uns livros de francês que Shamsur guardava na casa de sua família, queria que Wazir os utilizasse.

– Já disse que não vou ter tempo – respondeu Shamsur do meio das trevas. – Meu filho está doente e vou ter de cuidar dele nos próximos três dias. Se der para escapar, vou lá, mas não acredito, de verdade.

Jordi voltou para cima. "Pouco depois, fui embora", declarou Shamsur à polícia.

No escritório, Jordi olhou novamente o papel em que havia anotado seus planos mais imediatos. Além de ajudar um amigo que pesquisava sobre uma língua proibida do Nuristão, Jordi se impunha:

— Sair em busca de depoimentos em 15 de setembro;
— Pegar dinheiro;
— Vender jipe;
— Ver Sher Alam de Birir para perguntar quando serão os exames para a turma 5;
— Hervé Nègre: máquina de fotos + magneto;
— Mensagem para procurar trabalho na França e na Espanha;
— Ver Pir Tariq para ficarmos em Chitral, em sua casa, e trabalhar. Quarto para mim e Wazir;
— Vender o cavalo branco.

Síntese insuperável das contradições que o assolavam.

Alguém bateu à porta do escritório, identificando-se. Jordi a abriu, cumprimentou, fechou e, dizendo qualquer coisa, voltou a se sentar na cadeira diante do computador desligado. Pôs em ordem algumas páginas soltas do livro que estava escrevendo e separou em cima da mesa a folha que resumia sua agenda para os próximos dias. Pelo vidro da janela percebeu que alguém se postava às suas costas e, em seguida, notou que o agarravam pelo pescoço. Levantou a mão esquerda para se defender. Uma faca lhe causou um corte no polegar antes de se cravar diagonalmente no pescoço, irrompendo-lhe a traqueia, o esôfago e a jugular enquanto num velocíssimo movimento sua cabeça era empurrada para diante. Deram-lhe uma segunda punhalada, que entrou reta, fraturando a segunda vértebra cervical. Os jorros de sangue salpicaram fotografias, livros e a folha com seus projetos de futuro.

LX

Shamsur declarou que na manhã seguinte arranjou um tempo para levar-lhe os livros de francês. Que Jordi não estava acordado, e por isso deixou os livros no jipe para que os visse quando fosse sair.

Ao longo daquele dia, 2 de agosto, não houve movimento na Sharakat House. As portas permaneceram fechadas, exceto a do quarto de Asif, junto ao estábulo.

Minutos antes das oito da manhã do dia 3, Shamsur saiu da casa dos pais. O sol campeava solitário, mas o último sopro frio da noite ainda não se havia evaporado, e Shamsur podia se mover sem suar. Descendo pelo caminho do vale, passou várias vezes a mão no cabelo louro bem cortado, às vezes já fazia isso sem pensar, Jordi estava sempre dizendo que ele se penteasse, que não podia andar por aí como um bicho.

Quando Shamsur entrou no jardim, encontrou a casa tão fechada como na manhã anterior. Os cães não latiram nem foram recebê-lo. Subiu à janela, viu a janela do quarto de dormir entreaberta e se aproximou. Não havia ninguém. Shamsur deu quatro passos até a porta do escritório e chamou:

– Jordi!

Três vezes.

– Jordi!

Gritou:

– Jordi!

Viu duas fotografias jogadas na soleira da porta. Eram os retratos de dois homens de barba e *pakhol*. Passavam poucos minutos das oito, o calor não tinha aumentado especialmente, mas a temperatura corporal de Shamsur disparou. Com a respiração entrecortada, correu uns vinte metros pelo terreno até o cômodo onde dormia Asif, que também não respondeu aos seus chamados. Ao lado, no estábulo, os cavalos, um branco, o outro negro, começaram a empinar as patas dianteiras e a relinchar com um nervosismo anômalo. As axilas de sua *shalwar-kamiẓe* estavam começando a se encharcar. Pulou a mureta, caiu no caminho e continuou a descida pela senda, desta vez com muita pressa.

— Aonde vai tão apressado? — perguntou Abdul, que empunhava uma bolsa.

— Eu estou chamando o Jordi, e ele não responde. Não há ninguém em casa. Foi sequestrado! Foi sequestrado!

— Como ele ia ser sequestrado?

— Vou chamar a polícia. Venha, venha.

— Tenho de levar esses remédios pra minha mulher. Ela pariu esta noite, e não está nada bem. Assim que puder, vou lá.

Se ele tivesse perguntado, Abdul lhe teria dito que o bebê se chamava Goul Nizar, embora seja verdade que até os pensamentos em relação à nova filha e à mulher foram substituídos pela lembrança da imagem furtiva de Mohamed Din, o taciturno empregado de Jordi que Abdul vira sair bem cedo com um jipe sem passageiros e com mais bagagem que o normal.

Shamsur localizou em seguida um médico do Hospital Civil e um agente da delegacia de Bumburet. Subiram correndo até a Sharakat House. Tentaram arrombar as portas, sem êxito. O policial se esgueirou pela janela entreaberta. Transcorreram alguns segundos, durante os quais Shamsur ouviu os passos do guarda no interior até que a porta se abriu.

Abdul subia as escadas até a varanda nesse momento, demorara mais ou menos meia hora. Pensou que os outros haviam chegado muito rápido. Como os demais, cruzou o umbral do escritório.

Raios do esplêndido dia de verão projetaram seus feixes na penumbra, tornando visível a poeira. Jordi estava sentado na cadeira forrada com pele de vaca diante de sua mesa de escrever, a cabeça inclinada para a direita. Shamsur pensou que estivesse dormindo. Colocou-se ao lado dele e viu seu rosto. Estava de olhos abertos. Tudo se achava à meia-luz. Quando o médico moveu a cabeça de Jordi, Shamsur notou o corte profundo e o sangue...

— Está morto há muitas horas — disse o médico, procurando não pisar na enorme poça de sangue seco que rodeava a cadeira.

Shamsur pôs as mãos na cabeça, incrédulo, e saiu para a manhã radiante cambaleando, cego.

Uma espessa nuvem negra o envolveu totalmente; sabe-se lá quanto tempo permaneceu assim. Anos depois, continuaria sem se lembrar de nada do que ocorrera naquele intervalo.

A execução havia salpicado as paredes, a mesa grande, o computador, uma fotografia emoldurada onde se viam Jordi com Shamsur, Claire e seu namorado Alexandre diante de uma roda-gigante em Paris... Como a recém-nascida Goul Nizar, nessa madrugada Claire comemorava seu aniversário: fazia cinquenta anos.

Em cima da mesinha de canto do quarto esparramava-se uma série de papeizinhos, cada um com uma letra do abecedário escrita, e vários deles ensanguentados.

— E o garoto? — perguntou Abdul. — Cadê o garoto?

Irfan soube em Chitral que seu sobrinho havia desaparecido e imediatamente viajou de jipe para Bumburet. Foi o primeiro familiar de Wazir a chegar ao vale, dando início às buscas do menino. Todo mundo o procurava, por toda parte. Atrás dos postes de eletricidade, no rio, nas grutas... Poucas horas depois, chegou o pai, Samsam.

Um dos mais de vinte policiais que cercavam a casa encontrou o certificado que declarava ser Jordi um kalash.

— Este homem era dos seus — disse um investigador a Abdul. — E morreu na sua casa. Portanto, você é quem deverá se encarregar do funeral.

Assim determinava a lei. Abdul deveria também alimentar os policiais enquanto durasse a investigação.

O dia terminou sem notícias de Wazir. Irfan passava a mão no pescoço de Samsam, que se encostara a uma árvore para manter o equilíbrio.

— Você sabe que eu sempre tento controlar a emoção... — disse Samsam — mas...

Começou a soluçar. Irfan lhe deu uns tapinhas carinhosos no rosto e se afastou alguns passos.

No dia seguinte, trinta horas após a descoberta do corpo de Jordi, a polícia encontrou Wazir no banheiro do corredor que ligava o quarto de dormir e o escritório. Fora degolado de modo ritualístico, quase cirúrgico. Estava praticamente decapitado.

— Como se explica isso?! — comentou Abdul mais tarde com a esposa. — Há policiais por todos os lados. Eles só tinham de abrir uma porta, uma porta! E levaram dois dias para achá-lo?

— Não levante a voz, Abdul, eles podem ouvir.

— Não tem lógica. E o sangue estava fresco. O de Jordi estava seco, mas o do garoto... o do garoto estava fresco.

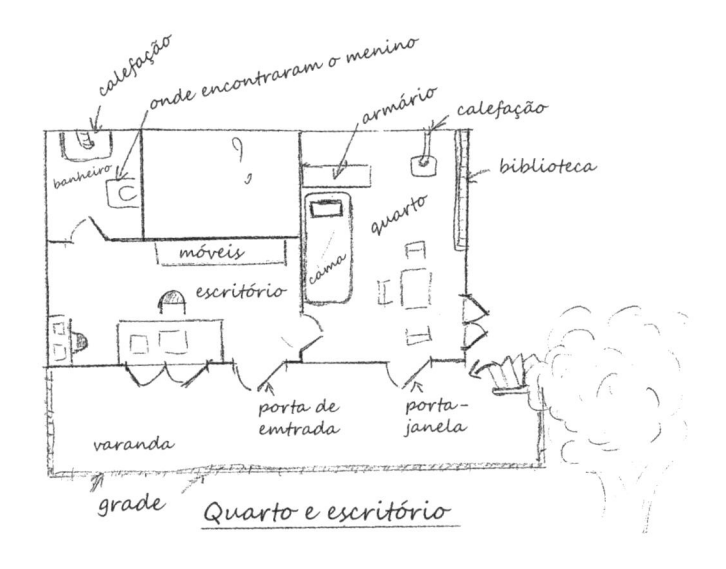

[Planta baixa desenhada à mão com as seguintes legendas: calefação, onde encontraram o menino, armário, calefação, banheiro, biblioteca, móveis, quarto, cama, escritório, porta de entrada, porta-janela, varanda, grade. Título: Quarto e escritório]

A polícia deitou o cadáver de Wazir na varanda, expondo-o aos olhares dos curiosos que se amontoavam em torno da casa, das crianças que corriam pelo terreno acidentado da Sharakat. Chamaram seu pai, que continuava a procurá-lo pelo vale. Quando Samsam apareceu, um policial lhe disse secamente:

— Você pode levar seu filho. Está ali em cima.

Assim, à vista de todos, ao ar livre, foi assim que ele o encontrou.

Enquanto isso, três agentes recém-chegados de Peshawar interrogavam Shamsur.

— Foi Asif — disse Shamsur a eles. — Asif. É igual a todos os afegãos, que só querem dinheiro.

— Mas não roubou nada.

— Bem, Jordi tinha muitas coisas, algo terá sido levado.

— Não, não — respondeu um agente —, veja isso.

E então, ante os olhos de Shamsur, os policiais pegaram o computador, a câmera de vídeo, a de fotos e várias ferramentas e outros aparelhos, puseram tudo na casa de Mohamed Din e disseram:

— Shamsur, está vendo onde encontramos essas coisas? Está vendo?

Eles querem que Mohamed Din seja o culpado! E o que é que eu vou dizer, o que eu vou dizer? Se o governo quiser me liquidar, liquida e pronto. Ninguém irá perguntar por mim.

— Estou vendo — respondeu Shamsur.

Abdul nunca acreditou na culpa de Mohamed Din. Faz sete anos que vem tentando juntar peças, e a de Din é uma das muitas que não se encaixam.

— Eu vi Mohamed Din em Bumburet na manhã em que se descobriu tudo — contou-me uma noite na cabana. — Quem acredita que ele teria esperado para fugir até o último instante caso fosse o assassino? Não, não. Alguém lhe recomendou que fugisse porque o culpariam pelo que aconteceu, e foi isso que ele fez, sumiu. Agora, Mohamed Din está morto. Dizem que alguém o matou a tiros no Afeganistão durante uma discussão. Como eu sei disso? Já lhe disse que aqui todo mundo tem um parente no Afeganistão que conhece um parente de um parente... Sabe-se de quase tudo.

— Um militar reformado amigo da minha família disse que Jordi foi morto por um profissional — revelou Esperanza dias depois. — A primeira coisa que fez foi cortar a laringe para que ele não pudesse gritar. E esse gesto de empurrar a cabeça dele para a frente... meu amigo está convicto de que foi coisa de profissional.

Depois de analisar o cadáver, que a polícia havia estendido na sala de autópsias às 19:45 do dia 3 de agosto de 2002, o perito disse:

— Não é qualquer um que é capaz de fazer isso. Foi um trabalho de especialistas. Gente treinada.

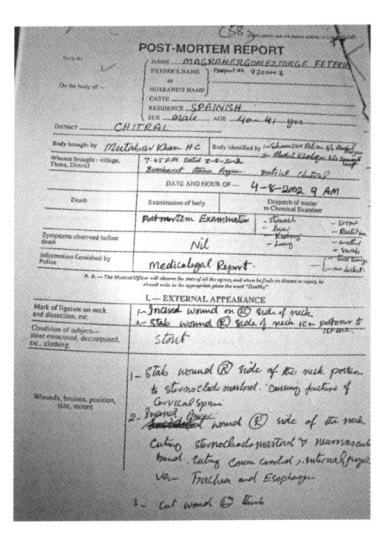

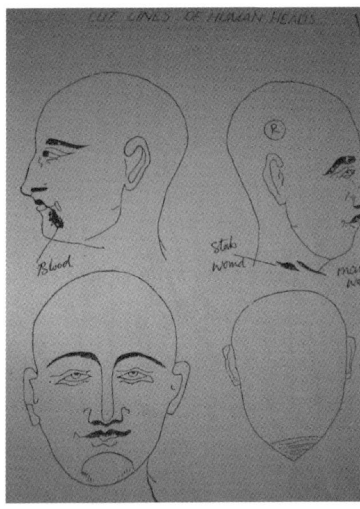

LXI

> Há que estar sempre a favor do morto.
>
> GABRIEL GARCÍA MÁRQUEZ,
> *Crônica de uma morte anunciada*

—Jordi não deixava nenhum estranho entrar em seus aposentos, razão por que devia haver pelo menos alguém de absoluta confiança com ele dentro do escritório. Além disso, estava sentado e não há sinais de luta, e do jeito que ele era é impossível pensar que fosse baixar a guarda para um desconhecido ou que não resistisse. Jordi era muito forte, devem ter sido no mínimo dois homens a atacá-lo. A polícia achou duas pegadas na poça de sangue próxima à cadeira. Marcas de pés descalços. Uma pertence a um pé de tamanho pequeno. A outra, a um de tamanho grande. Shamsur tem pé grande...

Abdul apoiava o copo de licor sobre o fino braço de sua cadeira de ferro. Franzia o cenho numa abominável ruga. Até então havia insinuado que os irmãos Shamsur e Khalil estavam implicados no assassinato, porém, pela primeira vez, aludia a uma pista que poderia inculpar um deles.

— Shamsur disse que estava bêbado — comentei. — Um bêbado não executaria tão bem os movimentos.

— Não estou dizendo que foi ele. Pode ser que Jordi tenha sido morto por um profissional, mas alguém teve de abrir a porta para o assassino. Alguém de sua confiança.

Khalil Rahman: No escritório só entrávamos Shamsur, Abdul e eu, além de, às vezes, algum membro do pessoal de serviço.

Andrés Magraner: Esqueça-se de perguntar qualquer coisa à polícia. Não vão ajudá-lo, você só irá perder tempo. Em 2004 estivemos lá tentando falar com os investigadores e os juízes que trabalharam no caso, e não fizemos nada além de esperar, esperar, esperar. Não conseguimos nada. Esse pessoal não quer falar. Esqueça.

– Tudo bem – disse eu a Abdul. – Suponhamos que Khalil e Shamsur tenham algo a ver. Mas por que o fariam?

Jalili Ainullah: Muita gente me perguntou por que o mataram, e eu não tinha respostas. Acho que os serviços de inteligência intervieram no caso. Desde o princípio, o governo paquistanês não gostou de que Jordi estivesse em Chitral, nem esperava que ele permanecesse lá por tanto tempo. Se assim não fosse, por que a polícia recomendou a Jordi que fosse embora? Por que foram vistos carros com vidros fumê no vale pouco antes de sua morte? Aí há algo que cabe ao governo. Mas ninguém lhe dará informação porque a polícia ameaçou as pessoas.

Yves Bourny: Em Bumburet provavelmente se sabe o que aconteceu, mas ninguém vai falar.

Cat Valicourt: Não foi surpresa para ninguém saber que ele havia sido assassinado. Mas o que provocou sua degola? É um risco querer compreender. Era a CIA que tratava desse assunto. Um "assunto reservado". Aconselharam-me que não tentasse compreender. Nunca temi tanto por minha vida.

Gabi Martínez: Quem aconselhou?

Cat Valicourt: Certas informações me foram confiadas pessoal e confidencialmente, eu me inquietei por minha própria segurança... Tive muito medo. Jordi conhecia os passos e as vias para o tráfico de armas e drogas.

Gabi Martínez: Quem lhe confiou essas informações?

Cat Valicourt: Seja prudente.

Erik L'homme: Lá, se você tem um problema, há um clã, uma família por trás. Jordi estava sozinho. Matá-lo não implicava complicações, e muitos se alegrariam com seu desaparecimento. Por isso o DCO encobriu o crime. Jordi incomodava gente demais.

Kurt Vonnegut (escritor): É preciso saber escolher as pessoas que se podem linchar. Quem são? Aquelas que não são bem relacionadas. É isso.

Gyuri Fritsche: Eu tenho três teorias: a mais controversa é que foi Khalil quem o matou ou alguém contratado por ele. Shamsur era o amante de Jordi? A segunda: foi alguém com negócios no vale aos quais Jordi se opunha. Ou: foram extremistas muçulmanos ajudados pelas autoridades locais.

Siraj Ulmulk: O embaixador espanhol me disse que a polícia havia encontrado no computador de Jordi material sobre suas atividades... homossexuais. O ex-chefe de polícia me assegurou que ele próprio tinha visto essas provas. Chama-se Zahïd Khan, superintendente da polícia de Chitral.

Gabi Martínez: Zahïd. O homem obcecado por Jordi. O que o levou a arriscar a vida em Jalalabad.

Gyuri Fritsche: Quem não gostava de Jordi afirma que foi crime passional. Os que simpatizavam com ele acreditam que foram os talibãs que o mataram. Seja como for, creio que ao menos Shamsur e Khalil sabem quem fez isso.

Abdul franziu sua abominável ruga. Bebeu licor.

— Ei? — insisti. — Por que Shamsur e Khalil fariam uma coisa dessas? Por que um de seus amigos abriria a porta para que o assassinassem?

— O pessoal daqui é pobre — respondeu.

LXII

Clareou e as nuvens deram lugar a dias rutilantes, e num deles subi a senda até Shekhanandeh. Meu guia, Malik Sha, era o mais velho dos dez filhos de Abdul. Mais alto e mais robusto que a média kalash, vestia-se completamente de branco, alpargatas e um boné de beisebol rosa. Bem penteado, seus traços fisionômicos lhe davam um ar marcial, como se talhados por algum escultor épico.

– Jordi queria levá-lo para a França, para que aprendesse a fazer um bom vinho... Depois eu tentei mandá-lo à Grécia, mas não conseguimos o visto, e agora ele está sem emprego, vagabundeando – seu pai me tinha dito. – Sabe inglês e é um bom garoto, ele vai acompanhar você.

Cruzamos com alguns moradores e com pastores que Malik Sha nem sempre cumprimentou. Nos campos das margens, mulheres kalash ceifavam o mato com enxadas e enxós. Passamos pela Sharakat House e ainda caminhamos mais uns sete ou oito minutos até aquele povoado de fábula, a distância pelo menos parecia, porque a proximidade das casas produziu uma inesperada revelação.

As deslumbrantes construções de madeira trabalhadas com motivos lendários eram a fachada que ocultava interiores infames cobertos de sujeira, caruncho e ferrugem. A podridão como que grudava no rosto das pessoas, destruídos por chagas e manchas, fruto da desnutrição e da ruína. Ao contrário do provérbio muçulmano, em Shekhanandeh a beleza não se encontra no interior.

Perguntamos por Shamsur numa lojinha imunda atendida por um menino, que nos mandou aos milharais sob a alta penha onde se ergue boa parte do povoado. Procuramos em meio às canas altas surpreendendo as mulheres, que, ao deparar conosco, escondiam o rosto e davam rapidamente as costas.

Um homem se prontificou a avisar Shamsur.

– Diga a ele que vamos esperá-lo em sua casa – pediu Malik Sha.

Pouco depois apareceu um homem louro de aspecto juvenil, com uma quantidade excessiva de estrias faciais para seus 24 ou 25 anos, mas, também por isso, singularmente atraente. De olhos verdes, pele clara ainda que aureolada pelo sol e lábios carnudos, Shamsur cumprimentou enrugando a testa sem saber muito bem para onde olhar. Tinham acabado de lhe dizer que um estrangeiro queria falar com ele sobre Jordi. Empregando as palavras corretas, ele nos convidou a subir ao primeiro andar da bonita casa de pedra e travessões de madeira cinzelados que dividia com os pais. A varanda dominava Bumburet, um mirante privilegiado.

Serviu chá segurando a chaleira com a mão esquerda, e mais tarde anotou numa caderneta seu nome e dados pessoais com a direita. Seus olhos não paravam, sua ansiedade contagiava. Falamos em inglês sobre sua vida com Jordi.

– Eu queria morar na França, mas não foi possível conseguir um visto – disse ele. – Se pudesse, voltaria agora. Para viver sozinho.

– Aqui você tem família, não?

Shamsur fez que sim com a cabeça muito rapidamente.

– Aqui eu estou bem, tenho terra. É uma vida devagar, natural. Cresci aqui com os meus mais velhos. Meu avô lia livros em inglês, tomava café. Seu nome kafir era A Zar. O muçulmano, Abdul Khan. Aquele tempo foi bom em Bumburet. Agora é ruim. Não temos terra, vivemos como bichos – em segundos mudara radicalmente sua versão. – Só há milho e algumas hortaliças, mas tudo está seco e no inverno sobrevivemos à base de frutos secos e chá. Faz quarenta ou cinquenta anos que estamos assim.

– Você poderia ter estudado. Não faltou oportunidade.

– Aqui as pessoas não gostam muito de estudar.

– Quantos filhos você tem?

— Quatro.

— Vão à escola?

— Sim, o de sete vai à escola. E eu gostaria que ele fosse para a universidade. *Inshallah*.

Em que espécie de confusão vivia Shamsur?

À tarde, Khalil e Shamsur foram até o jardim de Abdul para prosseguir a conversa. Khalil mantinha o queixo para cima ao falar sorrindo hipocritamente. Contou histórias, sobretudo referentes ao mau gênio de Jordi e a quão pouco se preocupava com os demais.

— Como naquela vez em que ele me disse que fosse à sua casa para comer no Ramadã... Cheguei esfomeado e então vi que não havia comida para mim. "Desculpe, eu me esqueci", disse ele. Mas eu me aborreci de verdade.

Khalil forçava tanto os sorrisos que, quando acabava de sorrir, os músculos pareciam retornar à sua melancolia original.

— Por que vocês se ofereceram para protegê-lo perante o DCO?

— Protegê-lo? Quem nós íamos proteger? A polícia recomendou a Jordi que fosse embora, e, se nós dissemos ao DCO que não havia nada que temer, foi por acreditar que ele estivesse seguro. Por que iam matá-lo?

Fiz outras perguntas, que obviamente não agradaram a Khalil. Logo ele disse que precisava ir embora e que nos próximos dias não poderíamos nos encontrar.

— Eu gostaria que você estivesse presente quando pusermos a lápide no túmulo de Jordi – disse eu.

— Tenho muito que fazer, sinto muito.

E se foi.

O crepúsculo avançava acentuando o frio, embora o sol ainda resistisse. Shamsur se enrolou numa manta de tom escuro. Abdul serviu uma xícara de chá fumegante, só para mim, e se retirou. Senti-me agredido por ele demonstrar sua rejeição a Shamsur de forma tão cruel.

Reconstruímos mais ou menos os acontecimentos da última noite até o momento em que Shamsur saiu da Sharakat House. Ele insistiu que no dia em que descobriram o crime ele havia encontrado fotos de homens de barba comprida e *pakhol* no chão diante da porta do escritório. Não era um procedimento habitual dos talibãs, e por isso Shamsur disse:

— Devem ter caído do bolso deles.

Nada mais, nada menos.

"*Devem ter caído do bolso deles.*"

Ele mesmo mostrou aos policiais as fotos que dizia ter encontrado.

Depois, eu lhe perguntei:

— Você teve relações sexuais com Jordi?

— Nunca. — Ele não se alterou, já parecia familiarizado com o tema. — Jordi nunca me pediu nada disso, e eu nunca soube que ele o tenha pedido a mais alguém.

— Por que você acha que os cães não latiram na noite do assassinato?

— Esses cães eram ruins, não faziam o trabalho direito. Asif se aproveitou, pôde avisar sem problemas os que estavam esperando do lado de fora para entrar na casa.

Abdul assegurava que Jordi sempre procurava se cercar do melhor. Os melhores cavalos, os melhores óculos, o melhor fuzil, os melhores cães... E contudo aqueles cães dormiram três dias seguidos... Abdul era da opinião de que alguém os havia drogado.

— Pobre Jordi... — acrescentou Shamsur. — Pelo menos não sofreu. Depois do golpe na cabeça já caiu meio morto.

Em algum momento anterior, Shamsur já fizera menção também a uma pancada na cabeça, embora naquela ocasião eu não o

tenha considerado, atribuindo-o a uma confusão linguística. O laudo *post-mortem* não registrava lesões cranianas.
— Como lhe deram o golpe? — perguntei.
— Não acharam o objeto, parece que foi a primeira coisa que fizeram, bater nele por trás com um martelo ou algo parecido.
Essas afirmações não batiam com as de Abdul. Segundo o kalash, a cabeça não tinha ferimentos externos, ele ao menos não viu nenhum, de forma que o laudo *post-mortem* estava correto. E insistia no detalhe do sangue fresco de Wazir.
— O sangue estava fresco. Estava fresco — repetia ele, convencido da existência de um complô que provavelmente implicava altas esferas.
Após o assassinato, Shamsur foi considerado suspeito pela polícia. Porém a falta de provas livrou-o da prisão. Ele passou os três anos seguintes tendo de ir a cada duas semanas à delegacia de Chitral, a duas horas de automóvel, para comprovar que continuava nos vales.
— Várias vezes fui a pé porque não tinha dinheiro. Eu não tenho dinheiro nem trabalho, caço passarinhos. Uma vez fiz o caminho até Chitral com uma rúpia no bolso. Os detetives, ainda por cima, me levavam para todos os lados, me crivavam de perguntas. Um dia não aguentei mais, peguei uma faca e encostei na barriga. Queria me cortar no meio. Mas não, não, como vou fazer isso, diga-me, eu estou limpo, não fiz nada. E continuo aqui. Já não tenho medo.
Shamsur se embrulhou na manta. Começávamos a nos dissolver na escuridão.
— Bem, já está perto da hora do jantar — disse ele, e quando olhou para a xícara solitária de chá eu me lembrei de que estávamos no Ramadã. Então foi por isso que Abdul não lhe servira uma xícara... Como é fácil a gente se equivocar ao julgar culturas alheias... E como é difícil interpretar o que estava sendo dito, o que estava ocorrendo a meu redor.

— É preciso pegar o Asif — acrescentou Shamsur. — Ele está em Cabul.

Do alpendre, Abdul devia divisar duas sombras muito quietas. Permanecemos calados durante meio minuto, talvez. Então eu perguntei:

— É verdade que Khalil deu uma surra em você para que se casasse com a viúva de seu irmão?

Ele me olhou fixamente. Era difícil distinguir o branco de uns olhos que pareciam finalmente domesticados. Manteve-se em silêncio por vários segundos. Baixou a cabeça e, nessa posição, com os olhos já fora da minha vista, respondeu:

— Há duas coisas de minha vida que eu não entendo. Por que me casei. E por que vivi tanto tempo com Jordi.

Naquela noite, pedi a Abdul para mudar de quarto. Estava havia vários dias farejando pelos vales, e Shamsur e Khalil tinham se mostrado bastante nervosos e ariscos para atiçar ainda mais minhas intuições sobre os riscos ao redor. Faltavam fatos concretos que sustentassem meus temores, mas eu percebia a atmosfera adensando-se, angustiava-me a sensação quase tangível de que algo estava para acontecer. Os olhares, as maneiras de responder dos habitantes dos vales, as revelações e conjecturas cada vez mais comprometidas de Abdul...

— Noor Mohamed declarou à polícia que na madrugada do crime havia visto Shamsur entrar na casa de Jordi e sair com malas — dissera o meu anfitrião durante o jantar.

— E o que fez a polícia?

— Nada.

— Nem sequer o consideraram suspeito?

— Nada — repetiu.

— Quem é Noor Mohamed?

— O vizinho que mora em frente à Sharakat House.

— O vizinho? Posso falar com ele?

— Possivelmente. Amanhã vou tentar que você o encontre logo na primeira hora, antes que ele saia para trabalhar.

Meus nervos se retesaram o restante da noite. Pensei nas fotos dos homens de *pakhol* que Shamsur dizia ter visto na soleira da casa no dia em que descobriram o corpo. Fotos dos prováveis assassinos! Parecia brincadeira, não era possível que os verdugos fossem tão ineptos. E se, como insinuava Shamsur, os serviços de inteligência paquistaneses tinham algo a ver, será que realmente pensavam que esse truque tão primário bastaria para desviar as atenções para os talibãs? Será que não se davam conta de que as inverossímeis fotografias sugeriam, ao contrário, que alguém estava tentando fazer com que a investigação apontasse para determinados suspeitos?

No entanto, minha própria experiência demonstrava que não se deveria descartar a possibilidade da mera inépcia. Os roteiros ruins formam uma boa parte do real.

Durante a noite, Abdul também havia se referido diversas vezes aos serviços secretos como cúmplices, se não artífices, do assassinato, e eu não parava de me perguntar se haveria microfones na maldita cabana. Foi quando pedi para me transferir para o bloco principal do hotel.

Fui para um quarto do andar de cima. Enquanto coçava as picadas de pulga, concluí que, sem dúvida, quem o matou queria mesmo matá-lo. Não iriam permitir que ele saísse de Bumburet, ainda que fosse para nunca mais voltar. De fato, nos dois últimos meses Jordi quase não fora visto no vale e planejava partir de novo para Peshawar no dia seguinte ao seu assassinato.

Não importava: queriam matá-lo.

Num dos livros que preparava, Jordi havia escrito que entre os nuristaneses se contempla a pena de morte. Não costumam recorrer a ela, "mas às vezes o ódio supera a sensatez", também escreveu.

LXIII

Uma morte individual pode provocar um vazio momentâneo, como uma pedra lançada na água. Daí, porém, ondas de dor se expandem.

T. E. LAWRENCE

No domingo 4 de agosto, Dolores Magraner continuava dormindo às oito da manhã. Rosa estranhou, a mãe sempre se levantava muito cedo, mas não deu maior importância. Preparou a cafeteira, tostou pão, bebeu um suco de laranja e fez hora para tomarem juntas o café da manhã, como de costume. Tentou organizar seu dia de férias. Viera de Valência para passar uns dias com Dolores e queria aproveitá-los da melhor maneira possível.

Às nove, a mãe continuava na cama. Que estranho. Nos últimos dias Dolores se mostrara preocupada com a falta de notícias de Jordi e tivera pesadelos. Depois, a maldita tosse, martírio de todas as noites. O cansaço devia ter feito um bom estrago, é claro que era o corpo pedindo um pouquinho mais de sono... o problema é que não era normal. Rosa entrou no quarto.

— Mamãe... — disse, tocando suavemente o corpo inerte. — Mamãe, você está bem?

— O quê? Que aconteceu? Que horas são?

— Calma, mãe... eu só queria ver se estava tudo bem com você. Continue deitada, se quiser.

— Não... não... mas que horas são? Peguei no sono direto. — Olhou o relógio. — Uau! Nove e tanto!

— Não faz mal, mamãe, não temos pressa. O café está pronto...

— Obrigada, minha filha, vou me levantar. Que coisa esquisita isso que me aconteceu.

Depois de tomar o café da manhã, Rosa entrou no chuveiro. Estava quase acabando o banho quando ouviu o telefone.

— *Allo!* — atendeu Dolores.

— *Allo*. Aqui é o Shamsur.

— Shamsur! O que houve?

Shamsur não sabia o que dizer, Dolores não ia entender inglês e seu francês era ruim, então tentou dizer o indispensável:

— Tenho uma má notícia: Jordi morreu. Onde está Andrés?

Soltou aquilo como um soco. Dolores sentiu uma coisa difícil de explicar, como se tivesse deixado de sentir. Os olhos estavam secos enquanto uma dor desconhecida abria caminho em algum lugar, talvez o ventre, abria caminho arrasando tudo, até se alojar no centro do peito, onde a tristeza parecia se enquistar, e ali crescia, crescia, como um grande suspiro que não sai.

Por que não fala à vovó?, perguntou-se Shamsur.

— Mamãe? — disse ele.

Dolores não conseguia falar. Nem chorar. Só ouvia o vazio elétrico dos fios e, de vez em quando, um "Mamãe?".

Pelo menos eu não disse que ele foi assassinado, só que morreu, continuou a raciocinar Shamsur enquanto pelo aparelho ouvia algo que devia ser a respiração, ou seriam soluços?, de Dolores. Não, Shamsur, soluços não eram. Dolores não voltou a chorar desde então.

Não falaram muito mais. Dolores desligou e deu uns passos tão vacilantes que Rosa se apressou a ampará-la enquanto a mãe soltava um grito doloroso. Pouco depois, Rosa ligava para Andrés.

— Mataram o Jordi, o Jordi, Jordi.

Jordi, pensou Andrés. *Meu irmão. Jordi*. Na noite passada tinha conversado com Rosita a respeito dele. Andrés dissera que estava por aqui com Jordi, que ele não ia pedir mais aos bancos que o aju-

dassem, que todo esse trabalho não dava frutos, não tinha futuro.
Meu irmão.

Andrés entrou em contato com Shamsur.

— Jordi morreu, e está fazendo muito calor — informou o nuristanês. — O que fazemos?

Andrés hesitou. *Meu irmão morreu. Morreu.* Enquanto falavam, Andrés chorava.

— Por ora, fica por conta dos kalash. Diga-lhes que cuidem do corpo enquanto acertamos a papelada por aqui.

Esperanza ouviu o toque do seu celular no Algarve português, onde passava as férias. Era sua filha Marie.

— Mamãe?... Mamãe?...

Horas antes, o telefone de Esperanza havia caído na água e, embora escutasse Marie, a filha não recebia sinais dela. Marie voltou a ligar. Ao notar que atendiam o aparelho, mas não recebia resposta, disse:

— Mamãe, se você me ouve, eu tenho uma coisa importante para lhe dizer. Por favor, ligue-me para este número.

Esperanza comprou um cartão e teclou o número da filha de uma cabine telefônica.

— Mamãe, mataram o Jordi.

Esperanza perdeu a noção de realidade. Não ouviu mais nada do que Marie dizia.

— Estou indo.

A notícia correu.

Andrés ligou para Claire, que estava de férias. *Mataram Jordi no dia do meu aniversário de cinquenta anos*, pensou ela. Pouco depois, recebia correspondência dele pedindo-lhe dinheiro.

O *staff* da AMI comunicou a morte a Ainullah. A tristeza inicial logo se transformou em raiva furibunda, num ódio visceral contra as bestas que vagavam pelas montanhas. Ainullah se viu vencido pelo rancor, ficou fora de si durante algumas horas. Desligou o telefone, precisava certificar-se da notícia ligando para Andrés, que lhe disse que sim, que o haviam matado.

Cat Valicourt teve uma crise de pânico. Temia que os e-mails que Jordi lhe mandara ao longo dos anos tivessem sido interceptados e que alguém interpretasse mal seus pedidos. Nas mensagens ele falava em capturar o barmanu, o "peludo", mas e se alguém deduzisse que esse podia ser um código para falar dos barbudos? E se pensassem que o que Jordi queria era capturar barbudos... e ela o estivesse ajudando?

A agência de notícias France Press definiu o assassinato como um "crime político" motivado pelo ardor proselitista de Jordi, que procurava ganhar adeptos para o cristianismo. A imprensa paquistanesa acusou-o de ter mantido contatos com a Aliança do Norte, descrevendo-o como um marginal que perseguia uma fantasia tão ensandecida como o barmanu.

No dia do seu assassinato, a revista *Grands Reportages* acabava de lançar no mercado a entrevista com Jordi assinada por Franck Charton, o repórter que o tinha considerado "excêntrico e sentimental". Incluía um destaque no qual o paleontólogo Yves Coppens, o cientista que Jordi sempre considerara inimigo por desqualificar suas pesquisas, o velho Coppens admitia a possibilidade de que algum dia se pudesse achar "um tipo de ser humano arcaico" no Hindu Kush. Outro texto publicado na época assegurava que no último século não houvera crimes entre os kalash.

Em 5 de agosto, os kalash envolveram o corpo de Jordi no Manto do Saber, deixando apenas a cabeça a descoberto. Puseram o caixão de madeira no meio do salão central do Templo dos Ancestrais, uma construção kalash pouco maior que as habituais, de teto não muito alto, um espaço que o Ocidente associaria antes a um pequeno armazém que a locais sagrados. Havia várias bolsas com gelo sobre o corpo. O calor aumentava, e o cadáver vinha se decompondo havia vários dias.

Centenas de kalash vindos dos três vales aglomeraram-se no templo, embora a capacidade limitada tenha dispersado a maioria pela encosta mais povoada de Krakal. Começaram a soar os tambores, as mulheres a cantar, dançou-se de forma errante com os braços para o alto, agitaram-se ramos e bandeiras, e as pessoas choravam. Choravam.

Shamsur e Khalil passaram a maior parte do rito no alpendre. Akiko, a japonesa que residia nos vales casada com um kalash e que conhecera Jordi, filmou o funeral. Na fita veem-se várias dezenas de kalash que se abraçam formando um grande cinturão em torno do caixão e, cantando, dão voltas ao redor. No centro, só Jordi, acompanhado por uma ou duas meninas que sacodem ramos de carvalho verde para purificar o corpo e espantar os enxames de moscas que esvoaçam por sobre o cadáver.

Fiéis à tradição, Abdul e sua família alimentaram os presentes. No vídeo eles são vistos tomando um espesso caldo de carne de cabra e farinha no qual molham o pão. Abdul também pronuncia palavras de despedida. Sua barba havia começado a crescer, é como os kalash guardam luto. Não voltaria a se barbear até dezembro. Um enterro kalash costuma durar três meses, mas com Jordi continuou a vir gente dos vales para dar pêsames durante seis.

Após a cerimônia, a comitiva dirigiu-se ao patético cemitério de Krakal. Enterraram o corpo no fundo da necrópole. Do túmulo, basta pular uma mureta de pedras para que se deixe o fúnebre bosque e se empreenda a subida da montanha.

Gyuri Fritsche chegou a Bumburet na tarde da terça-feira, 6 de agosto, com escolta policial e em companhia de um dos muitos ex-empregados de Jordi, Sultão. Necessitava saber mais a respeito da morte do amigo, desconfiava da polícia. Começou a tirar fotos, a perguntar. Os agentes continuavam na Sharakat House, por onde as crianças perambulavam sem controle. Não havia cordão de isolamento, a cena do crime podia ser violada por qualquer um naquela investigação catalogada com o código criminal 302 e comandada por Mir Azam Khan, o homem que havia aconselhado Jordi a sumir.

Quando Gyuri ouviu como haviam degolado Wazir, deduziu uma motivação religiosa... ou que ao menos os assassinos pretendiam fazer pensar nisso. Alguém lhe falou de homossexualidade e de uma vingança sentimental. Gyuri lembrou-se de seu filho cavalgando na perna do amigo.

— Porra — balbuciou. Precisava de mais dados, detalhes, alguma explicação. De suas averiguações extraiu também que Jordi não sofrera. Que foi diferente com o garoto kalash, que eles devem ter agarrado primeiro e só depois decapitaram de forma extremamente lenta.

Quando encontrou Khalil, achou-o excessivamente nervoso. Shamsur também agia de modo estranho, evitando perguntas ou respondendo a elas sem a devida coerência. Gyuri concluiu que no mínimo Khalil e Shamsur sabiam de algo. Depois, foi ao túmulo do amigo e chorou.

Um funcionário dos Correios da delegação de Fontbarlettes presenteou Dolores com uma almofadinha para carimbar mais facilmente as cartas de agradecimento que enviaria às centenas de pessoas que lhe tinham prestado condolências. Enquanto isso, os irmãos Magraner procuravam solucionar a repatriação do corpo após o enterro ter sido autorizado. Foram avisados de que já era muito tarde para repatriar o cadáver, pois estava muito decomposto. Naquela região do Paquistão não há câmaras frigoríficas disponíveis.

Shamsur pediu a Andrés que fosse ao Paquistão ocupar-se do corpo, mas a embaixada espanhola os desaconselhou de viajar lembrando que qualquer membro da família que se deslocasse para a zona correria muito perigo, ainda mais tratando-se de um assunto nebuloso como aquele. Como era preciso responder rápido, os Magraner obedeceram e, fiéis às instruções da embaixada, enviaram um fax autorizando que Shamsur e sua família se encarregassem do corpo e dos pertences de Jordi.

Mas quando iam reclamar o cadáver?

Hesitavam.

Por um lado, as embaixadas espanhola e francesa não contribuiriam para custear a repatriação, que a empresa Walji's Adventure estimou em 5.850 dólares, incluindo o transporte até Valence e a posterior inumação. Era uma cifra significativa, se bem que a família haveria de fazer um esforço, é claro que o faria... muito embora, por outro lado... Abdul sacrificara mais de vinte cabras para o funeral e continuava a dar de comer aos policiais instalados na Sharakat House. Foi uma ruína. Tudo aquilo lhe custou trezentas mil rúpias, ele precisou fechar o hotel. Um golpe muito duro para suas economias. E se Abdul não quisesse que levassem Jordi?

"Enterraram-no com honras de grande chefe." "Era muito respeitado." "Foi um baluarte." "Um embaixador." Isso é somente parte do que se disse depois. "Os kalash consideravam o cientista quase um deus", escreveu o jornal *El Mundo* na Espanha.

A questão era: o que Jordi teria desejado? Onde preferiria jazer? O instinto da família esbarrava na biografia do caçador de barmanus, do protetor dos kalash. Jordi havia desfrutado e sofrido como nunca em Chitral, onde suportou quase invocando a morte. Sua vida adulta transcorrera naquelas montanhas. Ele próprio era kalash.

Os Magraner concluíram que os restos de Jordi deveriam permanecer ao menos por uma temporada nos vales. Por respeito àquela que fora sua gente. E a ele.

LXIV

Nós o matamos em sã consciência, mas somos inocentes.

GABRIEL GARCÍA MÁRQUEZ,
Crónica de uma morte anunciada

Noor Mohamed apareceu com um amigo e Abdul logo bem cedo. A saída do sol evaporava as águas do rio formando uma levíssima bruma que revestiu de um ar fantasmagórico a dupla que atravessava o jardim. Noor Mohamed vestia um casaco texano sobre a *shalwar-kamize* azul. Caóticas mechas de cabelo bailavam em sua testa, realçando-lhe o aspecto sonolento.

– A mulher precisou convencê-lo – disse Abdul. – Disse que você veio de muito longe para vê-lo, que ele tinha o dever de falar com você.

Noor Mohamed estava ali claramente a contragosto. Não falávamos idiomas comuns, o dele era o quetta, de forma que me dirigi a Abdul.

– Diga que agradeço que ele tenha vindo e...

Noor Mohamed me pegou pelo braço, me arrastou para o meio do jardim e a uma distância pouco prudente disse:

– Abdul não. Abdul não. Abdul não.

Abdul não nos seguiu. Sem dúvida tinha ouvido o muçulmano. Como, Abdul não? Não o quê?

– Abdul, *muyirim*. Abdul, *muyirim*.

Caminhamos até as cadeiras de ferro.

— Não entendo você — disse eu. — O que significa *muyirim*? Como é que vamos nos entender sem o Abdul?

— Abdul não! — Ele olhou furtivamente para o alpendre do hotel, onde Abdul fora se sentar.

Pensei que Noor Mohamed não devia fazer isso. Não devia olhar para Abdul quando falasse dele. Porra. De repente estava fazendo mais calor. O que Noor Mohamed sugeria se mostrava demasiadamente inquietante. Eu não queria, não me convinha acreditar nele.

— Shamsur, Khalil, Asif, Abdul, *muyirim* — disse ele. — Shamsur, Khalil, Asif, Abdul, *muyirim*.

E assim uma, duas, três vezes, alternando as enumerações com olhares de esguelha em direção ao alpendre. Sua indiscrição me desconcertava. Quando ele compreendeu que não poderíamos progredir naquela conversa, mandou seu amigo em busca de alguém. Logo veio um jovem bem barbeado que se apresentou como kalash. Ele nos traduziria.

— O que significa *muyirim*? — quis saber.

— Criminoso.

Um calafrio anunciado me atravessou o corpo todo. Mas consegui não olhar para o alpendre.

— Diga a ele que repita o que estava me dizendo até agora, por favor.

Noor Mohamed voltou a fornecer sua lista de *muyirim*, mas não precisei de tradução para notar que desta vez ele não havia nomeado Abdul. Refrescar sua memória se apresentava como uma imperdoável imprudência. Nosso tradutor era kalash. Por mais que conhecesse meu confidente, ele era acima de tudo kalash, e qualquer coisa que vazasse daquela conversa provavelmente chegaria aos ouvidos de Abdul. Se Abdul estava de fato envolvido, incluí-lo entre os suspeitos poderia pôr em risco tanto Noor Mohamed como a mim próprio.

— Asif, Shamsur e Khalil estavam sempre com Jordi — disse. — Eu trazia madeiras para eles, mas deixava-as do lado de fora, nunca me permitiam entrar na casa.

O tradutor começou a tremer. Fazia bastante frio, nós três falávamos encolhidos nas gélidas e úmidas cadeiras, mas seu tremor aumentou muito depressa, até se tornar descontrolado.

— Perdão — pediu. — Está muito frio.

Apertava os dentes para que não rangessem.

— O que você viu naquela noite? — perguntei a Noor Mohamed.

— Lá pelas duas da manhã me levantei para urinar e vi Shamsur com duas malas. Quando me viu, fez menção de ir se esconder, mas eu perguntei o que ele estava fazendo, para onde ia levando aquelas coisas. Ele me disse que estava estudando inglês e que eram livros para estudar.

— Inglês ou francês?

— Não sei. Provavelmente francês.

— E aí?

— Quando eu soube que haviam matado Jordi e a polícia começou a fazer perguntas, contei aos detetives. Jordi era um bom vizinho, sempre me dava coisas de presente e às vezes até um dinheirinho, quando as coisas estavam difíceis.

— O que você contou à polícia?

— Isso, ora, o que eu vi. Tomaram muitas notas em caderninhos, mas não fizeram nada. Eu repeti várias vezes, e nada. Então, um dia, Shamsur e Khalil vieram me procurar dizendo que, se eu não me calasse, eles iam me matar.

O tradutor tremia como um possuído. Abdul conversava no alpendre com Goul Nizar, a menina nascida naquela inesquecível madrugada. Tinha sete anos e se preparava para ir para a escola.

Não muito depois do depoimento à polícia, Noor Mohamed foi acusado de posse de droga. Passou uma temporada na prisão antes de emigrar durante um ano para o Nuristão.

— Estava muito assustado e fui embora. Lá, contei a história a uma comandante americana, mas ela também não fez nada. Quando voltei, Khalil veio outra vez e me disse que pagara muito dinheiro à polícia e que era melhor que eu ficasse de boca calada.

— E agora você tem medo?

Noor Mohamed descolou as pálpebras grandes e caídas olhando fixamente para mim com seus cansados olhos castanho-claros.

— Tenho muito medo, sobretudo à noite. Somos uma família de seis, eu trabalho no campo. Não poderia fazer nada...

— Por que você está me contando isso?

Estive para acrescentar: "Está arriscando a vida."

— Porque a justiça é necessária.

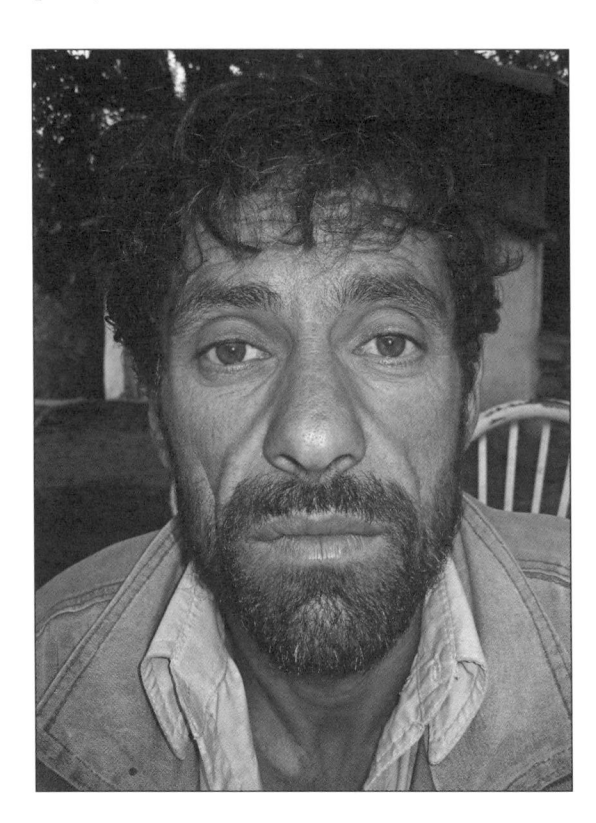

É provável que todos estivéssemos olhando a grama, eu pelo menos, sim. Fez-se silêncio. Eu notava o tradutor estremecendo. Não parava de pensar em Abdul. Como desejava pronunciar seu nome, perguntar a Noor Mohamed por que o considerava *muyirim*, por que silenciava seu nome diante do nosso tradutor. Pronunciá-lo, até que ponto isso me aproximaria da morte?

— Quem mais sabe dessa história em Chitral? — perguntei.

— A polícia, é claro. E Athanasious Lerounis, o grego. Achei que ele poderia ajudar, não sei quem mais poderia me ajudar aqui. Pedi a ele que prendesse o criminoso. Tampouco fez nada, mas me foi dando dinheiro para que eu pudesse comparecer à delegacia de Chitral, tinha de me apresentar lá a cada poucas semanas e as viagens custavam dinheiro.

— Alguém mais sabe?

— Ninguém mais.

— Ou seja: a polícia, Lerounis — olhei para a cara do tradutor — e agora você — o rapaz confirmou rapidamente com a cabeça. — Peço que não conte a ninguém o que ouviu aqui, de acordo? A ninguém, por favor.

Agora que voltei e estou vivo, posso ser frívolo e sorrir a respeito das palavras que dirigi a Abdul após me despedir do meu informante:

— Não sei por que ele não queria que você escutasse. Não me contou nada que eu já não soubesse...

Abdul empunhava sua pequena navalha, dobrada.

— Não importa — respondeu. — Passou seis meses na prisão por posse de haxixe e desconfia de todo mundo. Normal.

LXV

O dicionário define como "monstruoso" tudo aquilo que é "contra a ordem da natureza", incluindo "qualquer criatura fantástica ou lendária". No *top five* da cultura popular destacam-se o monstro do lago Ness, o Minotauro, a Medusa, o Chupa-cabra e o *Yeti*.

De qualquer modo, o termo também serve para identificar pessoas que realizam "ações monstruosas de grande envergadura". O poeta tibetano Jetsun Milarepa acreditou que, na realidade, essa fosse a única acepção dessa palavra, donde ter escrito:

O que parece monstruoso,
o que todos chamam de monstruoso,
o que todos reconhecem como monstruoso
vem do próprio homem.

LXVI

> Ninguém combate para regressar coroado de flores, numa manhã de sol, entre sorrisos de mulheres jovens. Não há ninguém que olhe, ninguém que o chame de valente.
>
> Dino Buzzati, O deserto dos tártaros

> Se se analisa a glória dos homens, vê-se que consiste em nove décimos de vento, talvez em noventa e nove centésimos de vento.
>
> Charles Gordon, Diário

Ángel, Esperanza e Andrés Magraner viajaram para Chitral em maio de 2004 pela primeira vez desde a morte do irmão. Quase dois anos depois. "Por que demoraram tanto?", perguntaram-lhes.

Poucos dias antes de aterrissarem no Paquistão, uma nova bomba matou oitenta pessoas numa mesquita de Karachi.

"Então? Por que demoraram tanto?" Os Magraner não responderam "Por medo", talvez a resposta mais franca. O importante é que estavam ali.

Compartilharam duas semanas de recordações e impotência peregrinando por repartições paquistanesas e sedes de embaixadas. A França se desobrigou do caso. A Espanha alegou falta de infraestrutura. Os Magraner desperdiçaram a maior parte do tempo esperando em corredores e antessalas. Pelo menos puderam ver os pais de Wazir.

Toda noite terminava de maneira parecida: "Consertamos o mundo e fomos dormir", escrevia Andrés em seu diário. Frequentemente custava-lhes pegar no sono, e mesmo então continuavam em estado de alerta. A oração da madrugada despertava o filho pequeno dos Magraner, que se revirava na cama, um misto de raiva e ódio, a voz do muezim invadindo a noite como uma tortura. "É um horror!" (Diário de Andrés)

Escutaram teorias as mais variadas e algumas até ignominiosas a respeito dos motivos do assassinato. Shamsur lhes assegurou que Mohamed Din lhe escrevera pouco antes de morrer reconhecendo a culpa.

Essa carta nunca ninguém viu.

Shamsur deu tantas versões a pessoas diferentes ou até à mesma que é lícito questionar sua saúde mental. Ou sua inteligência. Certo dia, diante de Andrés, ele começou a bater na própria cabeça balbuciando "putos muçulmanos, putos muçulmanos". *Em quem acreditar?*, perguntou-se Andrés enquanto Shamsur batia na cabeça à sua frente. *Cada um diz que o outro está mentindo.*

Na França, Andrés deu prosseguimento às súplicas para que alguém se envolvesse na investigação. Ao escrever ao Tribunal Internacional de Justiça de Haia, sem saber mais o que dizer para estimular seus interlocutores, deixou-se levar:

> Ele era mais que um irmão. Era também meu professor, foi às vezes como meu pai, que perdi em 1975, quando eu tinha menos de 12 anos. Eu costumava brincar o tempo todo com ele, com nossos brinquedos de criança.

Sem sucesso.

Escreveu ao escritório francês de vítimas do terrorismo, e recebeu como resposta que não estava claro que Jordi fosse vítima do terrorismo e que somente pessoas de nacionalidade francesa tinham direito a alguma forma de indenização; escreveu ao Ministério da

Justiça francês; ao ministro das Relações Exteriores Dominique de Villepin, que o repassou aos serviços consulares paquistaneses; à sucursal da Interpol em Lyon, e houve ainda muitas outras cartas, cartas durante três anos, aguardando novidades de três advogados: Jacques Vergès recomendou que contatassem um advogado espanhol; Bertrand Madignier desistiu do caso após dois anos infrutíferos; e Collard, o mais famoso deles, nem sequer moveu uma palha. Claro, como fora ingênuo de recorrer a ele, como Collard haveria de se interessar por esse caso se, afinal, havia granjeado sua fama defendendo mouros?...

Andrés concluiu que, se alguém podia, se alguém tinha de interceder por Jordi, era a embaixada de seu país, e, apesar da recusa inicial, reclamou mais uma vez ajuda ao embaixador Antonio Segura Morís, o mesmo homem que dissera num coquetel que se tratava de um crime passional, e cuja versão de "questão de ciumeira homossexual" era referendada pelos funcionários da embaixada.

Seja como for, em que eles baseavam sua teoria de crime passional? Em 2010, Segura Morís era o cônsul da Espanha em Xangai. Mandei-lhe na época um e-mail perguntando sobre o assassinato de Jordi. O ex-embaixador respondeu imediatamente:

> O fato de eu ter tido conhecimento desse triste acontecimento na qualidade de embaixador da Espanha faz com que, por questões de sigilo profissional, não me seja permitido falar sobre o assunto, o que espero que o senhor compreenda. Jordi Magraner nasceu no então protetorado espanhol de Marrocos, onde sua família residia, e com a qual logo se mudou para a França – Valence. Que eu saiba, não foi um assassinato, e sim um homicídio – o que, como o senhor sabe, não é a mesma coisa: é necessário que certas circunstâncias agravantes concorram para transformar o homicídio em assassinato –, e no momento do seu falecimento Jordi Magraner tinha – se bem me recordo – nacionalidade francesa.

Voltei a lhe escrever:

> Agradeço muito sua resposta. A propósito dela, cabe-me comentar que, após minha investigação no Paquistão, não compartilho da qualificação de "homicídio" que o senhor dá à morte de Magraner. Tudo indica que foi um assassinato, executado, ademais, por várias pessoas, evidentemente com premeditação, e daí me interessar especialmente a sua versão dos fatos. Compreendo a dificuldade para abordar determinados temas, porém suponho que não será comprometedor esclarecer ao menos quais foram os passos seguidos pela embaixada depois de saber da morte de Magraner. E, se for possível, a sua opinião a respeito. Ficaria muito agradecido por sua colaboração.
> Por outro lado, a família Magraner assegura que Jordi tinha nacionalidade espanhola.

Imagino que Segura Morís se sentiu pressionado. Desta vez demorou mais dias para responder. Quando o fez, não descreveu as ações da embaixada posteriores ao crime, nem fez nenhuma alusão à nacionalidade de Jordi, centrando-se nos aspectos técnicos da investigação para concluir que:

> Em um caso como esse – homicídio ou assassinato – só é assassinato se o juiz decide que é. Lamento não poder ser de mais utilidade e aproveito esta oportunidade para lhe enviar uma cordial saudação.

Tal como fez com Andrés, Segura Morís resolveu a situação remetendo-me à justiça paquistanesa, a via que todos os que conhecem aquele magma insistem em evitar, por incompetente e corrupta. Os Magraner já haviam fracassado na sua tentativa de averiguar mais através da polícia e dos juízes. Conseguiram tão somente aumentar seu desespero e sua raiva detectando, isto sim, algo significativo: os órgãos de segurança, os juízes, os políticos e todos aqueles ligados a esferas de poder admitiam que se tratava de mais um crime passional. Os habitantes dos vales, expedicionários, pastores ou membros de ONGs que conheciam Jordi e seu contexto costumavam concordar em apontar os talibãs como os executores, e um que outro, inclusive, os serviços secretos. Mas então por que se suspeitava de Shamsur, Khalil e de um refugiado afegão? Alguns vizinhos acham que os irmãos Rahman foram utilizados. "Tinham fome e, se não o mataram, abriram a porta para o assassino. Isso não é matar?" É o que pensam os vizinhos.

A impossibilidade de obter respostas e ajuda depois de três anos de ininterruptos esforços acabou deixando Andrés arrasado. Estava exausto de tanto preencher formulários, dar telefonemas, da burocracia sem fim, muito cansado pela enorme perda de Jordi. Sentia-se um tanque vazio. Não havia nada mais que se achasse capaz de fazer, não podia continuar aguentando aquele peso.

Após 2004, ele parou de reivindicar a figura do irmão, enquanto sua mãe, pouco a pouco, renascia. Depois de três anos quase sem falar nem escutar música, jogada no sofá, Dolores começou a retornar à vida. Em 11 de abril de 2006, dia do seu aniversário de oitenta anos, uma limusine foi pegá-la em casa para levá-la ao restaurante onde, sem que ela soubesse, toda a família a esperava. E mais alguém.

– Olá – cumprimentou-a Erik l'Homme. – Vim em lugar do Jordi. Quero que a senhora sinta que ele também está aqui.

"Aquilo foi muito emocionante. E como foi", diz Dolores toda vez que se lembra daquele dia.

No início de 2008, Esperanza encontrou forças para entrar no antigo quarto de Jordi em Valence, abrir as malas de ferro e começar a classificar suas anotações e diários. Adoeceu, mas no verão voltou à carga. Empapelou o quarto, organizou os livros. Até então, ao entrar lá era tomada pela dor e pela tristeza, angustiada pela impressão de estar tocando as coisas do irmão sem sua permissão.

Diante do ímpeto de Esperanza, Andrés pareceu se reanimar e, embora ainda permaneça em repouso, tem planos:

> Vou defender a criação de um museu ou algo que o lembre. Esquecer as investigações é como matá-lo pela segunda vez.

Os irmãos sabem muito bem que nenhum passado é esplêndido. Recuperar a memória de Jordi pode implicar revelações para as quais eles se julgam preparados.

LXVII

Meus dias em Chitral pareciam voar em meio a tanta novidade, tantas diferenças. Eu achava que o perigo deveria ralentar o tempo, mas não foi bem assim. Apenas eternizava as noites, que, ao amanhecer, pareciam não haver existido. Luz e escuridão marcavam uma clara fronteira entre os mundos do temor e do sossego. De manhã, as expectativas de cada novo dia obrigavam a focar no ato seguinte, que de novo ia exigir atenção total, sem desculpas de cansaço nem medo, sem sequer senti-los, na verdade. Atenção total.

Abdul me acompanhava sempre, traduzindo quando necessário. O fato de Noor Mohamed tê-lo acusado de modo tão veemente incluía-o entre os suspeitos, mas depois de sua recepção e das conversas e sua forma de se expressar e de beber, com o rosto contorcido pela dor, me custava admitir que fosse um deles.

Tirando os irmãos Shamsur e Khalil Rahman, só Abdul frequentava o escritório de Jordi, e resolvi acreditar que Noor Mohamed o havia associado automaticamente ao grupo de assassinos expondo como verdade o que não passava de uma intuição. No Paquistão, eu deparara outras vezes com afirmações categóricas que terminavam se revelando falsas.

Abdul continuou tão disponível e amável como de costume, não houve mudança no nosso tratamento. Visitamos pessoas que conheceram Jordi, vimos o estilingue que ele dera de presente ao filho do príncipe Hilal e tomamos chá no vale assolado pelo cólera com os pais de Wazir. No dia anterior eu perguntara a Shamsur o que ele faria com o culpado se o capturassem.

— Cortaria seu pescoço, como ele fez com o meu amigo — respondeu.

Repeti a pergunta a Samsam, o pai do menino morto.
— Acho que deveriam castigá-lo conforme a lei — respondeu.
— Você acha que o fato de ser kalash o prejudicou?
— Não creio que ser kalash piorasse alguma coisa.

No jipe de regresso a Bumburet, Abdul disse:
— A verdade é que ele era kalash. O primeiro com quem Jordi vivia.

Subindo a caminho do vale, detivemo-nos diante do enorme museu dedicado aos kalash que o governo grego financiava e que era dirigido por Athanasious Lerounis. Uma suntuosa construção de pedra e madeira notoriamente anômala naquele desfiladeiro austero e miserável. Lerounis não pôde nos receber, disseram que ele estava numa reunião. Deixei um bilhete dizendo que tinha interesse em falar com ele, se poderíamos nos encontrar nessa mesma tarde no hotel de Abdul. Apesar da extensão do vale, as pessoas se localizam facilmente, basta usar a voz. E do museu ao hotel não se leva nem quinze minutos.

No jardim do hotel, Abdul ordenou à sua filha Asmat Goul que nos servisse chá. A jovem usava tranças e estava com o rosto manchado de fuligem, contrastando com seu sorriso radiante. Trouxe também três livros, leite de cabra recém-ordenhado numa panelinha e um pote de mel, que só eu experimentei. Durante o dia, Abdul não ingeria nada além de chá, ao menos na minha frente. Quase respeitava o Ramadã, apesar de seu credo pagão.

— Olhe, estes são os livros que empresto aos meus hóspedes — disse Abdul.

Dois eram romances sentimentais, e o outro, um ensaio publicado pelo *New York Times*, intitulado *The politics of rich and poor*. Abdul tentava fazer com que todos entendessem o porquê da sua situação. Como você se livra da sensação de pobreza quando sabe que é pobre e que não tem nenhuma possibilidade, nenhuma, de mudar esse quadro? Falamos sobre isso, de ricos e pobres, de prisões com outro nome.

— No inverno, aqui chega a fazer vinte abaixo de zero — disse Abdul. — Então, eu passo dois meses em Peshawar ou em Lahore trabalhando como *manager* noturno de hotel ou, se não houver mais nada, como mensageiro. Arrumo quartos. E sabe por que faço isso? Para não morrer de tristeza no vale.

Abdul foi se empolgando.

— Fora os da religião deles, os muçulmanos tratam o restante como a animais, nos olham como se fôssemos de segunda classe. Não somos escravos nem limpamos banheiros, concordo, temos nosso próprio banheiro. Mas não somos iguais. Eu já disse a você que a única coisa que guardo de Jordi é a cadeira em que ele morreu. Morreu na minha casa, mas levaram tudo o que era dele. Shamsur e Khalil levaram tudo o que não ficou com a polícia.

— Então a cadeira está aqui...

— Lá atrás. — Apontou para o anexo da cabana onde eu dormira as primeiras noites.

— Posso vê-la?

Abdul ordenou a outro de seus filhos que a trouxesse.

— Por que Shamsur ia inventar essa história de pancada na cabeça? — perguntei enquanto isso.

Abdul ergueu um ombro.

— Há pessoas que inventam coisas e de tanto repeti-las acabam acreditando que são verdades. Depois procuram fazer você acreditar, para que não diga que estão loucas. E algumas conseguem que se acredite nelas. Na realidade, cada vez há mais quem consiga... — respondeu.

O menino pousou a cadeira na grama. Projetava uma sombra comprida. Era uma peça artesanal de madeira. Os camundongos tinham começado a devorar os cantos do assento forrado de couro de vaca e faltava-lhe um dos braços, o direito. As madeiras deste lado estavam claramente impregnadas dos jorros de sangue ressecados que escureciam mais ainda os pés já castigados.

— Olá!

Shamsur cumprimentava da orla do jardim envolto em sua manta. O sol já estava brando.

Quase ao mesmo tempo, um jipe estacionou à entrada do hotel.

— Malik Sha — disse Abdul.

Seu filho surgiu ao lado de outro homem. Transportavam a lápide.

Às 17:56, como o grego Lerounis ainda não havia aparecido, partimos para o cemitério. Pastiret, o kalash que carregava a lousa no ombro, lembrou que havia trabalhado dezesseis dias cuidando dos cavalos de Jordi. A seu lado, Malik Sha empurrava o carrinho com o saco de cimento. Shamsur seguia ao lado. E então, como se fosse parte de um plano, os alto-falantes de Bumburet projetaram a voz do muezim conclamando à oração, seu canto apoderando-se de todo o vale.

Na ponte, uma comitiva de cinco meninos uniu-se ao grupo e acompanhou-nos, saltitando, até o túmulo. Pouco depois chegou Abdul, que mandara um empregado buscar água. Pastiret limpou o retângulo de cascalho e folhas enquanto Shamsur ajudava a preparar a mistura. Quando o cimento ficou pronto, Pastiret começou a distribuí-lo pela superfície.

— Nada de briga – disse Shamsur a um menino que batia em outro. Foi necessário um pouco mais de massa.

— Você é o irmão de Jordi? – perguntou um dos meninos apontando para mim.

Tive vontade de chorar.
Por Esperanza.
Por Andrés.
Por Dolores.
Por cada um dos Magraner.
Por todos aqueles que não nos basta sonhar.

Assentamos a lápide sobre o cimento e enfeitamos o contorno com pedras bem escolhidas. Não houve discursos. Permanecemos dois, talvez três minutos em silêncio diante do túmulo. Às 18:59 deixamos a necrópole.

As inscrições da pedra hoje olham para a montanha. Não há outras letras além delas, no bosque onde moram os ancestrais dos kalash.

Jordi Federico Magraner.
Único nome no cemitério anônimo.
Um nome.

O privilégio que o Hindu Kush reserva aos mais altos, aos maiores, aos que se elevam simplesmente um pouco acima de tantas alturas formidáveis. Um nome. Essa coroa só para gigantes.

LXVIII

Reconheçamos a chama do poder ou da glória, e uma chama correspondente surgirá em nós. Rendamos homenagem e fidelidade a um herói, e seremos também heroicos.

D. H. Lawrence, *Apocalipse*

Nas histórias que contamos de nós mesmos, não éramos esses loucos radicais e indigentes que você vê na televisão, mas sim santos, poetas e, claro, reis vitoriosos.

Mohsin Hamid, *O fundamentalista reticente*

Ser poeta não consiste em escrever um poema, mas em encontrar uma nova maneira de viver.

Paul La Cour

Epílogo

Após instalar a lápide, fui jantar com Abdul e Shamsur no anexo da cabana. Foi um banquete digno do acontecimento. Doces fritos, lombo de cordeiro com arroz e batatas, salada de tomate e cebola, maçãs de sobremesa, além do indispensável licor de abricó, que desapareceu enquanto eu fumava ao lado de um Shamsur sorridente, divertido e capaz de resgatar histórias de uma época melhor.

Usufruímos da ilusão da abundância para fixar não tão penosamente aquela data na memória.

Em dado momento, Abdul riu, rememorou quantas noites havia cambaleado pela senda, bêbado, voltando da Sharakat House. Talvez por alguns segundos tenha conseguido esquecer.

À saída da cabana, os três já meio altos, Shamsur disse:

— Noor Mohamed veio vê-lo, não foi?

Não cheguei a responder. Uma lanterna se mexeu aos pés da escada que levava ao meu quarto e reconheci Khalil. Quanto tempo estivera esperando do lado de fora?

— Olá. Só vim me despedir. Sei que você queria me ver outra vez, mas amanhã tenho de ir bem cedo para Chitral e não vamos poder mais nos falar, sinto muito.

Não sei o que mais dissemos, os nervos me assaltaram. Abdul escutava ao meu lado. Quem era quem? O que os dois estavam dispostos a fazer? A atmosfera se fora adensando naqueles dias, a sensação de perigo aumentava a cada pergunta que eu fazia, mas em território estranho é difícil ter consciência dos limites que se ultrapassam, das adagas que se levantam. Talvez fosse tudo obra da minha fantasia. Assim como Jordi desejara se imaginar intocável, assim eu me vi como uma vítima imediata, tudo à minha volta era uma emboscada. Mas não. Não devia me descontrolar, calma. Calma. De qualquer forma, a ameaça era demasiadamente intangível, uma coletânea de histórias reunidas que provavelmente eu estava exagerando, eu e a minha tendência à paranoia... Mas então o que era aquela opressão torturante, aquela asfixia? De onde vinha?

Subi ao meu quarto à beira do pânico. Como havia três camas, pus um colchão de encontro à porta a título de reforço e usei outro para bloquear uma janela quebrada. Tentei dormir empunhando a navalha, sabendo que, caso algo ocorresse, não teria opção. Só ao amanhecer relaxei umas duas horas.

Por volta das nove da manhã, fui ao museu à procura do grego Lerounis. Tampouco foi possível encontrá-lo. Prestes a deixar Bumburet, deparei com Khalil no caminho. Por algum motivo ele não havia madrugado. Procurou se esquivar de mim, seguindo vale abaixo. Após alguns minutos regressou. Não havia transporte para Chitral, e ele perguntou se nós podíamos levá-lo.

O acaso continuava criando situações para lá de inverossímeis.

Sentamos um ao lado do outro na parte traseira do jipe, ombro com ombro. Ao partirmos, comecei um interrogatório a que não teria me atrevido se não soubesse que aquela noite eu não dormiria mais em Bumburet. Perguntei-lhe como haviam matado Jordi, e o fiz da maneira mais agressiva, quase dando como certo que Khalil estivera presente à execução. Perguntei por que Shamsur e ele não lhe tinham dado proteção depois de jurar que o fariam. Por que, após sua morte, ele e o irmão haviam levado o jipe e muito mais coisas da Sharakat House.

— O jipe? — disse ele. — Não valia grande coisa.

Descíamos a terrível estrada e pela primeira vez eu não temia despencar, só queria perguntar, provocar, desafogar-me. Recorri a maus truques tentando fazer com que Khalil se denunciasse.

— Encontraram a pedra com que bateram nele?

— Não o mataram com uma pedra – respondeu –, alguma coisa chata esmagou seu crânio. Foi um profissional que o matou, provavelmente alguém experiente. A facada no pescoço é perfeita, não é para qualquer um.

Novamente a pancada na cabeça. O crânio esmagado? De onde ele e o irmão tiraram isso? Tinham visto? Ou lhes contaram? Eles mesmos haviam construído uma história na qual por seu bem só eles podiam acreditar? E, se assim fosse, o que estavam protegendo? Sua saúde mental? Sua liberdade? Sua vida?

— O que está claro é que quem o matou queria de fato matá-lo – disse eu. – Ele viajaria no dia seguinte, mas não iam deixá-lo partir.

Khalil se calou. Olhava os abismos em frente.

— E o que eu não consigo entender — prossegui — é a carnificina que fizeram com o menino. Isso um profissional não faria. Há mais coisa aí... Talvez alguma espécie de vingança.

Khalil oferecia seu perfil mais imóvel e esbelto.

— Quem poderia querer se vingar? — insisti. — Por quê?

— A chave é Asif — respondeu. — Se o pegarem, tudo irá para o devido lugar, como a água e o leite.

— Por que não liga para o Ainullah? Ele está no Afeganistão, tem contatos no exército. Se, como dizem, Asif agora é militar, Ainullah poderia ajudar você a encontrá-lo.

— Faz cinco anos que eu não sei nada de Ainullah. Por que ligaria para ele agora?

— Antes, ele não estava em condições de ajudar. Agora, sim. Além do mais, encontrando Asif, a polícia os deixaria em paz, não é mesmo? Não vale a pena tentar só por causa disso?

Apesar da minha impertinência, Khalil não deu nenhum sinal de incômodo, como se entendesse que devia se defender. Como se suportasse seu papel de suspeito.

— O caso foi reaberto duas vezes — disse ele. — Sabe o que a polícia me disse? Que fosse a Cabul atrás de Asif... Com que dinheiro? E por acaso sou eu quem deve prendê-lo? Que ajuda eu tenho para fazer isso?

— Agora, a de Ainullah.

— Não vou ligar para Ainullah. Nem para a família de Jordi. Mande meus cumprimentos, diga que estou muito triste, mas não vou ligar para eles. Arrisquei a vida indo com Jordi para Jalalabad à procura do barmanu. Do barmanu! Fiz por amizade. E a família alguma vez se preocupou comigo?!... Faz cinco anos que não tenho notícias deles. Estou cansado de repetir todos esses anos sempre a mesma coisa. Quero esquecer.

— Você pode, mas a família de Jordi não quer. Ela só pensa em prender o assassino e vai agir dentro de muito pouco tempo

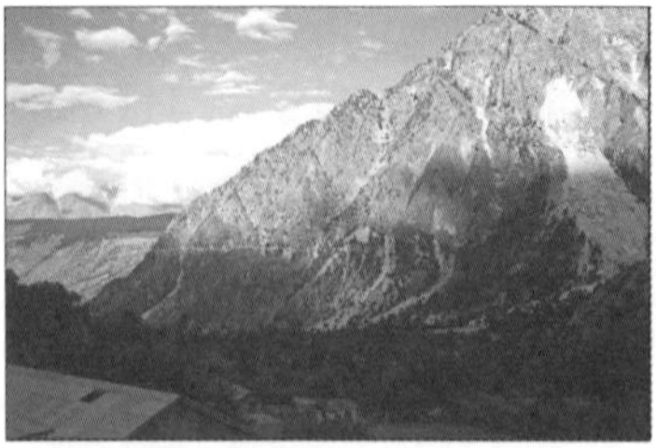

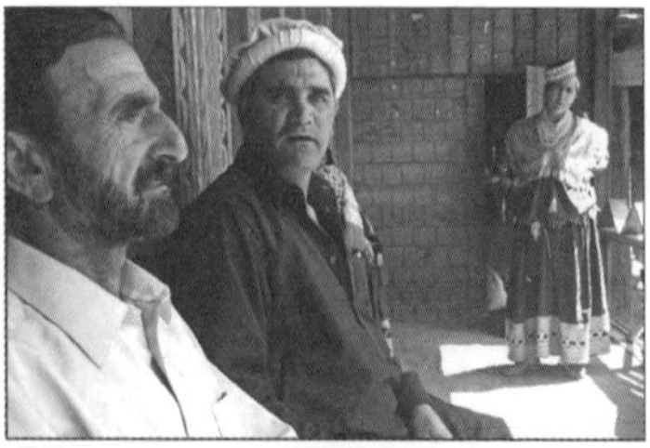

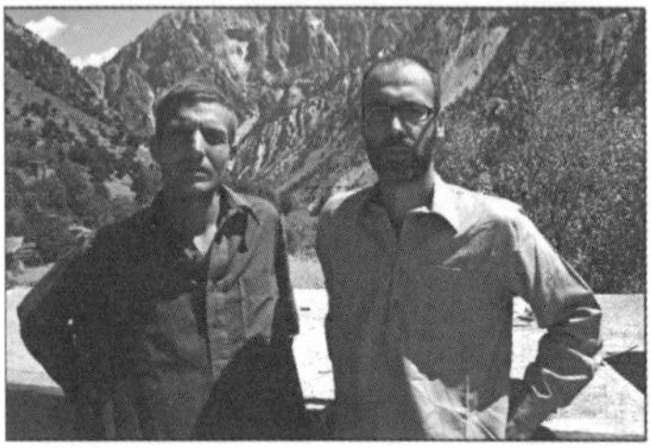

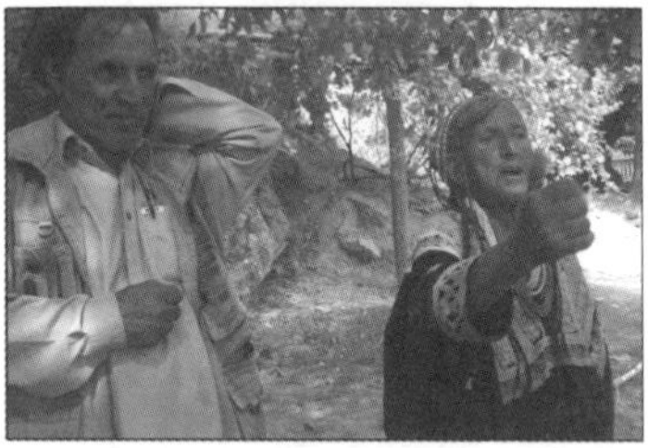

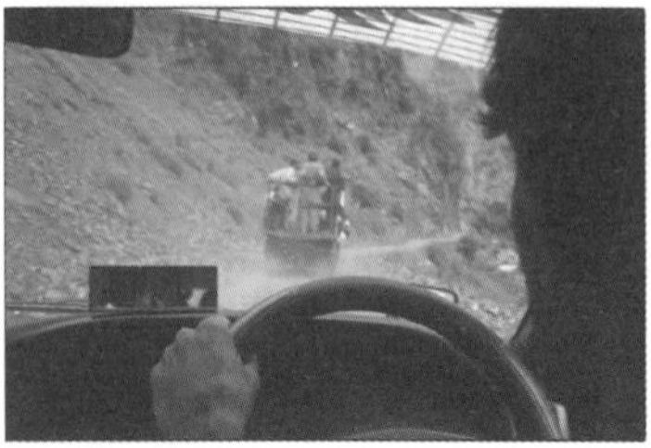

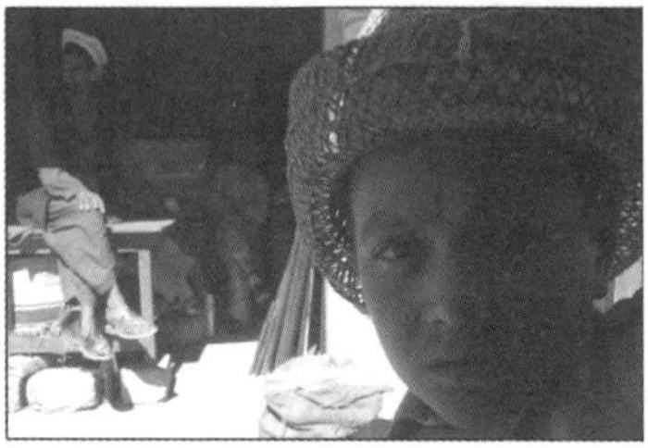

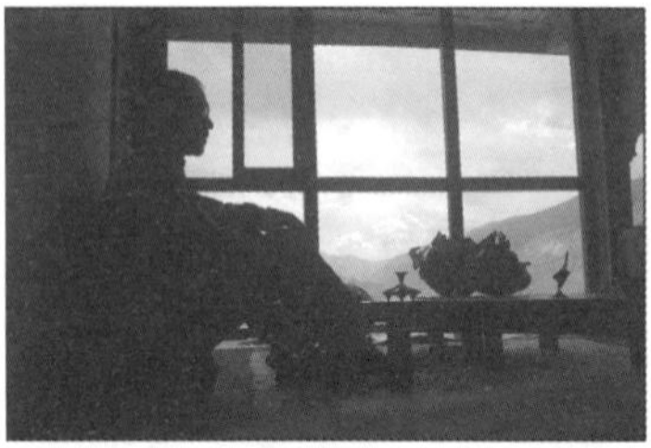

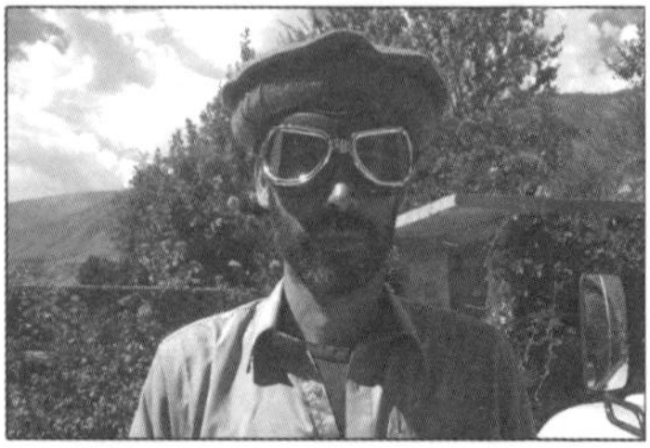

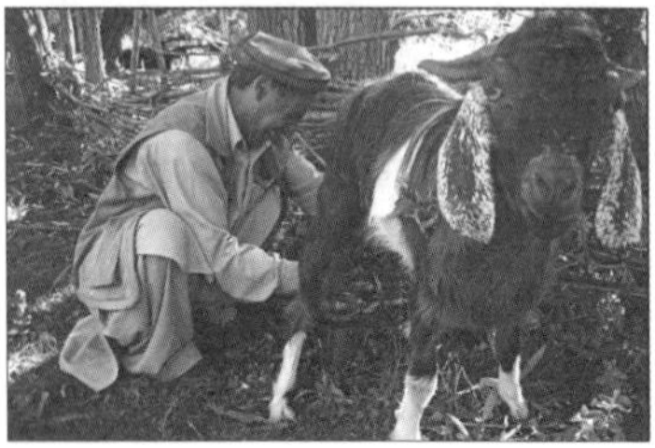

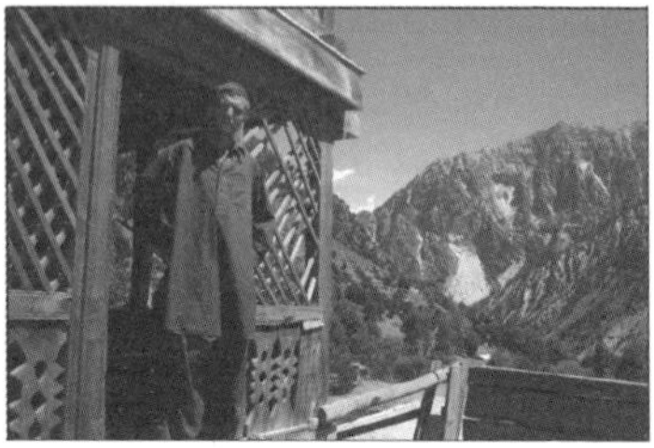

– menti. – Até agora andou meio travada, a tristeza era grande demais, mas está contratando advogados, assessores. Além disso, Erik l'Homme, lembra-se dele? Erik vai publicar um livro sobre Chitral, e o mundo inteiro vai se interessar pelo que ocorreu aqui. Logo policiais estrangeiros virão investigar, e isso não vai ter fim enquanto os assassinos não forem descobertos.

Eu não sabia mais o que inventar, mas desejava que, se Khalil e Shamsur estivessem realmente envolvidos, seu inferno não terminasse.

– E os vizinhos? – ocorreu-me perguntar. – Asif morava ao lado. Ninguém viu nem ouviu nada?

– O que os vizinhos podiam ver? Era noite, cada um estava em sua casa...

– Mas... ninguém viu nada?

– Asif, Asif é a chave de tudo.

A imaginação

Até onde vai a imaginação?
Até onde devemos confiar nela?
Quanto há de real nas intuições?
No dia em que cheguei a Barcelona, havia recebido um e-mail do hoteleiro Siraj Ulmulk. O *subject* dizia: "Triste."

> Prezado Gabi:
> Imagino que você já terá notícias do terrível sequestro do grego do museu de Bumburet e do assassinato do seu segurança. Ocorreu no dia em que você deixou Chitral.

Horas depois se soube que um grupo de doze a vinte homens havia levado Lerounis de madrugada para as montanhas do Afeganistão. Pediam dois milhões de dólares de resgate mais a libertação de três líderes talibãs.

Nos dias que se seguiram, centenas de kalash desceram das montanhas para se manifestar pela primeira vez na sua história diante da sede do governo em Chitral. Exigiram a libertação do grego, sua última janela para o exterior. Sem ele, sentiam-se liquidados. Pediram que o governo mandasse o exército aos vales. O que acontecerá caso os homens selvagens os invadam?

Pouco antes de eu mandar este livro para o prelo, Ainullah me escreveu de Cabul. Está assustado. Faz alguns meses ele se prontificou a tentar descobrir o paradeiro de Asif no Afeganistão e se inteirou de que agora é Asif quem está à sua procura. Teme por sua vida, e me pergunta o que posso fazer, pede ajuda. Estou tentando que o Ministério da Defesa espanhol intervenha, afinal Ainullah pretende solucionar o crime de um espanhol pelo qual a Espanha nada fez. O ministério respondeu que tomou ciência. Ainullah escreveu:

> Por favor, mantenha-se em contato comigo. Corro perigo porque não querem que eu ajude você, nem à família de Jordi. Se algo me acontecer, foi Asif.

Nasce-se homem, mas vira-se humano.

Ditado kalash

Um matiz

Existe uma primeira versão deste livro na qual tudo o que está narrado ocorreu literalmente assim. Nesta que você acaba de ler, preferi trocar alguns nomes para não ferir suscetibilidades e, dentro do possível, proteger os envolvidos. Uma que outra vez também recriei a forma como se desenrolava um episódio que me fora apenas enunciado. Acrescentei detalhes, a atmosfera, o suspense, as cores... sem perverter jamais o sentido último da mensagem que me havia sido transmitida. São essas recriações mínimas que tornam este texto uma obra de não ficção.

Dediquei quase três anos a uma história em que, como você viu, cheguei a arriscar a vida. Nenhuma das minhas "intervenções" literárias desvirtua a verdade última de tudo escrito aqui. Eu seria o primeiro dos estúpidos se pusesse em perigo tamanho esforço, tamanha realidade.

Agradecimentos

Além de todas as pessoas que com seu nome verdadeiro ou fictício aparecem na história, este livro deve calor, força ou incentivo a Raquel Abad, Uzma Aslam Khan, Mabel Beltrán, Sandra Bruna, Pilar Caballero, Manuel Calderón, Robert-Joan Cantavella, Carlos Cazalis, Daniel Centeno, Anne Dambricourt-Malassé, Gérard Dupon, Amaya Elezcano, Mathias Énard, Camila Enrich, Jordi Esteva, Gulhamad Farooqi, Jean-Michel Faton, Jean-Pierre Frachon, Josep Garcia, Sikandar Gulam Khan, Bernardo Gutiérrez, Wolfgang Herbinger, Daniel Hernández, Javed Ilyas, Tahira Javed, Junaid Khan, Joan Marcet, Cristina Martínez, Carles Mercader, Mariana Montoya, Marie Morvan, Mohammad Mustafa Mastoor, Nabaig, Kayhan Natiq, Iván Niño, Marina Penalva, Ahmed Rashid, Pilar Reyes, Jean Rivollier, Ana Gabriela Rojas, Jordi Rourera, Thomas Schaef, Mario Torrecillas, Clara Usón, Agustín Villaronga.

A Ella Sher, a amiga que ao ouvir "montanhas do Paquistão", *"yeti"* e *"Na natureza selvagem"* pensou em mim.

A Ilse Font, que presenteia livros sobre os quais escrever novas histórias.

E, bem, ainda que você já apareça de vez em quando nestas páginas, muito obrigado, Gerardo, por seu apoio constante, por seu otimismo.

Elsa é muito mais que gigante.

Sem Esperanza e Dolores isto hoje não existiria.

Sem minha família, nada.

Impressão e Acabamento:
GRÁFICA STAMPPA LTDA.
Rua João Santana, 44 - Ramos - RJ